, Albert **Bligny**, _Paul_ **Bocquet**, _Alexandre_ ère, _Emile-Gustave_ **Cavallo-Peduzzi**, _Paul_ le **Colin**, _Eugène_ **Corneau**, _Jean-Baptiste_ urisse, _André_ **Derain**, _Albert_ **Dubois-Pillet**, oyer de **Segonzac**, _Léo_ **Gausson**, _Albert_ ldry, _Armand_ **Guéry**, _Armand_ **Guillaumin**, **Knight**, _Pierre_ **Ladureau**, _Roger_ de **La** ue, _Victor_ **Lecomte**, _Luc_ **Lepetit**, _Stanislas_ e, _Alphonse_ **Lint**, _Maximilien_ **Luce**, _Albert_ hin, _Joseph-Paul_ **Meslé**, _Etienne_ **Moreau-** ıd **Pinal**, _Camille_ **Pissarro**, _Lucien_ **Pissarro**, ond, _Ernest_ **Renoux**, _Emile_ **Sabouraud**, **Utrillo**, _Vincent_ **Van Gogh**

les peintres de la
autour de l'impressionnisme
vallée de la Marne

To Collectors of SIMIC GALLERIES of Carmel,
California
with best wishes

[signature]

Noël CORET

Carmel by the sea, April 18 . 2.000
Dear Mr and Mrs McLaughlin
I hope you will enjoy this book
wich offers a visual pleasure of
many beautiful paintings from
la Vallé de la Marne.
With my warmest regards
Sincerely
Louise Renoir

Couverture : Leo Gausson, **Rivière et Pont (la Marne et le pont de pierre à Lagny)**.
Détail. Collection particulière.

A la mémoire de mon frère, Dominique Coret

Cet ouvrage a été réalisé avec la collaboration des musées et des conservateurs qui présentent des œuvres d'artistes ayant vécu ou travaillé le long de la Marne (liste p. 182).

Il a bénéficié de la collaboration de Jean-Jacques Charpy, conservateur en chef du Patrimoine au musée d'Epernay pour la rédaction du texte *Une rivière, des hommes* (p. 11).

Direction artistique	Marie Vanesse
Assistante d'édition	Martine Le Blan
Correction	Elisabeth Gautier
Index et relecture	Martine Riboux

L'ouvrage *Les peintres de la vallée de la Marne* est une production du **Département Beaux-Livres/Voyage des éditions Casterman**, 28, rue des Sœurs-Noires, 7500 Tournai (Belgique).

Alfred Mouillon, **Coup de vent sur la Marne**, 1873.
Musée des Beaux-Arts, Reims.

les peintres de la

autour de l'impressionnisme

vallée de la Marne

Noël Coret

les beaux livres du patrimoine

CASTERMAN

Sommaire

Jean-Eugène Buland en barque sur la Marne avec son fils Jean, photographie de Fernand Pinal (1901).

Introduction

La vallée de la Marne est dure à peindre !
Corot

Depuis dix ans, nous ne savons comment,
La Marne fait des siennes tellement
Que c'est pitié de la voir en colère…
Jean de La Fontaine
(ballade adressée à Fouquet, vers 1660)

A notre époque de radars et de scooters
Les grands peintres sont ceux qui ont fixé les choses périssables
Les canotiers sur la Marne ou Madame Samary
Un petit coup de soleil avec un petit coup de blanc
(...)
Louis Aragon
(poème-préface au livre de Fernand Léger, *Mes Voyages*, 1960)

Fernand Pinal, **Vendanges à Croûttes-sur-Marne**. Eau-forte.

Le lecteur ne trouvera pas dans cet ouvrage la liste complète et définitive des peintres ayant pris la Marne pour sujet, non plus que l'étude approfondie des mouvements picturaux exprimés dans le cadre géographique précis couvrant l'intégralité du cours de la rivière. Ni livre d'histoire de l'art donc, ni dictionnaire… Notre ouvrage propose au lecteur la rencontre avec quelques dizaines de peintres paysagistes, qui, à la suite de Corot et au-delà des impressionnistes, ont planté leur chevalet sur les berges de la rivière. Certes, la Marne connut aussi le genre allégorique, notamment au XVIIIe siècle où l'immense peintre-décorateur Charles Natoire (1700-77) réalisa pour le Grand Trianon l'*Allégorie de la naissance de Marie-Zéphirine de France, fille du dauphin Louis de France* : la Marne y est représentée en tant que symbole de l'amour maternel. Elle ne fut pas en reste quant à la peinture d'histoire, et les cérémonies du 1500e anniversaire de la conversion de Clovis, baptisé à Reims en 496 par saint Rémi, feront peut-être réapparaître cette composition du peintre d'Amiens Louis Féréol, présentée au salon de 1824 sous le titre : *Le jeune Clovis jeté dans la Marne est retrouvé par un pêcheur…*

Nous avons pourtant fait le choix d'établir notre iconographie à partir des paysagistes du XIXe siècle. Jusqu'à la venue du romantisme, le paysage avait été considéré ainsi qu'un accessoire, un fond de décor pour scène historique ou mythologique. Vint le temps de la "communion solennelle" entre peintres et nature. Empruntant le chemin des précurseurs Georges Michel et Marius Granet, hardis paysagistes d'un enthousiasme dévorant et sans concession, vont faire triompher le paysage français et lui rendre toute sa puissance. Souvent originaires de Paris ou de l'Ile-de-France, ils vont prendre d'assaut les paysages fluviaux de la Seine, de l'Oise et de la Marne. Il en est pour cette dernière comme pour les deux autres : plus on se dirige vers la source, plus les célébrités, celles qui brillent déjà au firmament de la gratitude universelle, s'éclipsent, laissant place à des artistes d'une notoriété plus confidentielle. L'une des originalités de cet ouvrage consiste à tirer des prisons de l'oubli des artistes qui, selon nous, méritent une place au banc de la reconnaissance collective. Qui aujourd'hui se souvient des peintres Albert Bligny, Henri Pille, Jean Rémond, Julien Massé, Joseph Le Tessier, Emile Prodhon, Luc Lepetit, Pierre Ladureau, Georges Tardif, Alexandre Pernot, Louis Barbat ? N'ont-ils pas, eux aussi, contribué à l'évolution picturale de leur temps ?...

On est en droit de penser que l'interprétation d'un même paysage comporte le risque de la monotonie. Mais les peintres ne réagissent pas de façon identique devant des effets semblables. Les uns observent avant tout la cadence des lignes, les masses ordonnées et savantes (Cézanne, Segonzac, La Fresnaye) ; certains traitent ce thème en compositeurs : vibrantes symphonies de Planson et confidences intimes du quatuor à cordes chez Hayden ; d'autres s'attachent à peindre l'atmosphère, la grandeur du site restant soumise pour eux à la pénétration de l'ambiance lumineuse ; Corot et ses disciples (Lépine, Bouché, Lavieille, Massé…) sont sensibles aux subtilités infinies des valeurs ; d'autres, attirés par la décomposition des tons choisissent d'instinct le motif le plus simple : une courbe de la rivière, une route au soleil, un champ de blé… étudiant sur ces sujets réduits les jeux variés des couleurs et des lumières : ce sont les impressionnistes (Pissarro, Guillaumin), post-impressionnistes (Lebasque, Pinal) et néo-impressionnistes, représentés ici par les "néos du groupe de Lagny" (Lucien Pissarro, Léo Gausson, Cavallo-Pedduzzi, Maximilien Luce). Tous ces peintres interprètent la Marne et la nature environnante et l'adaptent à leurs besoins picturaux très différents, évitant ainsi l'effet répétitif tant redouté.

Prenant sa source sur le plateau de Langres, la Marne parcourt une partie de la Champagne, de la Brie et de l'Ile-de-France. Pour ce qui relève de sa participation départementale, elle fend par le milieu la Haute-Marne et la Marne, caresse les pieds de l'Aisne, couronne la Seine-et-Marne et, serrant une dernière fois Saint-Maur-des-Fossés dans ses bras, elle termine sa course en Val-de-Marne où la Seine la reçoit à Charenton-le-Pont. Les principales villes qu'elle arrose sont Langres, Chaumont-en-Bassigny, Joinville, Saint-Dizier, Vitry-le-François, Châlons-sur-Marne, Epernay, Dormans, Château-Thierry, La Ferté-sous-Jouarre, Meaux, Lagny-sur-Marne, Nogent-sur-Marne, Joinville-le-Pont, Créteil, Saint-Maur-des-Fossés, Charenton…

Jean-Jacques Charpy, archéologue et conservateur du musée d'Epernay, présente un résumé documenté de la fiche d'état civil de notre rivière. Jetons un rapide coup d'œil sur le curriculum vitae de la Marne – trop souvent, hélas, curriculum mortis –, et tâchons de nous la représenter : chez elle, point de baigneurs à la Grande-Jatte, point de Château-Gaillard ; si la Seine nous suggère immédiatement *Les Voiles blanches* de Monet, bien avant les guinguettes de Joinville-le-Pont ou "ce petit vin blanc qu'on boit sous les tonnelles du côté de Nogent", la Marne nous rappelle ses taxis, ses glorieux poilus embourbés dans les tranchées, et la fureur des massacres qui jalonnent son histoire. L'*Eglise d'Essômes-sur-Marne* en 1919, par le "peintre des régions dévastées", Fernand Pinal, témoigne dans notre ouvrage du premier conflit mondial. Mentionnons aussi les douze planches gravées par le Champenois Raoul Varin sur *Reims en ruines, 1914-1918*, ainsi que les incomparables lithographies et gravures consacrées par Paul-Emile Colin aux villages impliqués dans la bataille de l'Ourcq en septembre 1914.

Dans *L'identité de la France*, Fernand Braudel résume souverainement la tragique épopée guerrière des armées perçant nos frontières de l'Est et utilisant la Marne pour venir s'essouffler devant Paris. "Fragile, cette frontière du Nord-Est et de l'Est est la plus remuante de toutes, la plus vivante, car toujours en alerte, en raison même du danger que constituent des voisins agressifs et redoutables. Ceux-ci ont appris que c'est là qu'il faut attaquer la maison française, avec une chance d'en enfoncer la porte. C'est Charles Quint, en 1544, qui en a donné la première démonstration : parti du Luxembourg, il va aller jusqu'à Saint-Dizier qu'il emporte et, par la Marne, pousser jusqu'à Meaux, aux portes mêmes de Paris. La démonstration recommence en 1557, en 1596, en 1636, en 1708, en 1814, en 1870, en 1914, en 1940. Qu'on ne nous dise pas trop que l'Histoire, irréversible par nature, ne se répète jamais. Elle manque souvent d'imagination. Elle a ses habitudes." Ces lignes permettent de comprendre pourquoi la Marne ne fut jamais à la mode. Malgré le rouleau compresseur du progrès et son corollaire d'amnésie généralisée, la mémoire collective conserve, enfoui au plus profond, l'écho lointain des gémissements de la terre champenoise, le souvenir d'une rivière tragique, route privilégiée des invasions, artère principale d'où s'échappe, derrière le fracas des armes, le sang des hommes.

Le Vigneron champenois, publié par Apollinaire en 1917 dans *Calligrammes*, nous donne une idée de l'atmosphère meurtrière qui s'était répandue sur les rives de la Marne durant la Grande Guerre. Le poète sait de quoi il parle. Dès avril 1915, il a rejoint son régiment en Champagne. Fait officier en novembre, blessé à la tempe droite par un éclat d'obus le 17 mars 1916 au bois des Buttes près de Berry-au-Bac, il est évacué à l'hôtel-Dieu de Château-Thierry, en bordure de Marne. Il y restera jusqu'au 28 mars avant d'être transféré au Val-de-Grâce.

Raoul Varin, *Reims en ruines*, 1918. Recueil d'eaux-fortes.

Le régiment arrive
Le village est presque endormi dans
la lumière parfumée
Un prêtre a le casque en tête
La bouteille champenoise est-elle
ou non une artillerie
Les ceps de vigne comme l'hermine
sur un écu
Bonjour soldats
Je les ai vus passer et repasser en courant
Bonjour soldats. Bouteilles champenoises où le sang fermente
Vous resterez quelques jours et puis remonterez en ligne
Echelonnés ainsi que sont les ceps de vigne
J'envoie mes bouteilles partout comme les obus d'une charmante artillerie

La nuit est blonde ô vin blond
Un vigneron chantait courbé dans sa vigne
Un vigneron sans bouche au fond de l'horizon
Un vigneron qui était lui-même la bouteille vivante
Un vigneron qui sait ce qu'est la guerre
Un vigneron champenois qui est un artilleur

C'est maintenant le soir et l'on joue à la mouche
Puis les soldats s'en iront là-haut
Où l'artillerie débouche ses bouteilles crémantes
Allons Adieu messieurs tâchez de revenir
Mais nul sait ce qui peut advenir.

Il est bien rare que les romans de l'après-guerre, ceux de Barbusse, Mac Orlan, Léon Werth, Genevoix, Dorgelès, Kessel et tant d'autres… ne croisent la vallée des larmes de la Champagne meurtrie. Ainsi Nina Berberova, au cours de sa période parisienne des années '30, ressuscite la *Famille de saltimbanques* de Picasso : "Le samedi et le dimanche venaient dans notre cour des joueurs d'orgue de Barbarie, accompagnés d'enfants qui chantaient de leur voix perçante des chansons d'amour malheureux. Ils avaient parfois des chiens savants, aux yeux larmoyants, qui dansaient sur un petit tapis. Les cylindres égrenaient une chanson mélancolique qui m'était familière depuis 1914 : elle avait accompagné les soldats en uniforme bleu et rouge qui partaient vers la Marne. (...)" (*C'est moi qui souligne*, Actes Sud, 1989).

Cette conscience douloureuse liée à la rivière a de fâcheuses répercussions sur son intégrité picturale. L'examen minutieux des catalogues de vente ou d'ex-

L'infanterie française en Champagne en septembre 1914.

position révèle que souvent la Marne est tout simplement ignorée. Des sites lui sont retirés. L'Oise et surtout la Seine se vendent mieux : les tableaux de "Bords de Seine" ou "Bords de l'Oise" maintiennent leur appellation quand les "Bords de Marne" deviennent bizarrement des "Bords de rivière". On a même vu un tableau de Pierre Hodé (1889-1942) proposé aux enchères sous le titre *La Seine à Lagny* ! Et que penser de cet ouvrage, *Les peintres et les Hauts-de-Seine*, qui affiche en couverture le tableau de Van Gogh, *Le Restaurant La Sirène à Joinville-le-Pont* !

La riche iconographie de l'ouvrage est la preuve éclatante que, loin d'être boudée, la Marne fut la source de motifs inépuisables pour des centaines d'artistes qui chantèrent son cours, depuis Corot jusqu'à nos jours. Ils nous prêtent leurs yeux et nous musardons en leur compagnie le long de la rivière et de ses nombreux affluents dont les noms murmurent comme l'eau vive : Grand-Morin, Petit-Morin, Ourcq, Surmelin, Somme-Soude, Cool, Guenelle, Ornain, Isson, Blaise… Mais voyons de plus près qui sont ces artistes.

En Ile-de-France se pressent les "conquérants de la lumière" avec Pissarro, Guillaumin, Stanislas Lépine, mais aussi Cézanne et les peintres de Lagny engagés aux côtés de Seurat dans les recherches pointillistes. Trop méconnus de nos jours, ils sont l'avant-garde de l'époque et s'appellent Léo Gausson, Cavallo-Peduzzi, Maximilien Luce, Dubois-Pillet, Lucien Pissarro, et, dans un autre registre, Paul-Emile Colin. La génération suivante fait entendre le rugissement des fauves apaisé, André Derain construit dans l'ordonnance et la mesure, tandis que Raoul Dufy et Dunoyer de Segonzac mettent en scène leurs canotiers : le premier à l'aide de touches vivement colorées pour mieux suggérer la mobilité des formes, le second sculptant de puissants athlètes dans une pâte grasse et onctueuse. Auguste Herbin est encore l'un des leurs et s'apprête à conquérir l'abstraction géométrique. Et les cubistes, comme Charles Dufresne, Albert Gleizes – ici encore sous influence impressionniste – ou Roger de La Fresnaye, viendront décomposer la forme pour en saisir les architectures secrètes.

La Ferté-sous-Jouarre, ses paysages proches où serpente le Petit-Morin, eut aussi ses grandes figures : Meslé accroche le gel sur son cher village de Chami-

gny et prodigue ses conseils à André Planson. Le jeune peintre retiendra la leçon. Sous le regard admiratif de Mac Orlan, il habille la Marne de mille couleurs et l'anime au rythme de ses régates festives. A Reuil-en-Brie, Henri Hayden abandonne une partie d'échecs avec Samuel Beckett pour s'imprégner, une fois de plus, de l'ordonnance mystérieuse des collines environnantes.

Le fameux *Dictionnaire vosgien* de 1828 précise que les régions traversées par la Marne sont "terrain fertile en grains et bons vins ; les meilleurs sont ceux connus sous le nom de vins de Champagne." Dès Croûttes-sur-Marne et bien au-delà d'Epernay, les vignes s'épanouissent et de nombreux peintres choisirent ce lieu où la rivière sourit, pour villégiaturer ou y passer leur existence. On s'attardera en compagnie du "Père Corot", hôte fidèle de ses amis de Luzancy où le rayonnement de son art poétique va se déployer, par l'intermédiaire d'Alexandre Bouché, jusque dans les années '50… La Marne à Luzancy saura attirer une pépinière d'artistes, parmi lesquels nous reconnaissons les compositeurs Ernest Chausson et Claude Debussy… Corot est aussi invité à Essômes-sur-Marne, à Château-Thierry où il installe son chevalet sur les remparts du château, tout près de la demeure de Jean de La Fontaine, à La Ferté-Milon enfin, patrie de Jean Racine, où Eugène Lavieille défraie la chronique, avant que ne débarque dans ce même petit bourg, un demi-siècle plus tard, Maurice Utrillo. A quelques kilomètres au nord, emportant chevalet, couleurs et pinceaux, René Demeurisse rejoint ses amis Lortat-Jacob à Saulchery pour un délicieux week-end en bord de Marne. Quant au peintre-graveur Fernand Pinal, il donne à la Sorbonne, en 1936, une conférence sur la vallée du Clignon et cette région inconnue des touristes : l'Orxois. Pinal terminera ses jours à quelques mètres de la rivière, à Romeny-sur-Marne, étape importante du circuit artistique du sud de l'Aisne, patrie du beau peintre Ernest Renoux, village où résida longtemps le pastelliste André des Fontaines.

A Essômes-sur-Marne, dans les années '50, les peintres Pierre Ladureau, Lucien Fournet, Augustin Mémin et Luc Lepetit, s'emparent des vignes, des eaux, des ciels et des villages de la Champagne.

Entre Dormans et Château-Thierry, arrêtons-nous à Mont-Saint-Père, superbe village accroché aux coteaux, où réside le "peintre des moissonneurs", Léon Lhermitte. Son naturalisme en fait le témoin privilégié de la vie rurale et artisanale en Brie champenoise. Sur des scènes idylliques, rustiques et virgiliennes, le peintre aimé de Van Gogh fait souffler la chaude haleine du labeur paysan. Lavan-

Apollinaire, dessin de Picasso.

dières, faucheurs, bergers, cheminots, cordonniers… Lhermitte nous fait entendre le chant du cygne d'une époque qui s'éteint à l'aube de notre siècle. Ses nombreuses scènes de vendanges préfigurent l'extension rapide de la viticulture dans cette partie de la vallée. Laissons Lhermitte bavarder avec ses amis Rodin ou Etienne Moreau-Nélaton chez les Claudel, dans le petit bourg tout proche de Villeneuve-sur-Fère, au cœur du Tardenois ; bientôt, Camille Claudel immortalisera par le bronze Charles Lhermitte, deuxième fils de l'artiste. Il

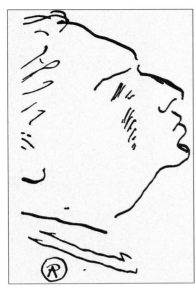

André Planson, **Autoportrait**.

nous faut maintenant gagner, après la visite poignante au mémorial des Victoires de la Marne à Dormans, l'antique abbaye d'Hautvillers, près d'Epernay, pour être cette fois dans le berceau du Champagne, grâce à dom Pérignon. Les peintres Paul Bocquet, Armand Guéry et Frédéric Sauvignier, locataires choyés du musée des Beaux-Arts de Reims, furent les imagiers talentueux de la Montagne de Reims et de la Champagne pouilleuse, d'Epernay à Vitry-le-François, en passant par Châlons-sur-Marne, cité rebaptisée il y a peu Châlons-en-Champagne. Châlons où errent sereinement des cours d'eau aux noms évocateurs : le Mau et le Nau, la Moivre et la Blaise… Châlons où l'on retrouve Amaury Thiérot, bel artiste mais aussi archéologue réputé dont les découvertes enrichirent notre connaissance de l'époque préhistorique dite "marnienne".

A Saint-Dizier, nous sommes aux portes de la Haute-Marne ; le relief s'accentue et nous quittons la vallée pour grimper, via Joinville et Chaumont-en-Bassigny, jusqu'au plateau de Langres, là où naît notre rivière… Chaumont et Saint-Dizier furent particulièrement honorées par l'excellent peintre et aquarelliste Alexandre Pernot, originaire de Wassy, éminent spécialiste du paysage historique. Les musées de Langres regroupent un bel ensemble des peintres de la Haute-

Marne d'où se détachent Guiot, Georges Calves, Duvent, Bellemont, Lhuillier, Alizard, Roux-Champion, Duvent, Humblot, Prinet, Jules Hervé et Jules-René Hervé.

Le défilé des diverses expressions artistiques montre qu'il n'existe pas, à proprement parler, d'"école de la Marne". Toutefois des îlots surgissent : Créteil, Lagny, Saint-Cyr-sur-Morin, La Ferté-sous-Jouare, Luzancy, Romeny-sur-Marne, Essômes-sur-Marne, La Ferté-Milon, Langres… Là, résistants à la nouveauté ou ambassadeurs des dernières avancées picturales, des artistes se regroupent, confrontent leurs œuvres, enseignent, échangent, s'affrontent parfois…

Bord de Marne à Luzancy : de gauche à droite : Ernest Chausson, Raymond Bonheur et Claude Debussy. Dans la barque, Madame Chausson.

Cette balade en compagnie des peintres de la vallée de la Marne autorise une lecture à géométrie variable : découverte des sites et paysages, découverte de la vie quotidienne et des mœurs en milieu rural et, bien entendu, découverte des peintres et des courants picturaux dans lesquels ils s'inscrivent. Ce dernier point sera systématiquement abordé : des pionniers du motif et tenants de l'école de Barbizon regroupés derrière Corot à Luzancy, au cubisme de Roger de La Fresnaye et Henri Hayden, en passant par le naturalisme de Léon Lhermitte, le néo-impressionnisme du groupe de Lagny, la réalité poétique d'André Planson ou le réalisme néo-cézanniste de Dunoyer de Segonzac, échos adoucis des exaltations convulsives qui agitent Paris en permanence, le vent d'ouest sème les nouvelles graines picturales qui fleurissent tranquillement au long de la rivière.

En fin de chaque notice, on trouve la bibliographie et la liste des musées et collections où les œuvres sont visibles. Comme les paysannes de Léon Lhermitte, nous nous sommes efforcés de glaner le maximum d'informations et de documents permettant de composer ce livre d'images, qui n'a d'autre finalité que celle de faire rencontrer la joyeuse cohorte des peintres de la Marne.

Témoin aveugle du temps qui passe, la rivière a passé un contrat avec les paysagistes : elle pose pour eux, en échange de quoi nos peintres lui donnent des yeux et un cœur.

Une rivière,
des hommes

L'origine du nom de la rivière Marne remonte à l'Antiquité. Il dérive directement du mot latin "matrona", la mère. Elle est donc femme dans le monde des hommes, celle qui donne la vie, et ses eaux en sont l'élément premier. Une dédicace d'époque gallo-romaine la hausse au rang des divinités.

Le nom commun "marne" figure dans le dictionnaire avec plusieurs significations. Pour le géologue, c'est un terrain argilo-calcaire qui est utilisé par les agriculteurs ou les viticulteurs pour amender des terres sèches peu fertiles. Ainsi pratique-t-on le marnage. Ce travail, sans aucun doute assez pénible, a donné dans la langue française le verbe marner, repris dans le langage argotique pour signifier travailler. Lorsqu'il figure parmi les noms propres, le nom de Marne se rapporte d'abord à la rivière, sujet méconnu d'inspiration pour de nombreux peintres comme on pourra le découvrir dans cet ouvrage. Mais c'est aussi par l'application d'une coutume de géographe ne connaissant en France qu'une seule exception, celle du Var, que son nom a été utilisé pour quatre des cinq départements qu'elle traverse. Les deux premiers, la Haute-Marne puis la Marne, sont situés sur son cours amont en Champagne-Ardenne. Suit un bref passage en Picardie par l'Aisne. Elle entre en Ile-de-France, pour finir un parcours de 525 km par la Seine-et-Marne puis le Val-de-Marne. La rivière n'est aujourd'hui navigable que d'Epernay à Charenton, mais elle a été une voie de passage importante empruntée depuis les temps les plus reculés. Son lit, ses rives en sont le reflet. Les villes et les villages qui jalonnent son tracé, témoignent de nombreux épisodes de notre histoire et les paysages qu'elle traverse ont été façonnés au gré des époques. Pour les archéologues, le Marnien correspond aux débuts de l'époque celtique pour définir la culture matérielle du Ve siècle avant J.-C. en Champagne.

C'est aux confins de la Bourgogne et de la Franche-Comté que la Marne prend sa source au pied du plateau de Langres, dans le fond d'un vallon pittoresque bordé d'abrupts rocheux, sculptés de nombreuses cavités. La légende veut qu'en ces lieux, un patricien gallo-romain, Sabinus, se soit caché avec sa famille après les révoltes de l'an 70.

Le massif ingrat du Haut-Pays, dit "terre de froid et de vent", recouvert de forêts arbustives ou chétives, marque la ligne de partage des eaux entre trois grands bassins hydrographiques, celui du Rhône tourné vers le sud, puis celui de la Meuse vers le nord et enfin celui de la Marne d'abord orienté dans la même direction pour ensuite basculer résolument vers le Bassin parisien et rejoindre le cours de la Seine, une autre divinité du monde antique, la déesse Sequana.

Le cours de la Marne s'enfle très vite des eaux de nombreux ruisselets. Ces minuscules filets aux tons argentés appelés dhuits, parcourent les pâturages où paissent de nombreuses vaches à robe pie rouge. Le lait est utilisé pour la production du renommé fromage de Langres, régal des gourmets connaisseurs. Au pied du Pays de montagne, quelques uns des premiers affluents ont été coupés par des barrages-réservoirs tels la Liez, le Val-de-Gris ou la Mouche pour devenir un paradis pour les pêcheurs à la ligne ou les adeptes de la randonnée. Un peu à l'écart et juchée sur un éperon rocheux se dresse la ville de Langres. D'abord oppidum central des Lingones dont elle a gardé le nom, elle est devenue Andematunnum à l'époque gallo-romaine par sa position stratégique sur la voie reliant Milan à Boulogne-sur-Mer. Une porte de cette ancienne cité subsiste, enclavée dans la fortification médiévale qui ceinture le bourg. Cette vocation militaire a été, par la suite, confirmée avec la construction, sur son flanc sud, d'une citadelle. Le musée municipal conserve sculptures, vases ou mosaïques, parmi de nombreux autres témoignages de ce riche passé. Les collections rappellent aussi aux visiteurs l'illustre auteur et encyclopédiste du XVIIIᵉ siècle, natif de Langres, Denis Diderot de Bartholdi. Quant à l'essayiste Marcel Arland, c'est en passant par la bibliothèque municipale que l'on pourra relire quelques pages de son œuvre.

Mais revenons à la Marne. Dans une commune proche de sa source, Châtenay-Mâcheron, a été mise au jour, dans le courant du XIXᵉ siècle, une curieuse sépulture celtique. C'est dans une barque monoxyle, c'est à dire un tronc d'arbre évidé, qu'ont été trouvés les restes d'une ou peut-être deux inhumations gauloises accompagnées d'une épée courte à poignée de bronze dont le pommeau est constitué d'un magnifique visage d'homme. L'ensemble est présenté dans l'exposition permanente du musée des Antiquités nationales au château de Saint-Germain-en-Laye. Une autre embarcation de ce type trouvée par Amaury Thiérot à Recy (Marne) constitue, avec la précédente, les témoins directs d'une navigation ancienne, qui a permis aux hommes, depuis le néolithique, d'utiliser la rivière pour pêcher ou aller vers d'autres terres d'aventure soit en changeant simplement de rive, soit en suivant son cours.

Comme pour nous rappeler que l'on quitte une région d'élevage, la Traire, affluent de la rive droite, conduit vers le Bassigny, aux marches de la Lorraine,

Barque celtique découverte à Chatenay-Mâcheron. Musée des Antiquités nationales, Saint-Germain-en-Laye.

Vue de la ville de Langres, 1760. Gravure. Bibliothèque nationale de France.

réputé pour sa coutellerie complétée aujourd'hui par une industrie des instruments chirurgicaux dont Nogent est le centre. Puis, en remontant la vallée de la Marne on atteint Chaumont, ville forte rivale de la précédente, juchée sur un promontoire à la confluence avec la Suize. Elle est la patrie d'une famille de sculpteurs, les Bouchardon dont le plus célèbre est Edme. Le musée conserve de nombreux dessins du père Jean-Baptiste, comme du fils. En outre, la ville est connue pour son viaduc ferroviaire de 48 arches en pierres construit en 1857. Cette remarquable œuvre d'art est l'une des dernières de ce type avant les constructions métalliques de Gustave Eiffel. Puis, continuant son chemin, la Marne arrose le Vallage, terre de transition entre le Haut-Pays et la toute proche Champagne. La Marne y coule dans

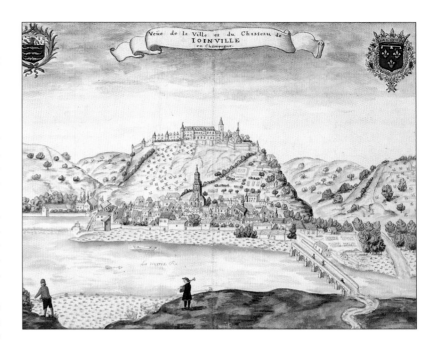

Joinville. Bibliothèque nationale de France.

une vallée plus ouverte, bordée de collines aux formes souples où affleurent encore quelques bancs calcaires. Des arbres isolés à mi-pente constituent des sentinelles détachées des profondes et sommitales forêts de hêtres et de chênes où se mêle le vert profond des résineux. La région est parsemée de villages à vocation agricole entourés de nombreux vergers. Au cœur de cette contrée verdoyante, appelée la Petite Suisse, est blotti Joinville. Le bourg dominé par une ancienne motte castrale sert d'écrin au château du Grand-Jardin, demeure de la famille de Guise et fleuron de l'architecture Renaissance. C'est un peu à l'ouest, au château de Cirey-sur-Blaise, que Voltaire fit plusieurs séjours à l'invitation de la marquise du Châtelet.

Le nord de la Haute-Marne, près de Saint-Dizier, est une terre âpre où se mêlent le feu et l'eau. C'est le pays du fer et des forges. L'exploitation du minerai, présent dans toute la région y est ancienne. Les ruisseaux et les forêts fournissaient les énergies nécessaires à sa transformation. La production de fonte de fer a connu un essor sans précédent dans la seconde moitié du XIXe siècle. Dans ces ateliers ont été produits les plus simples tuyauteries, en passant par les plaques de cheminées ou d'égouts, aux premiers lampadaires de l'éclairage public jusqu'aux fontes d'art, comme la statue de la Liberté de Bartholdi ou les bouches du métropolitain de Guimard. Cette activité a été pratiquée dans de nombreuses autres vallées – le Rognon, l'Osne ou la Voire – mais aussi celle la Saulx dans le département voisin de la Meuse. A l'ouest coule la Blaise qui ne rejoindra la Marne que dans le Perthois. Elle arrose Wassy, pays minier, où dans une exploitation ont été mis au jour les restes d'un iguanodon. En 1971, un second dinosaure de la même espèce, mais plus gros, a été trouvé à Saint-Dizier lors du creusement du canal d'amenée au Der. Les deux sont conservés au musée de la ville.

Poursuivant vers l'aval, la Marne entre alors dans la Champagne humide par le Perthois dont les terres marneuses sont drainées par la Droyes, la Héronne, la Voire et la Blaise. Pour réguler son débit, en 1974, a été inauguré le grand barrage-réservoir du Der engloutissant une partie de la forêt, des prairies et trois villages. Les passionnés de sports nautiques s'y donnent rendez-vous, mais aussi, deux fois par an, les amoureux de la nature. En effet, le lac est une halte pour les oiseaux migrateurs qui y trouvent une nourriture abondante. Au printemps ils s'y reproduisent et en automne s'y regroupent pour un départ vers des régions plus chaudes. A qui sait être patient et silencieux, hérons cendrés, foulques macroules, grèbes ou grues offrent le spectacle de leur nidification, la grâce de leur vol ou leur parade nuptiale. Cachés derrière des haies de peupliers, les villages sont principalement composés de maisons basses à pans de bois et carreaux de craie. Le touriste peut prolonger son séjour par une visite des églises de Puellemontier, Ceffonds ou Trémilly dont les anciens vitraux ont été produits dans les ateliers troyens. Par les petites routes, souvent envahies d'herbe, on peut débusquer l'agile et vif chevreuil.

C'est à Orconte (Marne) que Saint-Exupéry affecté à sa demande dans un groupe de reconnaissance, apprend en décembre 1939 qu'il vient d'obtenir le grand prix de l'Académie française et commence la rédaction de *Pilote de guerre*. Arrivée à la hauteur de Vitry-le-François, la Marne entre dans la Champagne sèche que l'on considère souvent à tort comme une grande plaine. De cette terre dite Champagne pouilleuse selon les propos de Diderot dans l'*Encyclopédie*, la mémoire populaire n'a longtemps retenu que la présence de troupeaux de moutons. C'est en fait un vaste plateau peu élevé et incliné vers l'ouest où les vallées sont faiblement mais nettement encaissées. Entre Couvrot et Pogny, on peut voir les grandes carrières d'exploitation de la craie, matière première qui entre dans la composition de nombreux produits de synthèse. A l'origine on l'utilisait pour le mastic ou les peintures à l'eau. Aujourd'hui elle entre dans la fabrication du caoutchouc, du pelliculage du papier et de produits en plastique comme les meubles de jardins ou les garnitures de voitures. Les terres du plateau champenois sont, avec les engrais modernes, devenues des terrains très fertiles pour la culture des céréales, de la betterave et maintenant du colza ou des pois. Les remembrements récents ont permis l'exploitation de très vastes parcelles qui tranchent avec celles traversées en amont. On arrive ainsi doucement à Châlons, aujourd'hui en Champagne mais hier encore sur Marne. La rivière s'y divise en plusieurs bras, ainsi le Mau et le Nau qui rythment avec nonchalance l'ancien cœur du bourg. Tout autour et dans la ville ont été trouvés de nombreux vestiges antiques, une sépulture collective néolithique, des cimetières gaulois, un quartier gallo-romain. C'est sans doute à cette époque que la ville prit son essor qui ira en s'amplifiant avec les foires médiévales de Champagne. Elle devint alors un des centres de commerce et d'échange entre les Flandres et l'Italie. On ne peut traverser la ville sans évoquer ses richesses architecturales, la cathédrale et Notre-Dame-en-Vaux, mais aussi son centre urbain aux rues bordées de maisons anciennes aux murs en craie et pans de bois.

Fibules à masques de Port-à-Binson (Vᵉ siècle avant J.-C.) trouvées dans le gué de la Marne (dessin de Lagarde, musée d'Epernay).

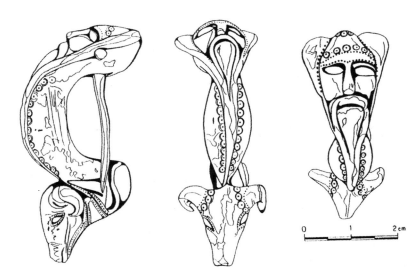

C'est la patrie du sculpteur Joseph Navlet, de l'ingénieur Nicolas Appert, de l'humoriste Pierre Dac qui depuis Londres parlait aux Français et de Jean Cabu, le dessinateur du grand Duduche dont les aventures se déroulent dans les souvenirs de son auteur au lycée. Si le musée municipal retrace l'histoire du passé local et conserve les œuvres de quelques artistes comme Amaury Thiérot. Un autre, et c'est plus surprenant, évoque deux auteurs allemands, Goethe et Schiller. Grossie par un affluent plus puissant, l'Ornain, dès l'entrée dans le département de la Marne, le lit de la rivière ourlé d'un rideau de verdure s'est considérablement élargi et serpente lascivement dans la vallée. Il n'a

Amaury Thiérot, **Vue de la Marne**. Musée d'Epernay.

pas toujours suivi le tracé actuel. Les îles y étaient plus nombreuses et toujours précédées d'un gué. Comme des champs mégalithiques miniatures, en période de basses eaux émergent parfois de la vase des concentrations de pesons en craie, derniers témoins d'une activité disparue depuis longtemps : la pêche au filet ou à la nasse.

Au fur et à mesure que le cours s'approche d'Epernay et d'Aÿ, émerge à l'horizon une barre verdoyante, la côte d'Ile-de-France. La Marne, depuis des millénaires, y a entaillé une brèche profonde qui va se resserrant jusqu'à Dormans. En rive droite c'est la Montagne de Reims puis le Tardenois où naquit Paul Claudel, et au sud le plateau de Brie. L'architecture des villages traduit déjà l'entrée dans le Bassin parisien. De loin, on ne perçoit que la chevelure forestière du plateau derrière laquelle se cachent de vastes champs de céréales et de nombreux étangs. C'est en approchant que l'œil se pose sur une longue couverture en patchwork aux tons en camaïeu de bruns violacés l'hiver, de verts tendres ou sombres en début ou en fin d'été puis d'or et de rouge en automne. On est ici en pays de vignoble, celui du noble champagne qui ouvre ou clôt les repas de fêtes. Autour d'Epernay, capitale nichée au cœur des "galipes" (les vignes) à l'origine d'une intense activité souterraine dans ses cent kilomètres de caves, quelques villages méritent une attention non seulement pour les points de vue qu'ils offrent sur la rivière mais aussi pour leur passé. C'est tout d'abord Hautvillers et son abbaye fondée au VIIe siècle par Saint-Nivard dont un évangéliaire, celui d'Ebbon, rédigé et enluminé dans ce monastère vers l'an 820 est conservé à la médiathèque d'Epernay. On peut ensuite mentionner Damery et Fleury-la-Rivière où l'on a mis au jour les plus belles espèces des fossiles du lutétien, un étage de l'ère tertiaire. Puis viennent Boursault avec son château d'allure Renaissance mais construit au XIXe pour la veuve Cliquot et, un peu en aval, Châtillon-sur-Marne, patrie du pape Urbain II, dont la statue domine la vallée. La Marne quitte la Champagne à Dormans où fut érigée la chapelle commémorative de la victoire de la Marne pendant la Première Guerre mondiale. Ses voûtes sombres servent de refuge à une colonie de pipistrelles.

La rivière entre alors dans le département de l'Aisne où le vignoble de

Evangéliaire d'Ebbon (avant 835), lettrine de l'Evangile selon saint Luc. Bibliothèque municipale d'Epernay.

Champagne se prolonge, sur sa rive droite, jusqu'au-delà de Château-Thierry. Il se pose comme un dernier rappel du rattachement géographique de cette contrée à la région éponyme. C'est dans cette cité, au pied du château médiéval que la maison natale du fabuliste Jean de la Fontaine est devenue son musée. Sur la colline, à l'ouest de la ville, se dresse un énorme monument blanc à l'aspect pesant, nommé localement avec irrévérence "le radiateur". Il rappelle le souvenir du sang versé par les troupes américaines pendant le premier conflit mondial. Les environs et la vallée sont tournés vers une agriculture céréalière intensive. Les bois toujours présents sont plus espacés. On entre déjà dans la grande banlieue parisienne comme en témoignent les premières industries ou les dessertes ferroviaires. Le paysage n'évolue guère jusqu'à Lagny, à l'exception des passages des villes et des plus gros villages où l'on voit se multiplier dans les faubourgs, à côté de coquettes villas bourgeoises, résidences secondaires des populations aisées de la fin du siècle passé, de nouveaux lotissements à l'architecture médiocre. Quelques rares bungalows cachés parmi de riches frondaisons subsistent sur les rives de la Marne, de l'Ourcq ou des Morins. Ils témoignent de l'engouement populaire pour ces lieux générateurs d'un repos bien mérité pour les ouvriers qui, en fin de semaine, trouvaient un plaisir certain à venir taquiner le goujon pendant que les enfants, sur une plage improvisée, bénéficiaient des joies d'une eau encore peu souillée par les rejets des cités. Les berges boueuses, royaume des orties ont été parfois remplacées par des aménagement bétonnés. Le temps des pâturages avec quelques vaches ou chevaux est révolu. Les prairies des rives ont laissé la place aux cultures où à quelques silos auprès desquels viennent, d'un côté, s'amarrer les péniches le temps d'un chargement et, de l'autre, tourner une noria de camions. Aujourd'hui le passage aux écluses ne constitue même plus un spectacle pour les enfants blasés par la culture télévisuelle. De temps à autre, le dimanche, la Marne s'offre aux passionnés de voile. Les haltes nautiques ne sont pratiquement plus fréquentées que par de rares touristes venus du Bénélux.

Meaux, encore protégée par une partie de ses remparts romains puis médiévaux, conserve son aspect ancien par la disposition de ses rues étroites du centre-ville autour de la cathédrale. L'ombre du grand Bossuet s'y profile encore. Son marché du samedi, installé sur l'un des ponts et la place qui le jouxte, n'est plus qu'un pâle reflet des grandes foires qui ont animé la cité. Seuls quelques palais avertis savent encore rechercher la saveur de sa moutarde ou l'exquise finesse de son fromage à la croûte blanche marbrée de paille.

Puis, en descendant le cours de la rivière on passe Esbly pour arriver à Jablines et sa base de loisirs. L'exploitation des graviers dans la boucle, pour les besoins des constructions de la capitale a permis de riches découvertes préhistoriques. Les objets provenant d'exploitation du silex, de fosses d'habitats ou de sépultures sont réunis en partie au musée de Lagny. C'est là que de nombreux peintres ont séjourné à l'invitation de Gausson. Le livre s'en fait l'écho. Cette bourgade, point avancé des foires de Champagne vers Paris, a joué un rôle com-

Le château de Damery-Boursault au bord de la Marne, 1856. Lithographie. Bibliothèque nationale de France.

Portrait de La Fontaine.
Gravure de Gérard Edelinck
d'après Hyacinte Rigault.

Meaux (1849) : départ du bateau-poste
pour Paris. Gravure par Hébuterne.
Bibliothèque nationale de France.

mercial important. C'est aujourd'hui une ville de la proche banlieue dont la vocation est plutôt résidentielle. Sur les rives, l'industrie prend une place importante, comme à Vaires avec sa centrale thermique ou à Noisiel et son usine Menier. Passé Chelles où l'on a découvert dans les ballastières des outils en silex paléolithique, la rivière est, jusqu'à sa confluence avec la Seine à Charenton, comme canalisée entre des constructions modernes et l'autoroute, tel un dernier vestige de nature dans un monde asservi par l'homme. Pourtant le passé s'offre à qui sait fureter dans le dédale urbain. On oublie trop qu'à Nogent se cache un clocher roman en pierre ou le souvenir du peintre Antoine Watteau, qu'à Saint-Maur a été trouvé un cimetière gaulois ou bien que derrière la verdure du parc de quelque villa cossue erre la jeunesse de Raymond Radiguet. Dans cet univers un peu fantomatique de la proche banlieue résonnaient hier encore les flonflons des guinguettes, le cliquetis des couverts et des assiettes sur les tables de restaurants populaires et les échos de l'accordéon musette. On venait, comme le dit la chanson, passer le dimanche au bord de l'eau, pour séduire sa belle et finir la journée par une romantique sortie en barque, seul à seule. Heureux temps où l'on pouvait encore aller se baigner à la plage. Combien de couples, à l'image de mes parents, s'y sont rencontrés ?

On pourrait croire les temps baroques de ces folles aventures à jamais finis. Il n'en est rien. La Marne garde encore de profonds mystères. Il y a peu, près de l'île de Beauté à Nogent, on a vu rôder deux crocodiles dont un seulement a été retrouvé. Comme il y a belle lurette que le petit vin blanc n'y coule plus, vous pouvez m'en croire. D'ailleurs la gent ailée aquatique, à cette époque-là, fuyait ces lieux. Et foi de canard, les colverts maintenant revenus s'en souviennent.

Les boucles de la Marne à l'entrée de Paris
Plan de l'abbé de La Grive, 1740.
Bibliothèque nationale de France.

Soixante peintres

de la vallée de la Marne

Robert **Antral** • Louis et Pierre-Michel **Barbat** • Albert **Bligny**
Paul **Bocquet** • Louis-Alexandre **Bouché** • Jean-Eugène **Buland**
Eugène **Carrière** • Emile Gustave **Cavallo-Peduzzi** • Paul
Cézanne • Pierre-Antoine **Cluzeau** • Paul-Emile **Colin** • Eugène
Corneau • Jean-Baptiste Camille **Corot** • Edouard **Cortès** • René
Demeurisse • André **Derain** • Albert **Dubois-Pillet** • Charles
Dufresne • Raoul **Dufy** • André **Dunoyer de Segonzac** • Léo
Gausson • Albert **Gleizes** • René **Gouast** • Ferdinand **Gueldry**
Armand **Guéry** • Armand **Guillaumin** • Henry **Hayden** • Auguste
Herbin • Louis-Aston **Knight** • Pierre **Ladureau** • Roger **de La
Fresnaye** • Eugène **Lavieille** • Henri **Lebasque** • Victor **Lecomte**
Luc **Lepetit** • Stanislas **Lépine** • Joseph **Le Tessier** • Léon
Augustin **Lhermitte** • Alphonse **Lint** • Maximilien **Luce** • Albert
Marquet • Jean Julien **Massé** • Augustin **Mémin** • Joseph-Paul
Meslé • Etienne **Moreau-Nélaton** • François-Alexandre **Pernot**
Henri **Pille** • Fernand **Pinal** • Camille **Pissarro** • Lucien **Pissarro**
André **Planson** • Emile **Prodhon** • Jean **Rémond** • Ernest
Renoux • Emile **Sabouraud** • Frédéric **Sauvignier** • Georges
Tardif • Maurice **Utrillo** • Vincent **Van Gogh**

" Il y avait en cet homme au masque bien sculpté, au regard profond et droit, à la bouche à la fois gourmande et secrète, un besoin de communion entre sa chair, sa pensée, d'une part, et d'autre part, l'eau miroitante des ports, les lumières qui se reflètent au clapotis des berges.

Car l'eau fut non pas sa seule amie, mais son amie préférée. Il la voulait non pas traîtresse et engloutissante, mais élastique, porteuse, dansante. Nul n'a exprimé mieux que lui ses teintes vert-de-gris foncé où les piliers des quais, le gros nez camard des péniches se mirent et se transmuent en de sombres moirures.

Il laisse une œuvre si saine et si solide que le temps n'arrivera pas à la démolir. "

Robert Rey, professeur d'histoire de l'art à l'Ecole nationale supérieure des beaux-arts, 1953.

Robert Antral (1895-1939)

Ainsi, c'est un artiste originaire de Châlons-sur-Marne, aujourd'hui Châlons-en-Champagne, qui "ouvre le bal". Ce n'est que justice pour cette capitale du département de la Marne, dont l'école royale des arts et métiers rayonna longtemps dans toute la Champagne, et justice pour Robert Antral qui fut un grand peintre et l'un des chefs de file de l'école française.

Il naît à Châlons le 13 juillet 1895. Le jeune homme débute sa carrière à l'école des Arts décoratifs de Paris et entre dès 1912 dans l'atelier de Cormon. Il y apprend tous les rudiments du métier sans se laisser pour autant enfermer dans l'académisme. Ce terme ne l'effraie pas, mais ses goûts le portent nettement vers la modernité. Il s'agit juste de forger l'outil qui lui servira à conforter son langage pictural. Bientôt, il se lance seul dans l'aventure artistique. Il expose dans les salons parisiens mais ne délaisse pas sa patrie champenoise. Il peint souvent sur les bords de Marne et participe au Salon d'Art moderne de Châlons en 1926 et 1935, et au Salon champenois de 1932. A Paris, soutenu par son ami le bibliothécaire Henri Vandel, il réalise de vastes peintures murales au palais de la Découverte. Il est membre du comité aux Indépendants, sociétaire du Salon d'Automne, expose à "l'Araignée" et à la galerie André. Il illustre des ouvrages de Marc Elder, Henri-Jacques, Gabriel Reuillard, Alfred Machard et Pierre Mac-Orlan. Il se lance avec bonheur dans la gravure à l'eau-forte. Antral travaille beaucoup, voyage beaucoup.

Il a été "le peintre des crépuscules sombres, des soirs pluvieux, et des brumes septentrionales…" (G.-A. Masson) ; son fidèle compagnon Henri-Jacques le confirme : "Il est vrai qu'Antral a une préférence pour les ciels brouillés, les harmonies horizontales, les échappées vers l'Atlantique, les brumes." Refusant la fatalité d'un chant s'exprimant trop volontiers sous les frimas du nord-est de la France, Antral décide d'un long périple dans les pays ensoleillés.

"Pour réagir contre cette affection originelle, le peintre est allé vers le Sud et il en a éprouvé la chaleur et la riche atmosphère. Dans le Midi, en Espagne, au Portugal, il a saisi avec une sorte de divination les aspects sommaires de ces espaces où la clarté est élémentaire et brute. Ce gars des pays de la lumière froide a peut-être serré la vérité de plus près que les enthousiastes du soleil et du bleu pur." (Henri-Jacques)

Les œuvres que propose le musée de Châlons-en-Champagne justifient l'immense succès des aquarelles d'Antral. **L'Ile du Jard** et les **Bords de Marne** attestent de sa haute maîtrise de ce moyen d'expression. Robert Antral est à l'aquarelle ce qu'Albert Marquet est à la peinture : un poète de la lumière. Il manifeste des qualités identiques : équilibre et sensibilité, synthèse et concision, schématisation du dessin, écriture souple et colorée… Comme lui, il excelle à rendre les atmosphères particulières et se montre un magicien de l'eau dont il sait capter les infinies variations aussi bien que l'immuabilité… Rien ne vient troubler le dialogue muet entre la nature et l'homme. L'harmonie est ici évidente, elle est et sera de toute éternité. La rivière est sagesse et stabilité. Elle s'écoulait hier et s'écoulera

Robert Antral, **L'Ile du Jard**. Aquarelle. Musée de Châlons-en-Champagne.

Robert Antral, **Bords de Marne**. Aquarelle. Musée de Châlons-en-Champagne.

demain. Il y a dans ces feuilles animées un silence, une mélancolie rêveuse, un recueillement qui ne trompent pas. Antral est dans la lignée des grands paysagistes français.

Le 7 juin 1939, Robert Antral meurt à Paris, d'une crise d'urémie. Il a quarante-trois ans. Le musée Galliera organise une exposition posthume de ses œuvres en 1951, suivi par l'hôtel de ville de Châlons-sur-Marne, en octobre 1953. Robert Rey, professeur d'histoire de l'art à l'école nationale supérieure des Beaux-Arts, en rédige la préface : "... Antral vécut dans un ravissement grave. La vie, il en fixait les mouvantes images avec une ferveur qui fait penser aux grands impressionnistes. Mais l'originalité de ceux-ci consistait surtout dans le fait de reproduire les jeux de lumière dont se revêtaient leurs motifs. Les siens, Antral les dépouillait au contraire de leurs trop superficielles, de leurs trop fugitives apparences. Il recherchait une permanence plus recueillie.

D'où le caractère si noble et si dense de ses peintures et de ses aquarelles..."

Collections publiques

Musées : Orsay (Paris), Châlons-en-Champagne, Nantes, Dunkerque, La Rochelle, Le Havre, Manchester.

Louis Barbat.

Pierre-Michel Barbat.

Louis Barbat (1795-1870)

Louis Barbat fut un irremplaçable témoin de l'histoire de la ville de Châlons au XIXe siècle. Les dictionnaires spécialisés étant généralement muets sur cet artiste, la biographie établie par J.-M. Arnoult, conservateur en chef de la bibliothèque municipale de Châlons-sur-Marne, s'avère d'autant plus précieuse. Nous avons extrait de son texte les principales étapes de la vie de Louis Barbat. Né le 15 messidor an III (3 juillet 1795), il est le fils de Michel-Louis Barbat, ancien employé de l'administration militaire devenu marchand-mercier rue Saint-Jacques, et de Marie-Charlotte Tintelin dont le père était maître d'écriture. Le jeune Louis pratique très tôt le dessin sous les directives du graveur Charles-Nicolas Varin (1741-1812), issu d'une famille qui a compté, du XVIIIe au XXe siècle, pas moins de neuf graveurs.

Ouvrons une parenthèse pour décliner les membres de cette prodigieuse dynastie qui partagent leur temps entre Châlons, Paris et Croûttes-sur-Marne, village au sud du département de l'Aisne où les collines alignent au long de la Marne les premières vignes de la vallée vinicole. Joseph Varin, fils de Charles-Nicolas, eut quatre enfants, tous graveurs : Pierre-Amédée (Châlons, 1818-Croûttes-sur-Marne, 1883), Claire-Eléonore (Epernay, 1820-Asnières-sur-Seine, 1909), Pierre-Adolphe (Châlons, 1821-Croûttes-sur-Marne, 1897), Eugène-Napoléon (Epernay, 1831-Croûttes-sur-Marne, 1911). Le gendre de Pierre-Amédée, Alfred-Delauney (Gouville (Manche), 1830-Nanteuil-sur-Marne, 1894) fut aussi un peintre et aquafortiste de grande renommée, de même que Raoul Varin (Reims, 1865-Croûttes-sur-Marne, 1943), qui grava *Reims anéantie après 1918* (voir texte d'introduction) et fut aussi un portraitiste recherché, père d'Yvonne Varin (1892-1963) qui enseignait le dessin et perpétua la tradition familiale en pratiquant la gravure…

Louis Barbat est dans de bonnes mains, quand l'Histoire frappe à sa porte. Dans la période tourmentée de l'invasion de 1814, il amasse croquis et témoignages : "J'ai vu les deux invasions, écrit-il, j'ai suivi l'armée française depuis le

5 février (1814) jusqu'au 15 mars, époque où je rentrai à Châlons avec le corps du maréchal Ney." Il accueille son fils Pierre-Michel le 1er mars 1822 et ouvre un atelier lithographique en 1838. Grâce aux étiquettes de vin de Champagne, la maison Barbat prospère rapidement et assoit sa renommée dans toute la région. Le "patron" s'entoure d'ouvriers lithographes dont le savoir-faire et les connaissances artistiques vont servir la notoriété de l'entreprise. En 1844, onze ans avant la parution de sa fameuse *Histoire de Châlons*, l'atelier de Louis Barbat édite les *Evangiles des dimanches et fêtes*, chef-d'œuvre illustré par Barbat père et fils. "Chaque page reproduit les motifs différents d'une ornementation à la fois riche, luxuriante et d'une austérité graphique qui sont la marque du génie de Louis Barbat." (J.-M. Arnoult)

On retrouve ces qualités graphiques sur l'aquarelle représentant **Le Nau à Châlons-en-Champagne, vu du pont des Cordeliers vers la rue de la Marne.**

Pierre-Michel Barbat, **Les Bords du Mau à Châlons-en-Champagne**. Musée municipal, Châlons-en-Champagne.

Louis Barbat, **Le Nau à Châlons-en-Champagne, vu du pont des Cordeliers vers la rue de la Marne**. Musée municipal, Châlons-en-Champagne.

Dans un chapitre intitulé Châlons sur l'eau (*Châlons-en-Champagne*, éd. Contades, 1986), Jean-Pierre Ravaux, conservateur des musées, conte la genèse des rivières qui parcourent la ville et conclut : "La complication de cet enchevêtrement de cours d'eau donne des excuses aux nombreux Châlonnais qui confondent le Mau et le Nau, la Moivre et la Blaise… Ces cours d'eau sont pourtant l'un des charmes de Châlons, ainsi que les espaces verts qui les accompagnent, et les ponts qui les traversent." Pierre-Michel Barbat propose, quant à lui, une feuille illustrant **Les Bords du Mau à Châlons-en-Champagne**. On décèle chez cet excellent dessinateur la même méticulosité que son père à traduire l'architecture dans les éclairages diffus d'une atmosphère délicate et poétique. Une lumière diaphane imprègne les aquarelles des Barbat qui nous suggèrent, avec une pudeur exquise, la vie romantique dans cette ville tant aimée de Châlons au XIXe siècle…

Collections publiques

Le musée municipal de Châlons-en-Champagne conserve un ensemble exceptionnel d'œuvres de Louis et Pierre-Michel Barbat.

Bibliographie

Georges Clause, Jean-Pierre Ravaux : *Châlons-en-Champagne, panorama monumental et architectural*, Editions Contades, 1986.

Châlons, 2000 ans d'histoire, ouvrage collectif édité sous la responsabilité de Jean-Pierre Ravaux, conservateur du musée municipal de Châlons, illustrations de Cabu, 1980.

L. Grignon : *Recherches sur les artistes châlonnais*, Châlons-sur-Marne, 1889.

Ailleurs, je parlerai de Pille, de Lhermitte ;
Mais ici, de Bligny, je dirai le mérite :
Car à Château-Thierry son premier jour il vit,
Y fut un clerc d'avoué, n'en fut guère ravi !
A vingt ans, oubliant tout à coup la basoche,
Bligny suivant ses goûts dans les rapins s'embauche ;
Mais, quelle peine il eut, quelle abnégation,
Pour suivre jusqu'au bout son aspiration !
Par bonheur, l'ami Pille, un ami de l'enfance,
L'aide des ses conseils ; puis un jour il s'élance,
Il expose, il se fait remarquer aux Salons,
Par ses dessins brillants, et jette ses jalons !
On admire bientôt ses sujets militaires,
Tableaux pleins de gaîté, de joyeux caractères,
Des soldats fort galants, buvant le vin clairet,
Sous la verte tonnelle et dans le cabaret (...)

Henry Joussaume-Latour, *Le peintre Bligny* (extrait), 1894.

Albert Bligny (1849-1907)

Les documents patiemment rassemblés par Francis Bligny, descendant de l'artiste, nous permettent de retracer la vie du peintre et illustrateur Albert Bligny. Fils de notaire, il naît à Essômes-sur-Marne le 13 septembre 1849. De santé délicate, il poursuit tant bien que mal ses études secondaires au collège de Château-Thierry, puis est placé par sa mère chez un avoué de la ville. Pour rompre l'indicible ennui de cette fonction bureaucratique, le jeune clerc multiplie les croquis à la plume et exerce son talent de portraitiste en croquant tout le personnel de l'étude. On le devine, la carrière d'officier ministériel n'enthousiasme guère notre jeune homme. La fréquentation de son aîné Henri Pille, natif lui aussi d'Essômes-sur-Marne, artiste déjà célèbre parmi la bohème de Montmartre, finit par faire basculer son avenir. Il quitte avec soulagement dossiers et lettres timbrées, et intègre l'atelier parisien de Bonnat. Le vieux maître se prend d'affection pour ce grand garçon d'humeur pacifique, d'allure anglaise et fort sympathique. Toutefois, le terroir commun et l'amitié fraternelle feront d'Henri Pille son véritable maître. En 1882, Bligny épouse une castelthéodoricienne, Lucie Demimaud. Ses témoins s'appellent François Gourdon et Henri Pille, artistes-peintres…

Ses *Conquêtes*, premier envoi d'Albert Bligny au Salon des Artistes français de 1875, donne le "la" de toute sa production. Le tableau représente deux invalides se racontant sur un banc leurs exploits sous les drapeaux. Désormais, l'essentiel de l'œuvre

peint, gravé et dessiné de Bligny sera consacré à la vie militaire. Est-ce à la guerre de 1870, durant laquelle il reçoit le grade de sergent, que lui vient cette passion pour les sujets militaires ? Nul ne le sait. Mais le monde des soldats qu'il expose chaque année au Salon emporte facilement l'adhésion du grand public. Loin de l'épopée visionnaire de Géricault et du réalisme social de Steinlen, Bligny est à la peinture ce que Labiche est à la littérature. Il n'entend rien au fracas des armes ; ce que la guerre comprend de souffrances et de misères ne trouve aucun écho chez lui. Du thème militaire, il retient un monde coloré, décor somptueux de scènes humoristiques où les acteurs affichent leurs beaux uniformes sous les yeux de donzelles admiratives. Bligny nous offre du vaudeville de grande qualité. Excellent dessinateur, il reproduit avec exactitude les uniformes et les armes afférents à ses modèles, donnant ainsi à sa production une valeur précieuse de témoignage.

L'aquarelle que nous présentons est plus qu'un témoignage vestimentaire. Présentée au Salon de 1901, sa valeur artistique révèle la virtuosité de l'artiste dans le procédé du dessin à la plume rehaussée d'aquarelle. Albert Bligny écrit son nom en marge de l'histoire de Château-Thierry, ville qu'il ne cesse de fréquenter, villégiaturant régulièrement à Essômes-sur-Marne…

Observons la composition. Nous sommes en 1814. Quelques mois auparavant, en octobre 1813, l'armée française subit une lourde défaite lors de la "bataille des Nations" à Leipzig. En 1814, les alliés de la 6e coalition (Angleterre, Autriche, Prusse, Russie, Suède) envahissent la France et, le 31 mars, entrent dans Paris. Une fois encore, l'ennemi a suivi la Marne, est passé par Château-Thierry. Cette feuille illustre un épisode local de l'invasion de 1814. On y voit un parlementaire russe se présentant au pont de la Marne, à l'endroit ou se situe l'actuelle rue Carnot. Chapeau bas, le Russe tend une lettre de reddi-

Albert Bligny. Aquarelle (Salon de 1901). Musée Jean-de-La Fontaine, Château-Thierry.

tion à l'officier français. Entre les toits des maisons bourgeoises, on distingue le haut des murailles du vieux château. A droite de la composition, vestige d'un ancien manoir construit en 1480 et servant de beffroi urbain, la tour Bahlan dresse la silhouette élégante de sa flèche à huit pans coiffée d'un lanternon. Nulle trace de violence : tout se passe entre gens de bonne compagnie ; la gestuelle des officiers est courtoise et déférente, les soldats de l'Empire ont même le sourire aux lèvres. Une cérémonie agréable, somme toute ! Sous le pont, la Marne coule tranquillement, indifférente aux conflits humains…

Le talent de Bligny s'est exercé dans d'autres directions. Sollicité par des libraires parisiens qui avaient apprécié ses aquarelles, il a illustré de nombreux ouvrages à thème militaire parus en édition de luxe. *Servitude et grandeur militaires* d'Alfred de Vigny, *Le Colonel Chabert* de Balzac, *Le Rêve* de Zola, *Propos d'exil* de Loti, *Les Chants du soldat* de Déroulède, *La Grogne* et *La Légende de l'Aigle* de d'Esparbès (etc.) bénéficient de ses plumes et aquarelles.

L'artiste champenois n'a pas eu la possibilité de donner la pleine mesure de son grand talent. Albert Bligny meurt le 19 août 1908 à Ferrolles, commune de La Chapelle-sur-Crécy, à l'âge de 58 ans.

Collections publiques

Des œuvres sont conservées dans les réserves du musée Jean-de-La Fontaine de Château-Thierry. Le musée du Havre possédait une importante composition représentant un régiment de ligne passant devant la porte Saint-Martin, au milieu de badauds ébahis, aquarelle détruite par les bombardements de la ville en 1944… Enfin, le musée des Hussards de Tarbes détient deux eaux-fortes et une aquarelle (*Voici le sabre de mon père*) d'Albert Bligny.

Bibliographie

Annales de la Société historique et archéologique de Château-Thierry. Année 1911.
Gérald Schurr : *1820-1920, Les Petits Maîtres de la peinture*. Tome II, p.88.

Il est avant tout l'enfant de la Champagne, son enfant aimant et ému. Ses pas le conduisent invariablement dans la vallée de la Vesle, parmi les saules, peupliers ou bouleaux qui se mirent dans les eaux d'argent, dans la vallée de la Guenelle (en amont de Châlons-sur-Marne), qui offre à peu près les mêmes sites, ou dans le Soissonnais, qu'il habite fréquemment et volontiers. Le Soisonnais plus montueux, plus cultivé, plus riant, lui imposera des couleurs gaies, des paysages d'été ; les vallées marnaises, arides et desséchées en été, riches en nuances durant l'automne ou l'hiver, curieuses alors par leurs brumes légères qui s'interposent sans opacité et font valoir les couleurs en les rafraîchissant, le solliciteront surtout pendant l'arrière-saison.

Il y a dans Paul Bocquet un passionné de la lumière et de la couleur et en même temps un solitaire et un mélancolique.

Charles Gaudier, "exposition Paul Bocquet", dans *Le Progrès de l'Est*, octobre 1911.

Paul Bocquet (1868-1947)

A l'aube de notre siècle, de nombreux peintres ont choisi de vivre et travailler en Champagne.

En Haute-Marne, Alizard, Duvent, Emile Humblot et Jules R. Hervé succèdent à Charles Royer et Alexandre Pernot. Aux alentours de Vitry-le-François et Châlons-en-Champagne se détachent Alvin, Le Seure, Amaury Thiérot, Antral...

Enfin, dans un très large périmètre autour de Reims, Emile Barau, Armand Guéry, Paul Bocquet, Frédéric Sauvignier et, plus près de nous, Suzanne Tourte, sont les auteurs fétiches du grand livre d'images de la Champagne. L'ordre alphabétique veut que ce soit Paul Bocquet qui annonce la couleur : elle sera nettement impressionniste.

Paul Bocquet sur le motif, 1946.

Réalisée par son gendre André Bocquet, une biographie abondante et documentée est disponible à la bibliothèque de Reims. Hélas, malgré ses mérites, son tirage limité et dactylographié en fait un document réservé à quelques initiés. L'artiste souffre cruellement de l'absence d'une monographie richement illustrée...

Il naît à Reims un jour d'automne 1868. Il est l'aîné de trois enfants ; orphelins de bonne heure, ils sont recueillis par un grand-père amateur d'art et collectionneur. Décelant vite les dispositions du petit Paul pour le dessin, le bon grand-père lui offre sa première boîte de peinture. Le garçonnet de onze ans est comblé. Déjà, il caracole en tête de sa classe de dessin. Quand meurt le grand-père, les enfants Bocquet sont aussitôt pris en charge par leur oncle maternel, J.-B. Langlet, professeur à l'école de médecine, député depuis 1887 et futur maire de Reims durant la Grande Guerre. Passionné d'art et artiste lui-même, J.-B. Langlet accède sans difficulté au désir de Paul de devenir peintre. Mieux, il l'encourage et fait tout son possible pour l'aider.

Le jeune Champenois débarque à Paris à la fin de 1888. Il y séjournera jusqu'en 1897. Durant trois ans, il suit les cours de l'académie Julian et dessine d'après l'antique à l'académie des Beaux-Arts. Il partage quelque temps l'atelier de son condisciple rémois Emile Wery puis s'installe dans son propre atelier, rue Campagne-Première. Reçu au concours des Beaux-Arts en 1891, il démissionne peu après, allergique à l'enseignement officiel.

En décembre 1891, Paul Bocquet intègre l'atelier dirigé par Alfred Roll à la société de La Palette, boulevard Berthier. Parallèlement, il reçoit les conseils de Puvis de Chavannes. Sa carrière maintenant s'accélère. Sous l'impulsion de Roll, il accroche quatre toiles au Salon de la Nationale des Beaux Arts de 1892. Il est nommé "associé" l'année suivante. Le peintre passe ses hivers à Togny-aux-Bœufs, au sud de Châlons-sur-Marne, chez le frère de sa tante Langlet. Les frimas de la saison froide ne l'empêchent pas de peindre en plein air. De 1892 à 1896, il se rend en Bretagne et brosse les paysages de Ploumanach, Saint-Quay, Erquy, Saint-Briac... Marié en 1898 avec une jolie Rémoise artiste musicienne, le peintre champenois décide cette fois de retourner pour de bon au pays. Ils sont à Reims vers la fin de février 1897. Le jeune couple loue une maison avec atelier, au 23, rue Perin. Dès lors, Paul Bocquet occupe le terrain avoisinant : le bois d'Amour, les méandres de la Vesle plantés de peupliers, la Montagne de Reims depuis laquelle il contemple au loin la cathédrale, solitaire et frémissante dans la plaine, les vues de Cormontreuil, Jonchery, Hermonville... Régulièrement, il se rend à Cœuvres, village situé entre Soissons et Villers-Cotterêts, région où s'exprimera

Paul Bocquet, **Paysage champenois**. Musée des Beaux-Arts, Reims.

bientôt l'art puissant du peintre René Demeurisse. Bocquet possède une humble demeure en bordure de forêt ; sa famille nombreuse – pas moins de six enfants… – y trouve fraîcheur et détente durant les vacances d'été. Jusque 1914, le peintre produit énormément. Présent dans deux Salons parisiens, la Nationale et l'Eclectique, il participe aux expositions rémoises de 1901, 1903, 1908, 1910. L'exil de 1914-18 le conduit à Fontainebleau où il résidera jusqu'en 1921, la maison de Reims étant devenue inhabitable. Enfin, il retrouve sa patrie et les Bocquet emménagent à Reims au 80, rue Libergier, dans l'atelier qui fut celui du peintre Charles Daux (1817-88). Paul Bocquet ne tarde guère à reprendre le chemin de ses sites favoris. L'installation d'une de ses filles dans le Midi occasionne quelques séjours aux Lecques, entre Marseille et Toulon, en 1928, 1931 et 1936. Les rares toiles de cette époque témoignent de sa capacité à retenir la luminosité extrême des paysages de

Provence. L'avance allemande de 1940 le contraint une fois encore à quitter sa ville. Il rejoint le sud de la France et s'installe à Séverac-le-Château. Le temps de défaire les valises, il est de retour à Reims, en octobre 1940. Ses dernières années sont assombries par une vue déclinante. "Cette infirmité semblait servir son dessein, qui était de se limiter dans la représentation des objets à leurs vibrations dans la lumière. "(René Druart). Il meurt en plein travail le 7 septembre 1947.

Le **Paysage champenois** fut probablement exécuté depuis le bois d'Amour, non loin de sa demeure, dans les marécages alimentés par la Vesle. L'incroyable finesse du dessin, la pureté de l'atmosphère, les lignes parfaitement équilibrées qui rythment et construisent une vision schématique de l'espace, la limitation des couleurs… tous ces éléments intensifient la valeur poétique du paysage dont la force de suggestion est comparable aux peintures japonaises d'Hiroshige. Une

Paul Bocquet sur son lieu de prédilection à Villers-Allerand vers 1943.

L'Hiver dans la Montagne de Reims est daté de 1903. Lors de son acquisition par le musée de Reims, le critique Georges Perin écrit dans *L'Eclaireur de l'Est* : "Paul Bocquet garde une toute particulière tendresse aux gris fins de l'hiver qu'il rend avec une légèreté exquise. Son *Hiver dans la Montagne de Reims* est aéré, à la fois large et délicat ; le village lointain, qu'on aperçoit entre les branches mortes, respire une douceur charmante, et la subtilité du jour épars tombe sur ce coin de Champagne, généreuse et blonde comme le vin dans les coupes." Le village vers lequel s'inclinent les bouleaux est celui de Villers-Allerand, qu'il peignait depuis le Mont-Joli... " Ce Mont-Joli qui voit Villers-Allerand à ses pieds et qui embrasse du regard Reims et sa cathédrale. Il y était attendu par une famille de bouleaux, pour laquelle il avait une particulière tendresse et qui semblait le lui rendre à son arrivée par le frémissement de ses feuilles.

Il fêtait leur bourgeonnement, s'émouvait à leur déclin. Il se plaisait à retrouver dans leurs teintes automnales la parure de leur printemps. Il consignait jusqu'aux variations de leurs nuances d'une année à l'autre, suivant que l'automne était chaud ou souffrait d'une gelée précoce. Son œuvre poursuivait ses renouvellements au gré de notre ciel lumineux et mouvant, parmi les jeux de l'azur et des nuages.

Maintenant que ce spectateur exemplaire n'est plus, ceux qui feront la courte ascension du Mont-Joli devront se recueillir en cette sorte d'observatoire où le plus sympathique de nos peintres a si ardemment communié avec notre lumière de Champagne." (René Druart).

Le Mont-Joli (274 m) domine le nord de la Montagne de Reims et tourne le dos à la Marne qui s'écoule au sud. Cette bosse très boisée s'élève entre Reims et Epernay ; elle est aujourd'hui un parc régional fréquenté par les amoureux de la nature. Le chemin de grande randonnée n° 141 passe au sommet du Mont-Joli, mais les marcheurs conquis par le paysage ignorent que ses beautés nous ont été révélées, un siècle plus tôt, par le peintre Paul Bocquet...

Collections publiques

Reims : hôtel de ville, sous-préfecture. Le musée des Beaux-Arts conserve un bel ensemble d'œuvres de Paul Bocquet, artiste rare dans les collections publiques. Paris : musée national d'Art moderne, musée d'Orsay.
La Caisse d'Epargne de Fontainebleau possède un paysage sylvestre réalisé pendant la Première Guerre…

Bibliographie

André Bocquet : *Paul Bocquet, paysagiste champenois*. Notes et Souvenirs, vol. I à III, Document bibliothèque municipale Carnegie de Reims, 1967.
René Druart : *Paul Bocquet, 1868-1947*, Imprimerie Debar & Cie, Reims, avril 1950.

bande imaginaire et verticale coupe le tableau en deux parties symétriques et se fraie un chemin rectiligne jusque l'horizon. Les bouleaux du premier plan, les arbres du second, ceux du troisième… tous s'écartent pour amener le regard à l'endroit précis voulu par le peintre : la cathédrale. Les arbres entourent la retenue d'eau de leurs squelettes élancés et cisèlent une couronne bleue dont Saint-Remi est le joyau.

Paul Bocquet, **L'Hiver dans la Montagne de Reims**, 1903. Musée des Beaux-Arts, Reims.

Bouché caricaturé par Nadar.

Sur la tombe de cet ami disparu, son confrère Léon Lhermitte qualifiait Bouché de noble artiste, d'ami sûr, d'homme de bien. Evoquant tous ces paysages de Luzancy, la plaine avec ses labours, la Marne avec ses lavandières, ce village même rappelant leur peintre, il ajoutait : "Bouché a tout abordé ; il a tout réussi, et telles de ses toiles longtemps dédaignées, deviendront – que dis-je… – sont devenues déjà des joyaux de collection. Il honore grandement l'Art français.

Fernand Pinal, *Louis-Alexandre Bouché.*

Louis-Alexandre Bouché (1838-1911)

L'acte de naissance d'Alexandre Bouché plante le décor familial et géographique : "L'an mil huit cent trente-huit, le dix janvier heure de midi, devant nous maire de la commune de Luzancy, officier de l'état civil, est comparu le sieur Nicolas Pierre Bouché, tisserand âgé de quarante ans, demeurant à Luzancy, lequel nous a présenté un enfant du sexe masculin, né à Luzancy aujourd'hui à sept heures du matin de son légitime mariage avec Hermantine Georgina Gatellier, sa femme âgée de trente ans, auquel enfant il nous a déclaré donner les prénoms de Louis Alexandre…" Le père trime dur et le métier de tisserand suffit à peine à pourvoir aux besoins d'une famille de huit enfants. L'artisan ignore le bonheur insouciant du *Savetier* de Jean de La Fontaine. Pour améliorer quelque peu des conditions d'existence particulièrement pénibles, leur aîné Alexandre est envoyé à l'âge de dix ans dans une des tuileries de Luzancy. Sans verser dans l'outrance du misérabilisme, on imagine difficilement comment ce gamin va s'y prendre pour devenir l'un des tous premiers peintres de la vallée de la Marne. A quinze ans, il est embauché dans un chantier de La Ferté-sous-Jouarre où l'on fabriquait des meules de moulin. Activité épuisante mais qui offre des pauses mises à profit par le jeune Alexandre pour dessiner fébrilement ses compagnons de travail et faire des croquis des chantiers de taillage de meules. Car déjà, malgré l'exaspération des parents pour cette "perte de temps", le dessin prend une part très importante dans son existence : les dimanches lui sont entièrement dévolus et Alexandre Bouché observe maintenant le monde avec des yeux de peintre. Il reçoit ses premières leçons de Rémy (1792-1869) qui passait ses vacances à Luzancy où le bon ami Corot le rejoignait souvent. Convaincu du talent de son élève, Rémy organise la rencontre décisive entre Bouché et Corot. Alors, tout va aller très vite. Sur les conseils de Corot, Bouché part à Paris, y travaille quelque temps pour subsister et effectue un tour de France pédestre avant de gagner l'Italie. Enfin...

"Il renonce aux courses ingrates,
Revient en son pays, voit de loin ses pénates."
(La Fontaine, *Fables*, VII, 12)

Dès son retour, il rejoint le hameau de Messy, proche de Luzancy, où sa famille s'est installée entre-temps. Il ne quittera plus son pays natal. Ses premiers envois au Salon (*Le Soir au bord de la Marne*, 1864) comme ses derniers (*Bords de la Marne*, 1911) témoignent de sa fidélité à la région de Luzancy. Il se liera d'amitié avec les peintres installés près de la rivière, de Léon Lhermitte (1844-1925) à Mont-Saint-Père jusque Amédée Servin (1829-1885) à Villiers-sur-Morin, en passant par Joseph-Paul Meslé (1855-1927) au village voisin de Chamigny.

Bouché n'aura de cesse de peindre la vallée de la Marne avec un style personnel qui a su assimiler l'enseignement de Corot sans jamais s'y laisser enfermer.

La **Rue de Luzancy** que nous propose le musée de l'Evêché à Limoges résume les caractéristiques de l'écriture de Bouché. On y retrouve tout naturellement l'étude sévère du dessin et les valeurs préconisées par Corot. Bouché enrichit l'héritage par son aptitude à traiter la lumière en orfèvre. Le peintre excelle à rendre les effets fugaces de l'atmosphère ; ainsi, les grands arbres qui bordent la *Rue de Luzancy* lui permettent de faire jouer délicatement l'ombre et la lumière tout au long de la rue et de sa bordure herbeuse. Ombres nettement marquées, ciel moutonneux, arbres aux branches déployées, personnages habilement disposés : tout participe à animer la composition dans un raffinement atmosphérique digne de Whistler. Le coloris subtil ajoute au charme irrésistible de l'œuvre…

Exposant admiré et médaillé des grands salons parisiens, l'ancien ouvrier des tuileries de Luzancy connaît à la fin de sa vie les honneurs de la notoriété. L'Etat achète ses tableaux et, six ans avant sa mort, il est fait chevalier de la Légion d'honneur, consécration d'une carrière où l'œuvre pèse d'un volume considérable. Mais le mérite de Louis-Alexandre Bouché ne s'arrête pas là. Il a été aussi le "commis voyageur" de Corot et transmet à son tour les secrets de l'art poétique à un jeune meldois qui brûle du désir d'être peintre, Jean Julien Massé…

Collections publiques

Musées de Bourg-Saint-Maurice, Limoges, Lyon, Nantes, Rennes.

Bibliographie

Maurice Ribier : *Les Semailles de Corot*, Imprimerie du Paroi, Ury.

Fernand Pinal : *Artistes de la région de* *Château-Thierry*, conférence du 5 janvier 1949.

Lydia Harambourg : *Dictionnaire des peintres paysagistes français au XIXᵉ siècle*, Editions Ides et Calendes, 1985, Suisse.

Louis-Alexandre Bouché, ***Rue à Luzancy***. Musée de l'Evêché, Limoges.

Son œuvre est fait à la fois de réalisme et de sentiment (...). Sans doute ne se borne-t-il point à prendre ses modèles parmi les gens de Charly et de Croûttes ; certains tableaux religieux témoignent d'un souci d'idéalisme, et parfois d'un sens décoratif que vous pourrez apprécier à l'hôtel de ville de Château-Thierry où il a peint deux plafonds. Sans doute aussi peignit-il parfois des fleurs et des paysages. Quel est l'artiste digne de ce nom qui ne se laisse pas tenter par toutes les formes de beauté rencontrées sur sa route ?

Fernand Pinal, conférence du 5 janvier 1949.

Jean-Eugène Buland
(1852-1926)

Cédons la parole au peintre : "Né à Paris, élève de l'Ecole des beaux-arts, atelier Cabanel, je me suis battu les flancs jusqu'au 2e et au 1er second grand prix de Rome que j'ai obtenus en 1878 et 1879, et enfin soutenu par quelques succès au Salon, j'envoyai *La Colère d'Achille* se promener ; c'est le dernier concours que j'ai commencé en loge. "Mention honorable au Salon de 1879 avec *Offrande à Dieu*, actuellement au musée du Havre. Médaille de 3e classe en 1884 avec *Restitution à la Vierge*, au musée de Caen. Médaille de 2e classe en 1887 avec *Héritiers*, au musée de Bordeaux. J'eus ensuite le bonheur de voir mes *Arbalétriers* achetés par M. Castagnary, directeur des Beaux-Arts, pour être mis au musée du Luxembourg et, sur présentation d'Henri Rochefort, d'avoir un panneau commandé à l'Hôtel de Ville de Paris, Salon des Sciences (*La Terre*).

"J'ai encore un tableau au Musée de Carcassonne (*Mariage innocent*) et un autre à Douai (*Fiançailles*).

"J'oubliais une médaille de 2e classe à l'Exposition universelle de 1889, une médaille de 2e classe à Londres, et une de 3e à Barcelone.

"Je vous enverrai un dessin d'un petit panneau que j'ai au Salon où je n'ai que cela et un *Portrait d'homme*, ayant cette année exécuté un grand plafond pour le nouvel hôtel de ville de Château-Thierry, que je n'ai pas osé exposer parce que ce n'est pas dans mon genre."

La carte de visite, à première vue, a bien peu de rapport avec la Marne. Détrompez-vous. Buland expose ici les grands thèmes de sa peinture : tableaux religieux, portraits ou scènes de genre, ils sont systématiquement interprétés par la population d'un gros bourg de la Brie champenoise où il possédait une belle demeure, Charly-sur-Marne. L'œuvre d'Eugène Buland est une étonnante étude physionomique et psychologique du caractère champenois, autant qu'un témoi-

gnage irremplaçable des mœurs et coutumes dans la vallée de la Marne, au cours de la seconde moitié du XIXe siècle. Léon Lhermitte adopte la manière naturaliste et idéalise la population paysanne. Buland, lui, atteint un tel niveau de vérité, fait preuve d'un tel souci de perfection qu'il sera plus tard perçu comme un pionnier de l'hyper-réalisme.

Pour preuve, **Le Mariage innocent**, toile présentée au Salon de 1884 (musée de Carcassonne), et que nous reproduisons en noir et blanc ; la représentation est d'une fidélité vraiment exceptionnelle et nous pouvons sans peine nous imaginer en train de contempler une photographie d'époque, l'obstacle principal étant plutôt la nature de la scène : un couple d'enfants déguisés en mariés cherche dans les choux son bébé pour le mettre dans un berceau de poupée. Hélas, le charme suranné de la scène lui ôte toute crédibilité. Passons outre pour examiner le paysage printanier ; au loin, au pied des lignes courbes des collines, la Marne s'étire mollement et disparaît dans la brume, laissant à sa gauche le village de Pavant. Au deuxième plan, l'amoncellement des toits de tuiles indique que nous descendons vers Charly-sur-Marne, laissant choux, prairies et vignes derrière nous. Placés aux deux extrémités, les arbres en fleurs couronnent la composition.

Le Repas du Jardinier, visible au musée Jean de La Fontaine de Château-Thierry, est un exemple convaincant de la faculté qu'avait Buland à copier avec une conscience scrupuleuse, les types dont il exprimait à la fois la ressemblance extérieure et le caractère profond. Ainsi, ce portrait d'un jardinier buvant l'apéritif accompagné de radis, est d'une vérité saisissante. A Fernand Pinal, l'un des rares élèves d'Eugène Buland, qui questionnait le fils de l'artiste, Jean Buland, sur l'identité du personnage, celui-ci répondit : "Oui, mon vieux, je savais que papa avait un petit tableau au musée de Château-Thierry. Je ne m'étonne nullement que tu n'aies pas reconnu la tête de notre si sympathique Lucien Romelot pour la bonne raison que ce n'est pas lui qui a servi de modèle mais bien Chamblin, "le Riche" (NDR : "le Riche" par opposition à un autre Chamblin, "le Pauvre" celui-là !), beau-père de Briet qui habitait (le premier) au fond de la ville." (Lettre du 27 août 1956). On le voit, Buland fait défiler derrière son "objectif" – il fut aussi un fameux photographe ! – les habitants de Charly-sur-Marne ou de Croûttes. De

Jean-Eugène Buland, **Le Mariage innocent** (Salon de 1884). Musée de Carcassonne.

Jean-Eugène Buland, **Le Repas du jardinier**. Musée Jean-de-La Fontaine, Château-Thierry.

Jean-Eugène Buland peignant **La Femme au baquet allaitant son enfant** à Charly-sur-Marne (Salon de 1903). Photographie de Fernand Pinal.

toile en toile, des visages reviennent pour animer *Pas le sou !* (Salon de 1883), *L'Inquisition chez les bouilleurs de cru* en 1904, *La Procession, Il n'y a plus d'enfants, Le lendemain de la nuit de noces, Ouvriers se chauffant, Les Héritiers, Devant les reliques* (musée des Beaux-Arts de Troyes), ou encore ce formidable témoignage de la vie politique dans un bourg champenois : *Scène de propagande* (musée d'Orsay, Paris). Autant d'anecdotes, souvent traitées sur un mode misérabiliste, dont raffolait la bourgeoisie du XIXe siècle. On ne s'étonnera pas d'apprendre que ce passionné de politique collabora longtemps au "Figaro illustré".

Nos lecteurs peuvent savourer des photographies inédites, prises par Fernand Pinal (1881-1958) au début du siècle et montrant l'artiste peignant **La Femme au baquet allaitant son enfant** (Salon de 1903), **Prière** (Salon de 1902) qui réunit le peintre et son modèle, ainsi que Buland tenant entre ses genoux son fils Jean (1889).

Les historiens de l'art commencent seulement à mesurer l'importance de l'œuvre d'Eugène Buland, peintre des figures champenoises, qui s'éteignit dans l'indifférence générale, le 18 mars 1926.

Mentionnons également le beau talent de son frère Emile Buland, graveur qui remporta en 1880 le grand prix de Rome de gravure en taille douce. Il villégiaturait non loin de son frère, à Chézy. Chézy-sur-Marne, bien entendu…

Collections publiques

Musées de Carcassonne, Château-Thierry (musée et hôtel de ville), Bordeaux, Paris (Orsay et Petit Palais), Troyes (musée des Beaux-Arts), Quimper, Caen, Douai.

Bibliographie

Fernand Pinal : *Artistes de la région de Château-Thierry*, conférence du 5 janvier 1949.
Gabriel P. Weisberg : *Beyond impressionism : the natural impulse,* New York, 1992.

Jean-Eugène Buland peignant **Prière** à Charly-sur-Marne (Salon de 1902). Photographie de Fernand Pinal.

"Quant à Eugène Carrière, un seul mot dira l'importance de l'action qu'il a exercée sur les esprits de ses contemporains. Il a presque fondé une religion. Car il y a un culte de Carrière. La beauté morale de l'homme et la grandeur de l'œuvre, par leur austérité même, abordables seulement d'un petit nombre, a fait naître des partisans très ardents qu'exaltaient davantage l'indifférence et les sarcasmes du public. On lui contestait, en effet, son parti pris de clair-obscur noyé dans l'ombre, son dédain de plus en plus prononcé pour les coquetteries de la couleur, l'apparente monotonie de ses éternelles maternités. (...)"

Léonce Bénédite, *La peinture au XIXe siècle.*

Eugène Carrière caricaturé par Georgeville.

Eugène Carrière (1849-1906)

Avec les **Bords de la Marne** d'Eugène Carrière, la contribution des musées de France s'avère plus que jamais décisive, qui nous permettent d'aborder l'expression picturale du mouvement issu d'une littérature qui termine le XIXe et ouvre le XXe siècle : le symbolisme. Gustave Moreau (1826-98), Pierre Puvis de Chavannes (1824-98) et Eugène Carrière en seront les principaux représentants. En réaction à l'égard de l'impressionnisme, des peintres vont s'écarter des apparences pour pénétrer au cœur des choses, en exalter l'âme, le mystère et la vérité intérieure. La poésie de Verlaine est au centre de cet état d'esprit et, dès lors, on comprend pourquoi Carrière en réalise plusieurs fois l'effigie. Car le peintre est essentiellement portraitiste. Certainement, la rencontre avec les pastels de Maurice Quentin de La Tour a été déterminante... Après les cours de dessin à l'école municipale du château de Rohan à Strasbourg où il rafle tous les prix, Carrière se rend à Saint-Quentin en 1869 pour y apprendre la lithographie. Il a vingt ans. Les portraits par La Tour au musée Lécuyer, les Rubens et les Velasquez du Louvre confortent définitivement sa volonté d'être peintre. Il s'installe alors à Paris et s'inscrit à l'Ecole des beaux-arts dans l'atelier de Cabanel. Lors de la guerre de 1870, Carrière s'engage comme soldat, il est fait prisonnier à Neuf-Brisach et interné à Dresde. A son retour, il rejoint l'atelier de Jules Cheret, reçoit les conseils de Henner, pour finalement quitter l'école en 1877 avec, en poche, l'amertume de son échec au prix de Rome.

L'achat par l'Etat de sa *Jeune mère allaitant son enfant* (musée Calvet, Avignon) au Salon de 1879 détermine probablement sa vocation à traiter quasi exclusivement des rapports affectifs entre les membres de la famille ; la sienne sera son principal sujet d'inspiration. "(...) Il peint ses modèles dans des attitudes quotidiennes, les saisissant sans aucune recherche dans ce qu'ils ont d'essentiel et de profondément humain. Alors que la jeune peinture et celle de l'avenir prétendaient ramener la palette aux tons purs, saturés et même systématiquement divisés, Car-

rière, par élimination, par simplification volontaire, passe de la polychromie discrète de ses débuts (*Premier Voile*, 1886, musée de Toulon) à une monochromie à base de gris et de bruns, le tout dans une sorte de clair-obscur où seuls les mains et les visages sont éclairés, comme sculptés hors de l'ombre qui les entoure. Utilisant – comme presque tous les artistes de sa génération – la courbe et l'arabesque, il les emploie afin de réunir les êtres, d'envelopper les formes, de les rapprocher pour symboliser à la fois la tendresse et l'humanité qui les lient." (*Les Muses*, Eugène Carrière, vol. IV, 1971) Voilà qui énonce distinctement le style des *Bords de la Marne* : en aucun cas la ressemblance formelle ne doit prévaloir sur l'âme du sujet. Eugène Carrière était un sage ; il possédait le "troisième œil", celui qui permet de lire à l'intérieur des êtres vivants. Un voile de grisaille nimbe les formes noyées et fondues de ces *Bords de la Marne* d'un sentiment de mystère et de rêve. Comme toujours, le peintre passe derrière le visible et s'en va chercher l'âme du motif sans se préoccuper de ressemblance objective. Certes, on distingue des prés, des champs, des cyprès, mais la Marne traverse ici une nature étrange, lunaire, sorte de fond marin où des formes sinueuses s'enchevêtrent sous le globe d'un ciel opaque. Le peintre pose son stéthoscope et comme l'enfant entend la mer dans le coquillage, Carrière traduit les palpitations du paysage, ses zones sombres ou lumineuses, ses gémissements, le chant secret de la terre... Deux siècles après Rembrandt, l'essence permanente et cachée des êtres et des choses est l'objet premier de sa quête. Son écriture est loin de faire l'unanimité, elle possède aussi ses détracteurs ; ainsi, Tristan L. Klingsor, pour qui "ses formes sont des boules, et des boules vides, gélatineuses, où la plupart du temps l'os manque." !... Réponse d'Elie Faure qui prophétise dès 1906 : "Dans cinquante ans, ce n'est pas la jeune peinture, c'est l'esprit humain lui-même que Carrière rencontrera."

Rares sont les peintres à avoir tenté de pénétrer l'intimité profonde, organique d'un paysage. Eugène Carrière est de ceux-là, avec la Marne pour modèle.

Eugène Carrière, **Bords de la Marne**. Musée d'Orsay, Paris.

Collections publiques

A Paris, le musée d'Orsay détient une très belle série d'œuvres de Carrière.
En province, on peut voir ses peintures à Toulouse (musée des Augustins), Douai (musée de la Chartreuse), Bourg-en-Bresse (musée de Brou), Troyes (musée d'Art Moderne), ainsi qu'aux musées des Beaux-Arts de Lyon, Bordeaux, Lille, Rouen…

Bibliographie

Geneviève Lacambre : *Naturalisme et symbolisme, dans La peinture au musée d'Orsay*, éd. Scala RMN, 1986.
Elie Faure : *Carrière, peintre et lithographe*, Paris, 1908.
P. Ahnne, V. Beyer, CH. Culmont : *Catalogue de l'exposition Eugène Carrière*, Strasbourg, 1964.

Cavallo-Peduzzi dans son atelier.

"*Toute la ville connaît ce petit homme maigre à la barbiche en bataille, au pas alerte scandé par une robuste canne (...) curieusement taillée dans une branche d'épine, dont la poignée est un crâne de corbeau poli par l'usage. De petite taille, Cavallo-Peduzzi est mince. Dans son visage fin et allongé, les yeux pétillent d'intelligence et de malice. Une barbe très courte et en pointe, des cheveux bouclés et un nez assez fort complètent une physionomie très attachante. (...) Sa voix porte loin et il en étudie soigneusement les effets. Il ne se gêne pas pour exposer ses idées dans la rue, au café ou en chemin de fer. Lorsqu'il prend le train avec sa femme, celle-ci lui interdit toute conversation ; mais en vain : bientôt tout le wagon résonne de la voix puissante. (...) Il aime la nature, surtout les arbres et les animaux. Ses deux chiens sont Faro et Bismarck ; son âne, Bazaine, transporte son attirail de peintre dans la campagne. Ces appellations sont le produit de son humour, parfois très caustique. Lors des élections municipales de 1904, il publie le faire-part fantaisiste du décès d'une vieille fontaine démolie l'année précédente ; il s'y désigne comme "Cavalli-Peduzzo, cousin presque germain".(...)*"

Pierre Eberhart et Jean Sutter, *Les Néo-impressionnistes*, Bibliothèque des Arts, 1970.

Emile Gustave Cavallo-Peduzzi (1851-1917)

Philosophe, écrivain, inventeur, xylographe et peintre, cet artiste génial à la veine créatrice peu commune, ignoré du grand public, vaut la peine d'être considéré à sa juste – et immense – mesure… Dans leur ouvrage consacré aux néo-impressionnistes, Pierre Eberhart, conservateur du musée Gatien-Bonnet de Lagny-sur-Marne, et Jean Sutter ont reconstitué la vie trépidante de celui qui fut, de concert avec son ami Léo Gausson, à l'origine du "groupe de Lagny".

Emile Gustave Peduzzi, plus tard Cavallo-Peduzzi, naît à Montmartre le 15 juillet 1851. Enfant naturel, il est le fils d'une très jeune artiste dramatique, originaire de Metz et d'ascendance italienne. Elle marque profondément la personnalité de son fils qui hérite son caractère fantasque et agité. Vers 1865, le jeune Peduzzi part pour Londres afin d'y apprendre le métier de chapelier. C'est un fiasco : il ne supporte ni le travail, ni le pays et sa gastronomie de pommes de terre arrosées de bière… Le jeune homme rentre en France et s'engage dans les pupilles-pompiers de Paris. Fait caporal, il combat les incendies de la Commune. Mais l'homme a la "bougeotte" et supporte difficilement de répéter trop longtemps une même activité. Son instabilité légendaire, sa curiosité insatiable pour les arts, sciences et techniques, pour les idées et la politique, le poussent à prendre sans cesse de nouvelles directions. Atteint d'hémoptysie en 1873, il est hospitalisé. L'alitement forcé engendre sa vocation pour le dessin. Les jeux sont faits : soutenu moralement et financièrement par sa mère, il se lance dans la vie d'artiste. Il fréquente l'atelier de Gérôme et suit les cours de l'Ecole des beaux-arts où il se lie d'amitié avec Seurat. On sait maintenant que c'est par Cavallo-Peduzzi que Maximilien Luce et Léo Gausson prirent connaissance des recherches de Seurat… L'héritage recueilli à la mort de sa mère en 1880 permet à Cavallo-Peduzzi de pourvoir aisément à ses besoins. Il se marie la même année et, après une halte à

Auvers-sur-Oise, il s'installe à Lagny-sur-Marne. La fortune léguée par sa mère est utilisée pour la construction d'une maison d'habitation et d'un vaste atelier qu'il sera contraint d'abandonner quinze ans plus tard quand chuteront les actions Panama et l'emprunt franco-russe… Les œuvres des années 1880-84 sont classiques, très inspirées de l'école de Barbizon et de Jean-François Millet.

La création de la Société des artistes indépendants lui ouvre les portes du mouvement pictural novateur. Il expose au premier Salon du Groupe en 1884. Dès 1885, l'un des premiers à appliquer les principes de la division des tons, il réalise des huiles et aquarelles en tons purs, puisés dans une gamme aiguë, qui en font des œuvres à la fois "fauves" et "néos". Il passe ainsi directement du "barbizonisme" au néo-impressionnisme, sans avoir été touché par l'impressionnisme. (...) Connaissant très bien Seurat, il est sûrement l'un des quelques peintres qui lui rendent visite pendant qu'il met au point *La grande jatte*, après mars 1885. Le tableau *Les trois malins du pays* est un des plus anciens tableaux néo-impressionnistes." (Pierre Eberhart). La toile **Atelier de sabotiers à Gouvernes**, qu'il a traitée également à l'eau-forte, illustre sa manière claire et pointillée, où tons purs et complémentaires dénotent sa parfaite maîtrise des théories de la peinture optique. Elle révèle aussi l'intérêt que portait Cavallo-Peduzzi, à l'instar de Luce, Gausson et Pissarro, à l'activité économique de sa région. Elle fut exécutée vers 1890 à Gouvernes, près de Lagny, dans ce village qui partagea avec Montévrain la faveur d'un grand nombre de peintres. Gausson, Lebasque, Luce et Lucien Pissarro y posèrent maintes fois leur chevalet. L'activité artistique de Cavallo-Peduzzi s'exerce quasi exclusivement dans la nature environnant Lagny-sur-Marne. D'aucuns pensaient que son autorité dans les recherches pointillistes allait le cantonner dans ce procédé avant-gardiste. C'était mal le connaître. Dès 1890, il adhère au mouvement nabi. **Le Village de Gouvernes** atteste ce revirement ; la qualité superlative d'un langage récemment abordé nous étonne aujourd'hui encore : ce touche-à-tout de génie a le don des langues picturales. L'évangile gauguinien répandu par Paul Sérusier dès 1890 sera bientôt acclamé par Maurice Denis, Bonnard, Vuillard et Roussel. Cavallo-Peduzzi fait partie de la toute première vague de prophètes. Son *Village de Gouvernes* est à ranger avec les compositions de Paul Sérusier datant de la même époque. Rompant radicalement avec le réalisme néo-impressionniste, Cavallo-Peduzzi exécute une peinture à vocation décorative. Etalant ses teintes

Emile Gustave Cavallo-Peduzzi, **Atelier de sabotiers à Gouvernes**. Musée Gatien-Bonnet, Lagny-sur-Marne.

Emile Gustave Cavallo-Peduzzi, **Le Village de Gouvernes**. Musée Gatien-Bonnet, Lagny-sur-Marne.

Portrait de Camille Pissarro par Cavallo-Peduzzi.

exposé parmi ceux que le peintre accrocha en 1891 au premier Salon symboliste, chez Le Barc de Boutteville. La production de Cavallo-Peduzzi est importante et variée : peintures, aquarelles, pastels, dessins et eaux-fortes sont ses modes d'expression privilégiés. Négligent par humilité, il omet souvent de signer des œuvres qui évoquent inlassablement les monuments de Lagny et les villages de bords de Marne.

Le premier Salon de peinture de Lagny ouvre en 1899. Il se répétera en 1900, 1901, 1902 et 1904. Cavallo-Peduzzi ne ménage pas ses forces pour assurer la réussite et la renommée du Salon. Des artistes jouissant d'une grande notoriété – Baschet, Bergeret, Dubouchet, Forain, Honer, Ibels, Luce, Rodin... – font le voyage à Lagny. Les peintres de la Marne s'y bousculent : Aman-Jean, Paul-Emile Colin, Eugène Froment, Léo Gausson, Henri Lebasque, Léon Lhermitte, Joseph-Paul Meslé... L'enthousiasme des rassemblements annuels ne peut dissimuler les premières difficultés matérielles que rencontre Cavallo-Peduzzi à partir de 1900. Il lui faut trouver des activités lucratives pour assumer ses charges familiales. Il vit alors avec sa femme, fidèle et solidaire, son fils et sa fille, ses deux premiers enfants étant décédés en bas âge. Le directeur de l'école d'Alembert à Montévrain, cousin du néo-impressionniste Louis Hayet, l'embauche comme professeur de dessin d'ornement. A ce poste rébarbatif qu'il conservera jusqu'en 1911, il additionne des cours particuliers de dessin, l'édition de ses eaux-fortes, la vente de cartes postales et de papier à lettres illustrés par lui-même. Son invention du "trépied articulé universel avec sa table triptyque" lui vaut la médaille d'or du concours Lépine en 1910 ! Patriote dévoué, il sera l'interprète des troupes anglaises stationnant à Lagny en septembre 1914 et aura la charge de résoudre des difficultés de ravitaillement... La santé de Cavallo-Peduzzi se détériore sensiblement pendant la guerre. A la fin, une crise d'asthme a raison de lui et il s'éteint le 29 avril 1917, dans sa maison de la route de Tournan, à Lagny-sur-Marne. Ce petit homme exalté ne réclamait pas la gloire : la postérité l'a négligé jusqu'à ce qu'oubli s'en suive... Peintre, graveur et... sculpteur, il laisse derrière lui une œuvre considérable. Il faudra bien, un jour, lui rendre ce qui lui appartient : le génie et la modernité.

Collections publiques

Musée Gatien-Bonnet de Lagny-sur-Marne.

Bibliographie

Jean Sutter : *Les Néo-impressionnistes*, Bibliothèque des Arts, Lausanne, 1970.

Pierre Eberhart : *Artistes de la région de Lagny-sur-Marne*, Lagny-sur-Marne, septembre 1977, n° 30.
Rijksmuseum Vincent Van Gogh, Amsterdam : Catalogue de l'exposition *Les Néo-impressionnistes*, été 1988.

vibrantes ou plates mais toujours vives sur un paysage aux lignes élégantes et simplifiées, l'artiste nous invite à vivre l'épisode d'un conte oriental ; il suffit d'emboîter le pas au baladin et nous pénétrons dans un décor féerique. Tout est formes, or et lumière. Par la magie du peintre, un petit village de la vallée de la Marne est devenu le repère d'Ali Baba... D'essence symbolique, ce tableau fut certainement

L'artiste au travail. Photographie d'Emile Bernard.

« Il avait le type, l'accent, les manières d'agir d'un Provençal. En Provence comme en Orient, le sentiment des castes n'est pas très vif, ni ces castes très bien tranchées. Cézanne avait à la fois du petit-bourgeois et de l'artisan, avec une décence, une dignité, une fierté simple que l'on trouve difficilement ailleurs dans des classes identiques. La finesse paysanne se mêlait en lui à des manières exagérément polies. Il avait le dos rond, le teint hâlé, marqué de taches briques, le front nu, couleur de cuivre, d'où tombaient des mèches de cheveux blancs, le nez gros et bourbonien, tournant au pourpre, de petits yeux perçants, fureteurs, inquiets, regardant tout, voyant tout, de courtes moustaches tombantes, une barbiche de militaire du second Empire. »

Edmond Jaloux.

Paul Cézanne
(1839-1906)

L'engouement suscité par la récente rétrospective Cézanne au Grand Palais à Paris fut tel qu'il nous est difficile d'imaginer à quel degré, de son vivant, sa peinture pouvait paraître laide, maladroite et repoussante. Souvenons-nous de cette anecdote de Vollard racontant qu'un mari, pour punir sa femme infidèle, la força à contempler un nu de Cézanne, afin de lui montrer combien la chair est répugnante ! La chose était entendue : Cézanne ne savait ni dessiner, ni peindre.

Le "père de la peinture moderne" avait alors bien mauvaise réputation… Il est né à Aix-en-Provence, dans une famille d'origine aixoise et dauphinoise. Ancien chapelier, son père embrasse la profession de banquier. Devenu riche, il achète en 1859 la propriété Jas-de-Bouffan, que Paul Cézanne popularisera dans de nombreuses peintures. De 1852 à 1858, le jeune Paul fait ses études au collège Bourbon d'Aix, où il devient l'ami de Zola. Bachelier en 1858, il entre à la faculté de droit. Sa vocation picturale le mène à Paris en avril 1861. Il reçoit les conseils de son compatriote Villevieille, suit les cours de l'Académie suisse et prépare le concours d'entrée à l'Ecole des beaux-arts. Il fait la connaissance du groupe impressionniste et se lie avec Pissarro, Guillaumin, Monet, Sisley, Bazille, Renoir. L'échec aux examens l'oblige à retrouver pour quelque temps la banque paternelle mais, en 1862, il opte définitivement pour sa vocation de peintre. C'est au cours de sa "période impressionniste", entre 1873 et 1879, lors de séjours à Pontoise et à Auvers-sur-Oise chez Camille Pissarro, que Cézanne découvre les paysages de l'Ile-de-France, les rives de la Seine et de la Marne. Il noue des relations très amicales avec Guillaumin, Van Gogh et le docteur Gachet. Il participe à la première exposition des impressionnistes chez Nadar en 1874 et présente ses toiles et aquarelles à l'exposition impressionniste de la rue Pelletier en 1877. Mortifié par les sarcasmes de la critique, le peintre décide de ne plus exposer avec ses amis et s'enfonce dans le silence. Après dix années d'isolement, Cézanne prend part, en 1887, à l'exposition des "XX" de Bruxelles. Les deux œuvres que nous présentons

datent de l'année suivante. Cézanne est alors en pleine phase de "maturité". Depuis deux ans, il fait le deuil de son père et de son amitié pour Zola. Il travaille le plus souvent au Jas de Bouffan et dans les alentours d'Aix, peignant la Montagne Sainte-Victoire et ses pins tordus, les routes escarpées, les cabanes lézardées. Revenu en Ile-de-France, il rend visite à Pissarro à Eragny-Bazincourt, près de Gisors. Cézanne travaille dans la forêt de Chantilly et parfois sur les bords de Marne, du côté de Créteil.

Les Bords de la Marne fut acheté en 1909 par le collectionneur Ivan Morosov chez Durand-Ruel où le tableau avait été consigné par le peintre Mary Cassatt. Il est entré au musée de l'Ermitage de Saint-Petersbourg en 1930. La volonté du peintre d'affirmer le caractère des arbres est caractéristique de cette période. La forme est ramenée à ses éléments les plus simples pour dégager l'architecture de la masse luxuriante qui se penche sur la rivière. Cézanne aime dissimuler ses demeures derrière un rideau de verdure. Quand ses amis impressionnistes s'efforcent d'aérer les feuillages jusqu'à l'inconsistance, Cézanne au contraire travaille à leur donner une plénitude absolue. Le peintre ne s'attache qu'au mouvement général de la forme, et la couleur lui sert à traduire les volumes. Ainsi l'eau, le reflet, les arbres, la maison, le ciel, tous ces éléments ont leur propre vérité de couleur, laquelle résulte de la combinaison de la lumière et du dialogue des éléments les uns dans les autres. Savamment orchestrée, la cadence des volumes et des tons organise le paysage fluvial. "Peindre, disait-il à Emile Bernard, c'est enregistrer ses sensations colorées… Il n'y a pas de ligne, il n'y a pas de modelé, il n'y a que des contrastes. Quand la couleur a sa richesse, la forme a sa plénitude." Ce théorème contient toute la révolution opérée par le peintre : il sonne le glas des écoles académiques et impressionnistes, il annonce la modernité picturale du XXᵉ siècle. Fervent catholique, d'esprit conservateur et conformiste, le peintre solitaire fait éclater toutes les conventions. En repensant les rapports des éléments constitutifs de l'expression picturale, il met un terme aux méthodes analytiques traditionnelles. Ce coup de grâce porté à l'académisme trouve un équivalent chez Debussy avec la création d'un nouveau langage musical… Mais la puissance de l'organisation picturale de Cézanne ne doit pas nous faire oublier l'excellent dessinateur et le merveilleux coloriste qu'il était. Comme l'a dit Renoir, il ne peut pas mettre

Paul Cézanne, **Les Bords de la Marne ou Villa au bord de la rivière**, 1888. Musée de l'Ermitage, Saint-Petersbourg.

Paul Cézanne, **Le Pont de la Marne à Créteil**. Musée Pouchkine, Moscou.

Camille Pissarro, **Paul Cézanne**, 1876.
Eau-forte.

deux touches de couleur sur une toile sans que ce soit très bien. La noblesse classique des *bords de la Marne* est telle qu'on s'attend à voir surgir de l'eau quelque naïade, et courir sur le rivage de joyeux faunes tout droit sortis d'une peinture de Poussin ou de Rubens…

Lui aussi daté de 1888, **Le Pont de la Marne à Créteil** est l'hôte du musée Pouchkine de Moscou. Comme la précédente, cette partition d'accords délicats et puissants étonne par la prouesse du peintre à répartir les taches colorées, à faire chanter les tons comme personne, à organiser la structure du paysage. Le tableau fut acheté à Ambroise Vollard en 1912 par le même collectionneur, Ivan Morosov, qui estimait avoir fait l'acquisition d'un des meilleurs paysages de Cézanne. Laissons Lionello Venturi nous le commenter : "Cézanne ne s'éloigne jamais des sensations que lui donne la peinture, même s'il les traduit de manière abstraite. (...) Rien de préétabli ni de concerté ; on dirait qu'il découvre spontanément ses formes abstraites au fur et à mesure qu'il peint, et qu'il en est le premier étonné. C'est à cette époque qu'il parvient à structurer ses sensations selon cet ordre – si indéfinissable – dont elles tirent toute leur force.

Il en va ainsi, par exemple, dans le tableau de 1888 intitulé *Le Pont de la Marne à Créteil*. L'espace se développe en profondeur et l'effet devient monumental. Un rapport parfait s'établit entre les vides (le ciel, la partie de l'eau sans reflets) et les pleins, y compris les reflets, traduits comme des volumes malgré leur nécessaire transparence. Quelle que soit leur variété, – jaune, rouge, vert – les couleurs s'intègrent à l'harmonie générale des contrastes et des différents tons de bleu. Malgré le nombre d'éléments en jeu, l'unité de la vision reste entière ; mieux, elle est parfaitement réalisée, homogène, et pleine de grandeur." (Lionello Venturi, *Cézanne*, Skira, 1978)

On ne saurait affirmer que des liens spécifiques existaient entre Cézanne et la Marne. Leurs relations furent occasionnelles et la Marne fut, parmi d'autres, un objet de cette recherche purement picturale, sur lequel Cézanne peinait à traduire le moindre volume. Tableaux rares et superbes, imprégnés d'une merveilleuse féerie où s'harmonisent tous les éléments de la beauté de la rivière…

Collections publiques

Musée d'Orsay, Paris, musée Pouchkine, Moscou, musée de l'Ermitage, Saint-Petersbourg. Les œuvres de Cézanne sont visibles dans les grands musées du monde entier.

Bibliographie

Lionello Venturi : *Cézanne*, éd. Skira, Genève, 1978.
Collection Découvrons l'Art du XIXe siècle : *Cézanne*, éd. Cercle d'Art, 1995.
Catalogue de l'exposition Cézanne, Grand Palais, Paris, RMN, 1995.
Musée de l'Ermitage : *La Peinture française aux XIXe et XXe siècles*. éd. Ars Mundi, 1987.

Autoportrait, mine de plomb.

" Graveur-peintre, P. -A. Cluzeau fait partie de cette génération d'artistes du début du XXᵉ siècle qui, forts de maîtriser parfaitement la technique, la composition et la couleur, réalisent des œuvres puissantes et laissent derrière eux le témoignage inestimable d'une époque de transformations... "

Préface au catalogue de l'exposition Pierre-Antoine Cluzeau, musée Villa Médicis, Saint-Maur, mars-juin 1995.

Pierre-Antoine
Cluzeau (1884-1963)

Au cours du deuxième trimestre de 1995, le musée Villa Médicis de Saint-Maur-des-Fossés organisait une exposition des œuvres du peintre-graveur Pierre-Antoine Cluzeau. Pour la plupart des visiteurs, ce fut l'occasion de découvrir l'œuvre de cet enfant de Saint-Maur, artiste complet qui affichait une étonnante maîtrise des expressions graphiques et picturales. Aquarelles, gouaches, fusains, dessins, eaux-fortes, huiles, vitraux... son énorme production englobe toutes les techniques et tous les genres : du paysage aux témoignages architecturaux, rien de ce qu'il voit ne lui est étranger.

Il naît le 1ᵉʳ septembre 1884 à Saint-Mandé. Adolescent, il tâte déjà du salariat avant de s'engager corps et âme dans l'aventure artistique ; le jeune employé de commerce à Issy-les-Moulineaux consacre ses soirées à sa passion du dessin dans l'atelier de M. Bricoux, place des Vosges. En 1904, la famille Cluzeau s'installe à Saint-Maur et l'année suivante le "peintre en herbe" expose avec d'autres à la mairie de la ville. Il se souviendra longtemps de ses vingt-quatre ans. Nous sommes en 1908. Cluzeau obtient deux médailles de bronze de la Ville de Paris et est admis à l'école nationale des Beaux-Arts de Paris dans l'atelier de Luc-Olivier Merson puis de Raphaël Collin. Souffrant d'asthme depuis l'âge de seize ans, il séjourne à Murat et Mauriac d'où il rapporte une série de dessins rehaussés (1912). Peu après, il reçoit les conseils de l'aquafortiste Lochelongue et réalise ses premières planches d'après les dessins d'Auvergne. Cluzeau dessine comme on respire, sans arrêt... A Nantes où vit son frère Henri, la galerie Mignon-Massart prend ses œuvres en dépôt. C'est le début d'une longue collaboration.

Réformé en 1914, P.-A. Cluzeau s'engage comme infirmier. Affecté au Jardin colonial de Nogent-sur-Marne, il fixe les portraits de blessés, tous venus des colonies, sur des dessins de très grande qualité. Une mosquée étant construite sur la demande des blessés, l'artiste participe à sa décoration, exécute des vitraux et des peintures. Il figure en 1915 à l'exposition au profit des Œuvres de guerre, à Paris. Inscrit au Salon des Artistes français, il obtient la médaille de bronze en 1924.

Pierre-Antoine Cluzeau peignant sur les bords de la Marne. Carte postale originale.

Pierre-Antoine Cluzeau, **Saint-Maur - Bonneuil. Le pont du chemin de fer**, 1922. Dessin rehaussé. Musée Villa Médicis, Saint-Maur-des-Fossés.

Pierre-Antoine Cluzeau, **Bonneuil. Bateau-dragueur**, 1922. Dessin rehaussé. Musée Villa Médicis, Saint-Maur-des-Fossés.

1917. Profondément meurtri par le décès de son frère et de sa mère, il est hospitalisé six mois durant à Bégin et au Val-de-Grâce.

La guerre finie, il réalise deux magnifiques séries d'eaux-fortes : *Les bords de Seine à Paris* (1919-20) et *En suivant la Marne* (1920). La carte postale reproduite nous montre P.-A. Cluzeau peignant sur les bords de Marne… C'est aussi le temps des premières expositions particulières. Il ne dédaigne pas les rassemblements artistiques officiels qui permettent de vendre et de se faire connaître : il rejoint la société de La Gravure originale en noir, le Salon des Graveurs à L'eau-

Pierre-Antoine Cluzeau, ***Baignade, Le Parc***, 1933. Affiche RCF.

forte, celui des Peintres du "Paris moderne" ainsi que le Salon des Indépendants. En 1921, il épouse Henriette Trodoux ; le couple s'installe à Saint-Maur dans la maison de M. Cluzeau père, et leur fille Henriette naît la même année. Son frère Pierre-Henri viendra au monde huit ans plus tard.

Pierre-Antoine Cluzeau parcourt l'Alsace, les Vosges (1923), la Normandie (1928) et en ramène de nombreuses planches qui remportent un vif succès. Les séjours à Flumet, Chamonix, Annecy, Menthon-Saint-Bernard (1937, 1946) expliquent son adhésion en 1941 au Salon des Peintres de la Montagne. Les expositions particulières se multiplient, à Paris et en province. Il est maintenant un artiste réputé. L'Etat achète ses œuvres accueillies avec enthousiasme dans les ministères et musées de Paris et de province. Jusqu'à ses derniers jours, animé d'une passion intacte et de la volonté tenace de faire toujours mieux, l'artiste accumule dessins, gravures et peintures. Une existence entièrement dévouée à l'art qui prend fin à Saint-Maur, le 17 janvier 1963.

Saint-Maur - Bonneuil. Le pont du chemin de fer et ***Bonneuil. Bateau-dragueur*** sont des dessins rehaussés réalisés en 1922. Cluzeau excellait particulièrement dans ce mode d'expression. D'un crayon incisif et délié il dessine les plans et contours des scènes de bords de Marne qu'il anime ensuite avec un soin particulier. Ce qu'il souhaite, c'est saisir ce moment fugitif où la vie résonne de tous côtés. Ici, un train passe sur le pont, des femmes bavardent sur une péniche et promeneurs, lavandières, femmes, enfant, chien s'activent sur le quai ; au premier plan, une jeune femme contemple la scène. Là, des embarcations s'agglutinent autour d'un bateau-dragueur crachant un nuage de fumée noire. Quelques touches de gouache et d'aquarelle suffisent à traduire les nuances délicates et vaporeuses de l'atmosphère. La modernité de ses feuilles rehaussées réside, selon nous, dans l'utilisation originale de son crayon : dynamique, vigoureux, d'une fidélité descriptive empreinte de naturel et de sensibilité, il borde les formes simplifiées et enferme la couleur. La bande dessinée n'est pas loin. L'œuvre peint et gravé de Pierre-Antoine Cluzeau conserve une jeunesse que beaucoup d'artistes pourraient lui envier. C'est peu dire que ce beau peintre a bien mérité des arts graphiques, de sa ville, Saint-Maur-des-Fossés, de son département, le Val-de-Marne…

Collections publiques

Musée du Havre, musée du Vieux-Lisieux, musée de Saint-Maur, musée Carnavalet, Paris.
Nombreux achats de la Préfecture de la Seine et du ministère de l'Education nationale et des Beaux-Arts.

Paul-Emile Colin gravant. par lui-même. Gravure sur bois.

Avec l'ensemble des bois qui illustrent Les Travaux et les jours *d'Hésiode, il a résumé tout ce qu'il a appris de son métier, tout ce qu'il a senti de la vie des champs, de l'espace, de la lumière. Il garde ici les qualités de force de ses planches si violemment labourées, il a toujours le trait, la netteté, le noir, mais il voit de plus loin et de plus haut. Tout en couvrant décorativement l'espace de sa vignette, il a le sentiment de l'atmosphère et de la grandeur. C'est un ravissement que de feuilleter ces pages.*

Gustave Geffroy, *La Gravure sur bois au XXᵉ siècle : Paul-Emile Colin*, 1910.

Paul-Emile Colin
(1867-1949)

Dans l'immense production des artistes affiliés au "groupe de Lagny" et qui travaillèrent dans l'entourage des météores Cavallo-Peduzzi et Léo Gausson, l'œuvre peint, gravé et dessiné de Paul-Emile Colin, brille d'un éclat particulier. Lorrain, il est né à Lunéville, en Meurthe-et-Moselle, et passe sa jeunesse à Nancy où il commence des études de médecine, terminées à Paris. C'est dans la capitale, au cours de longues et solitaires flâneries d'étudiant que Paul-Emile Colin découvre la gravure en feuilletant chez les bouquinistes, en consultant longuement les étalages des marchands d'estampes. Il n'est pas homme à rester spectateur et décide alors de pénétrer les mystères du noir et blanc. A l'Exposition universelle de 1889, accompagné de son fidèle ami, le peintre symboliste Filiger, il s'arrête devant les toiles de Gauguin accrochées aux cimaises du café Volpini. C'est une révélation. En 1890, nos deux amis font le pèlerinage au Pouldu à côté du maître, rejoignant le groupe des derniers convertis à l'art synthétique : Laval, Sérusier, Schuffenecker, Séguin, Roy… Filiger décide de rester au Pouldu. A contrecœur, Paul-Emile revient à Paris terminer sa médecine. "Je ne puis, écrira-t-il à son ami Charles Chassé, lui rappelant son séjour au Pouldu, m'empêcher de voir en Gauguin un Christ dont nous étions les disciples." Le grand art décoratif issu de l'école de Pont-Aven sera désormais indissociable du style de l'artiste. Une fois muni du diplôme lui permettant l'exercice légal de la médecine, le docteur Colin, personnage réservé et très replié sur lui-même, s'enfuit de Paris et s'installe à Lagny-sur-Marne en 1893, afin d'y goûter le bon air de la campagne. Pendant six années, il soigne la population locale et consacre tout son temps libre à la xylographie. A la pratique passionnée de la gravure sur bois, tenace et fébrile, s'ajoutent celles de l'illustration d'ouvrages et de la peinture ; en 1899, l'art pictural l'emporte définitivement sur l'art médical. Colin sort d'une dépression nerveuse qui a peut-être conditionné sa décision. Très vite, il est considéré par la critique comme un des maîtres de l'estampe en France.

La Péniche sur la Marne à Lagny, de 1901, fait partie des premiers chefs-d'œuvre gravés de l'artiste. La péniche habitée traverse une trouée de lune ; avant qu'elle ne disparaisse, on distingue une scène intimiste d'aspect irréel. Adossé au gouvernail, le marinier rêve ; peut-être fredonne-t-il une vieille complainte venue de la rivière ; sa femme reprise en silence et sa fille s'abreuve. Le bateau fend l'onde et l'on entend murmurer le clapotis de l'eau contre la proue. La scène fait naître une poésie en action. "Le bois qu'il a choisi pour vêtir sa pensée s'adapte merveilleusement aux besoins de son tempérament, un tempérament moderne, impulsif et contradictoire, sollicité par la vie et quand même assoiffé de mystère. Tout à coup, son imagination l'emporte et ce sont les plus fantastiques images : légendes féeriques ou visions démoniaques." (Gérome-Maësse, 1908, *Tendances nouvelles*). Légendes d'un marinier de la Marne, voguant sur le monde fantastique de nos dérives nocturnes… Il faut dire quelques mots sur l'aspect résolument novateur des bois gravés de Paul-Emile Colin. C'est par le procédé du "canif sur bois debout" qu'il obtient ces vibrations de lumière. Les xylographes se servent de deux sortes de bois : le "bois de fil", généralement du poirier pris dans le sens longitudinal de l'arbre, et le "bois debout", habituellement du buis, pris dans le sens horizontal, tous deux travaillés avec le canif. Colin explique lui-même la technique qu'il utilise : "Le canif correspond assez bien à la serpette du couteau de poche et se tient à pleine main, très incliné sur le bois : il coupe les fibres du bois sur un des côtés du sillon tracé, tandis que de l'autre côté il les arrache en partie, d'où une foule de petites inégalités qui augmentent les vibrations lumineuses, et une plus grande facilité à passer du trait le plus fin au trait le plus large sans changer d'outil." (Paul-Emile Colin à Gustave Geffroy, 1910) Il applique ce procédé à un grand nombre de gravures sur bois, devenant le maître incontesté de la "manière noire". Fin lettré, Colin illustre *Les Philippe* de Jules Renard, *La Terre et l'homme* d'Anatole France, *Germinal* de Zola. L'ouvrage *Les Travaux et les jours* d'Hésiode est souvent considéré comme la plus grande réussite de l'artiste.

Jusqu'en 1902, année où le peintre-graveur quitte Lagny pour Noisy-le-Sec, la vie rurale et artisanale autour de Lagny-sur-Marne lui fournit les sujets de ses œuvres. Paysans, bergers, ferronniers, pêcheurs… tout ce monde prend vie et s'anime sous le canif de Paul-Emile Colin. En 1914, il s'engage comme médecin auxiliaire et est affecté à Sceaux. La guerre va lui inspirer une suite éblouissante de cinquante-sept bois en deux couleurs et vingt-deux lithographies dans un ouvrage qu'il publie depuis Bourg-la-Reine où les Colin sont maintenant installés : *Les Routes de la Grande Guerre : la bataille de l'Ourcq*. L'artiste y représente le cadre

Paul-Emile Colin, ***La Péniche sur la Marne à Lagny***. Gravure sur bois. Musée Gatien-Bonnet, Lagny-sur-Marne.

Paul-Emile Colin, ***Autoportrait avec mon fils Jean***. Musée Gatien-Bonnet, Lagny-sur-Marne.

Paul-Emile Colin, **Bataille de l'Ourcq, Chambry**. Lithographie.

champêtre des villages martyrs de la bataille de l'Ourcq en septembre 1914 : Iverny, Monthyon, Neufmontiers, Chambry, Acy-en-Multien, Etrépilly…

Après la guerre, la peinture tiendra le premier rang au détriment de la gravure. Curieusement, hormis quelques huiles et aquarelles pointillées, le néo-impressionnisme de ses amis de Lagny-sur-Marne trouve peu d'écho dans son œuvre peint. Ses nombreux paysages sont une merveille de rythme et de couleurs. Celles-ci sont disposées en larges aplats et délimitent les plans successifs : l'enseignement de Pont-Aven s'y exprime en toute liberté ; mais l'examen de l'***Autoportrait avec mon fils Jean*** montre que Paul-Emile Colin bouscule la doctrine nabi et va bien au-delà d'un souci strictement décoratif ; sa manière unique de diriger les éclairages provoque sur le spectateur une sensation d'étrangeté, de fantastique. Les ombres et lumières sur le visage et les vêtements de l'artiste, l'expression figée des regards contrastant avec la mobilité du paysage au second plan – paysage où l'on devine le cours de la Marne ? –, donnent à cette œuvre une allure d'irréalité. La production du peintre va s'estomper dès 1920 par la survenue de troubles oculaires importants. Paul-Emile Colin s'éteint en même temps que son épouse à Bourg-en-Bresse, dans la nuit du 28 octobre 1949, tous deux victimes du gaz carbonique. A 82 ans, le peintre-graveur était oublié de tous…

Collections publiques

Musée Gatien-Bonnet de Lagny-sur-Marne.
Musée de Lunéville.
Bibliothèque nationale, département des Estampes, Paris.

Bibliographie

Gérard Schurr : *Les Petits Maîtres de la peinture, 1820-1920*, vol. 5, éd. de l'Amateur, 1985.
Georges Blond : *1914, la Marne*, lithographies de P.-E. Colin, éd. Stock, 1974.
Catalogue de l'œuvre gravé de P.-E. Colin, préface de Clément-Janin, Paris, éd. Pelletan, 1913.
Jean Adhémar : *Biblothèque nationale, département des Estampes. Inventaire du fonds français après 1900*, tome cinquième, Bibliothèque nationale, 1949, p. 101-108.
P.-E. Colin : *Les Routes de la Grande Guerre : La bataille de l'Ourcq*, Bourg-la-Reine, 1917.
Charles Chassé : *Gauguin et le groupe de Pont-Aven*, Paris, Floury, 1921.
Eva Gilbert-Lévrier : *Un artisan du renouveau de la gravure sur bois à la fin du XIXe siècle : le graveur lorrain Paul-Emile Colin*, mémoire de maîtrise, Université de Paris IV-Michelet, 1980.

Le monde est confus, ténébreux, impur. Eh bien, nous tâcherons d'y mettre de l'ordre, de la lumière, de la sérénité. Que notre image soit lucide, et pourtant, et surtout, qu'elle soit fidèle. Nous ne sommes pas là pour embrouiller les choses, mais pour les éclaircir, les dévoiler, les dépouiller, les rendre intelligibles. Ainsi pense Eugène Corneau, peintre, graveur et mon ami. (...)
Par sa grande délicatesse, par sa rigueur, par sa droiture, un tel art touche à la naïveté véritable. Non point celle de l'écolier qui cherche en tâtonnant, à voir ce qu'il regarde ; non point la fausse naïveté du maître retors qui voudrait, même au comble de la prostitution, se découvrir des grâces de pucelle. J'entends bien la naïveté de l'homme intègre et sain qui, parvenant au seuil de la maturité, découvre toute l'étendue de la carrière, la beauté de la tâche, la pesanteur du fardeau et prend la résolution de ne tromper personne afin d'être bien sûr de ne pas se tromper soi-même.

Georges Duhamel, *Eugène Corneau*, juin 1929.

Eugène Corneau (1894-1977)

Il est un ami proche de Modigliani, apprécié d'Elie Faure qui l'expose dans son Salon du boulevard Saint-Germain entre Renoir et Cézanne, fréquenta de près les milieux de l'avant-garde artistique et littéraire et sait éviter les vagues déferlantes de toutes les tempêtes : trajectoire étonnamment droite, indépendante et fertile que celle du peintre-graveur Eugène Corneau. Né à Vouzeron (Cher), près de Bourges, ce fils de paysans berrichons débarque à Paris à l'âge de sept ans. Parvenu à sa majorité, il refuse de "gagner son pain" pour mieux "perdre sa vie" dans des emplois sans intérêt et décide de vivre de cette passion dévorante, la peinture. Sans être passé par aucune école d'art, de 1918, année de sa première exposition parmi les fondateurs du groupe de la "Jeune peinture française" (galerie E. Blot, Paris), jusqu'à sa mort, Eugène Corneau va déployer une énergie peu commune à construire une œuvre considérable de peintre, graveur, pastelliste, illustrateur et décorateur.

Très vite, il figure dans les expositions affichant les grands noms de l'époque ; en compagnie de Bonnard, Camoin, Cross, Degas, Derain, Dunoyer de Segonzac, d'Espagnat, Maillol, Marquet, Matisse, Modigliani, Picasso, Renoir, Valtat, Van Dongen, lors d'une exposition de "nus" dans la galerie des Editions G. Crès, rue Hautefeuille à Paris, en mars 1920. Avec les mêmes, auxquels s'ajoutent Max Jacob, Jongkind, Luce, Monet, Signac, Sisley, Utrillo, Vlaminck… Eugène Corneau figure en bonne place dans le rassemblement très sélectif consacré à l'"Art français moderne", en octobre 1928, au palais des Beaux-Arts de Bruxelles. En 1943, il est aux côtés de Céria, Ladureau, Lotiron, Picard Le Doux, Renefer, dans le groupe des "intimistes", présentés conjointement à Tunis et Paris par la galerie Sélection. Trois exemples parmi tant d'autres…

Sociétaire du Salon d'Automne dès 1921, il rejoint Dufresne, Despiau, Laprade, Valtat… On le remarque au Salon des Tuileries à partir de 1923. Les galeries Blot à Paris et Giroux à Bruxelles l'accueillent régulièrement. "Nous exposions chez "le père Blot", rue Richepanse. Félix Fénéon vint voir nos toiles et nous emmena dans son bureau, la porte à côté, à la galerie Bernheim. Il nous montra des Cézanne, des Matisse, des Renoir, et un tiroir de commode rempli des petits panneaux de bois peints par Seurat. Combien de fois sommes-nous retournés, et Fénéon nous disait : "Allez-y, les jeunes !" Il était heureux de nous voir admirer ces petits chefs-d'œuvre." (Pierre-Eugène Clairin, *Le peintre Eugène Corneau*)

En 1925, il se voit décerner le prix du Gouvernement général de l'Algérie et rejoint la villa Abd-el-Tif d'Alger, sorte de réplique de la villa Medicis à Rome, pour un séjour de deux ans. Il trouve en Jean Alazard, créateur et conservateur du musée, un enthousiaste promoteur de sa peinture. Corneau revient en France en 1926, mais "ce n'est qu'un au-revoir" à l'Algérie ; de 1953 à 1962, il s'y rend régulièrement pour enseigner la gravure aux étudiants de l'Ecole nationale des beaux-arts d'Alger. Entre temps, avec d'autres peintres, il crée dans les années 1930 l'école de Saint-Jean-de-Monts, en Vendée. Il voyage beaucoup, exposant à New York (1928 et 1938), Haarlem (Hollande, 1931), Venise où il est l'invité de la Biennale en 1940, Tunis (1943) et, à partir de 1950, en Belgique et en Angleterre. En juillet-août 1946, il fait partie des 250 artistes du Salon d'Automne qui exposent à Vienne, en solidarité avec une Autriche ravagée par la guerre. Il y côtoie les paysagistes de l'Ile-de-France : Demeurisse, Derain, Dufy, Dunoyer de Segonzac, Ladureau, Marquet, Planson, Sabouraud, Utrillo, pour ne citer que les peintres mentionnés dans cet ouvrage.

En 1958, Corneau est promu vice-président de la Société des peintres graveurs français. L'importante rétrospective de son œuvre, réalisée en 1974 à Avallon, va stupéfier le public par son importance, sa variété, et l'étonnante jeunesse des toiles récentes brossées par un artiste de 80 ans ! Aux gravures, huiles et pastels présentés, il manque pourtant l'un des aspects les plus originaux de son œuvre : l'illustration. Notons à ce propos, l'engouement de l'artiste pour les ouvrages où s'affirme la présence de l'eau : *Entre le ciel et l'eau*, de Dorgelès, *Typhon*, de Conrad, ou encore *Le Songe de Vaux*, qui nous montre Jean de La Fontaine errant dans le parc de Le Nôtre, où

... L'eau se croise, se joint, s'écarte, se rencontre,
Se rompt, se précipite à travers les rochers…

Eugène Corneau, **Bords de Marne à Charenton**, Circa 1930-35. Collection particulière.

Point d'eaux tourmentées dans ces **Bords de Marne à Charenton**, vaste composition d'atmosphère sereine et paisible, exécutée dans les années '30-35. Tout le métier d'Eugène Corneau est là, qui nous dit l'importance des valeurs établies par les maîtres anciens, de Poussin à Cézanne. Miracle d'équilibre, de simplification et de dépouillement, le tableau est rigoureusement ordonné ; les parties sombres et les parties claires alternent judicieusement en masses parfaitement distribuées, le tout exécuté dans une gamme blonde et lumineuse. Aucune tristesse de la part de la rivière qui s'apprête à célébrer ses noces avec la Seine un peu plus loin… Le peintre invite au relâchement, à la paresse d'un dimanche après-midi d'été où le bonheur se goûte entre deux baignades, en lisant le journal à l'ombre d'un platane. "Dans l'univers clos d'Eugène Corneau, tout est intensité paisible, accords réfléchis et recherche de valeurs justes, sans la prodigalité de brio qui tend de plus en plus à substituer la pochade au galop à l'œuvre laborieusement réfléchie." (George Besson, *Lettres françaises*).

Avant toute chose, Eugène Corneau s'efforce d'obtenir le style dans la vérité et transpose dans un langage très personnel le résultat d'une observation scrupuleuse de la nature. Définition, somme toute, d'un peintre authentiquement classique. Ce dont on peut le louer hautement.

Collections publiques

France : musée national d'Art moderne de Paris, musées d'Albi, Annecy, Bagnols-sur-Cèze, Bourges, Poitiers, Rodez.
Etranger : musées d'Alger, Constantine, Oran (Algérie), Tunis (Tunisie), Gand (Belgique).

Eugène Corneau
par Modigliani.

Corot peignant sur le motif.
Bibliothèque nationale de France.

Jean-Baptiste Camille Corot (1796-1875)

S'il est un peintre dont l'offrande poétique éleva au plus haut les paysages de bords de Marne, c'est Corot.

Fils d'une modiste de la rue du Bac, il naît à Paris le 16 juillet 1796. Rien ne le prédestine à une vie exclusivement consacrée à la peinture. Une existence qui s'écoulera comme un long fleuve tranquille. Pourtant, le vieux monde craque sous ses pas. A sa naissance, encore secoué par la proximité de la Terreur, Paris s'apprête à affronter de nouveaux bouleversements. Né sous la République, Jean-Baptiste Camille Corot grandit sous l'Empire, est adulte pendant la Restauration, voit successivement défiler la monarchie de Juillet, une seconde République qui accouche du deuxième Empire renversé vingt années plus tard par une guerre meurtrière rétablissant peu avant sa mort le régime républicain de sa naissance. On se demande comment Corot a pu rester en marge de ces convulsions et mener consciencieusement, dans le calme et avec régularité, une vie dont il ne réclame que la liberté de peindre. Car la chose est vite entendue : Corot ne vivra que pour son œuvre.

Difficile alors d'imaginer notre jeune homme commis dans un magasin d'étoffes. C'est pourtant dans cette situation qu'il rencontre Louis-Jean Marie Rémy (1792-1869) qui officie lui aussi derrière un comptoir. En 1822, peu après les premières leçons reçues de Michallon, on retrouve les ex-commerçants en apprentissage de peinture dans l'atelier de Victor Bertin (1767-1842) qui enseigne le respect du paysage composé et les manières de l'animer avec des personnages mythologiques ou rustiques. Corot décide en 1825 de compléter sa formation à Rome. Trois années décisives au cours desquelles il peint avec enthousiasme ses premières toiles encore tout imprégnées de l'esprit classique. Rentré à Paris, Corot retrouve l'ami Rémy. Ils resteront liés jusqu'à la mort de ce dernier, en 1869. Dès

1850, Rémy l'invite dans sa maison de vacances du "Cher Temps" à Luzancy, village situé dans une boucle de la Marne, peu après La Ferté-sous-Jouarre, vers Château-Thierry. Nous sommes aux portes de la vallée vinicole. Jusqu'à sa dernière visite chez la veuve de son ami en août 1874, Corot s'attachera à peindre la région de Luzancy. Les séjours prolongés dans la calme demeure de son ami ne resteront pas sans effet sur le climat pictural local : Alexandre Bouché (1838-1911), Frédéric Henriet (1826-1918) et bien d'autres vont profiter de ses conseils et poursuivre, sans jamais l'imiter, l'œuvre du maître. A Luzancy, l'auberge de "La Loge" ne désemplit pas ; venus respirer le même air que Corot, on peut y reconnaître les peintres Victor Binet (1849-1924), Edmond Yon (1836-97), Alfred Mouillon (1832-87), Adrien Lecocq (1832-87), Gustave Jundt (1830-84).... Au château de la commune, le député de Paris Paul Escudier reçoit Claude Debussy, Ernest Chausson, Auguste Rodin... Certes, Luzancy n'est pas Barbizon ; mais dans la deuxième moitié du XIXᵉ siècle, ce village sait accueillir et retenir une pléiade d'artistes séduits par les paysages de la vallée.

Le Chemin du Bois à Luzancy a été exécuté par Corot lors de son ultime passage à Luzancy. "Le réel est une partie de l'art ; le sentiment complète", disait-il. Dans cette toile directe, Corot nous livre toute sa sensibilité, sa spontanéité devant la nature. Elle révèle un fort accent émotionnel fait de sérénité et de mélancolie. Une femme de dos, appuyée sur un bâton et portant un foulard rouge, se dirige droit sur l'ombre noire des feuillages ; avant d'y pénétrer, elle prend le temps d'observer la maison de Rémy, située à la gauche du chemin, en pleine lumière. Nous sommes en août 1874 ; quelques tons orangés sont visibles sur les ramures ; l'automne s'annonce ; Corot éclaire une dernière fois la demeure de son ami ; il mourra six mois plus tard, le 22 février 1875.

Les séjours de Corot à Luzancy s'inscrivent dans un vaste périple qui mène le paysagiste chez ses amis de Seine-et-Marne et du sud de l'Aisne : Preschez, notaire à Coulommiers, Eugène Decan à Crécy-la-Chapelle, les Rémy à Luzancy, Hébert à Essômes-sur-Marne, son neveu Chamouillé et Mme Salleron-Charpentier à Château-Thierry, le peintre Eugène Lavieille à La Ferté-Milon.

C'est à Château-Thierry, patrie de Jean de La Fontaine, qu'il compose cette remarquable ***Vue d'ensemble***, tableau considéré comme l'un de ses chefs-

Jean-Baptiste Camille Corot, **Le Chemin du bois à Luzancy**. Collection particulière.

Jean-Baptiste Camille Corot, **L'Eglise d'Essômes-sur-Marne près de Château-Thierry**, 1856. Collection particulière.

d'œuvre. Corot réalisa plusieurs vues de Château-Thierry prises sur les berges de la Marne ou depuis le chemin de ronde du vieux château qui surplombe la cité. Dans son ouvrage *La Rue du Château*, le peintre Frédéric Henriet conte cette délicieuse anecdote d'une rencontre entre Corot et un autochtone. Il donne également de précieuses indications sur la manière dont Corot travaille sur le motif. Certain jour qu'il passe sur le chemin de ronde du château, il avise un bonhomme à cheveux blancs qui peint la tour Saint-Crépin, avec les fonds de Courteau à l'horizon et, en premier plan, le chemin planté d'acacias dominé par les vieux murs du château. L'artiste scrute d'un œil pénétrant le grand modèle jusque dans ses nuances les plus délicates, posant sans hâte une touche raisonnée. Frappé de cette lenteur,

le père de Boussois s'éloigne, convaincu qu'il a affaire à une mazette. "Le malheureux, dit-il, si c'est pour vivre qu'il travaille, je le plains. Il ne doit pas dîner tous les jours…"

Le malheureux, c'est Corot ! En effet, le maître est venu à Château-Thierry à l'occasion du mariage de son neveu Chamouillé avec Melle Salleron-Charpentier, chez qui il revient plusieurs fois. Le père de Boussois sait donc bientôt le nom du malheureux qu'il a pris en pitié. Mais ne croyez pas que l'aventure l'ait amené à résipiscence, car il n'en dit pas moins à qui veut l'entendre : "Ce Corot, à qui l'on fait une si grande réputation, il travaille avec une maladresse et une difficulté singulières."

Jean-Baptiste Camille Corot, **La Ferté-Milon**. Ohara museum of Art, Kurashiki (Japon).

Jean-Baptiste Camille Corot, **Château-Thierry, vue d'ensemble**. Collection Reinhart, Winterthur (Suisse).

"A de simples couleurs, mon art plein de magie
Sait donner du relief, de l'âme et de la Vie."
Jean de La Fontaine, (ce qu'il fait dire à la Peinture), *Le Songe de Vaux*.

Le naïf père de Boussois ne peut être comparé à ces critiques vilipendés par Baudelaire, "tous les demis-savants" qui, " après avoir consciencieusement admiré un tableau de Corot et lui avoir loyalement payé leur tribu d'éloges, trouvent que cela pèche par l'exécution, et s'accordent en ceci, que définitivement M. Corot ne sait pas peindre. Braves gens qui ignorent d'abord qu'une œuvre de génie ou – si l'on veut – une œuvre d'âme – où tout est bien vu, bien observé, bien compris, bien imaginé – est toujours très bien exécutée, quand elle l'est suffisamment. (...)" (Salon de 1845) On ne peut trouver meilleur commentaire de notre tableau. La rivière y coule paresseusement ; elle serait presque monotone si le fichu rouge d'une lavandière agenouillée n'y faisait chanter toute la gamme des gris nacrés dont Corot avait le secret. Le beffroi de la tour Balhan (XII⁰ s.) s'élève par-dessus les vignobles ; malgré la pluie qui menace, les personnages vaquent tranquillement à leurs occupations. Là est le secret de l'alchimie de Corot, comparable à celle de La Fontaine. Ils partagent le génie de l'apparente simplicité : avec une gamme de tons extrêmement restreinte, cette *Vue d'ensemble de Château-Thierry* dégage une harmonie poétique d'une rare intensité. C'est avec une même sobriété de moyens que La Fontaine atteindra son style inimitable. Poètes de la nature, princes du paysage, Corot et La Fontaine trempaient plumes et pinceaux dans une même rivière où dialoguaient, au cœur des tonalités vaporeuses de l'un, le chêne et le roseau de l'autre. Est-ce vraiment un hasard si tous deux eurent leur nom accouplé à celui de "bonhomme" ?

Après Château-Thierry où il fait le plein de bonne chère, Corot s'enfonce dans l'Orxois et retrouve à La Ferté-Milon son fidèle ami, le peintre Eugène Lavieille (1820-89). A maintes reprises, le poète plante son chevalet sur les merveilleux paysages qui jalonnent le cours de l'Ourcq. Affluent de la Marne, d'une importance historique considérable, l'Ourcq a été navigable dès le XVI⁰ siècle et a permis à Paris d'être ravitaillée en bois, pierres et blé. C'est ici, à La Ferté-Milon que naquit Jean Racine, et c'est ici aussi, dans l'église Notre-Dame dont le clocher se détache sur la gauche dans le tableau, que La Fontaine épousa en 1647 la jeune Marie Héricart. Derrière une scène agreste et virgilienne, Corot déroule le décor romantique des monuments de la ville. Mais aucune Phèdre implorante ne viendra troubler l'ordonnance miraculeuse de cette composition. Les travaux champêtres animent le premier plan. Sous le lent défilé des nuages, les femmes causent en travaillant ; certainement, le laboureur chante pour combattre la fatigue

et son chant se perd dans l'immensité. Le gazouillement incessant de l'alouette perce le grand silence. Inquiétantes, les ruines du château se détachent du paysage. Seul demeure le mur d'un des grands côtés, défendu par un donjon carré et trois tours rondes dont deux flanquent l'ancienne entrée fortifiée, surmontée d'un bas-relief du *Couronnement de la Vierge*, justement célèbre. Mais vue de loin, côté campagne, Corot ne nous montre que la carcasse fantastique des ruines, faisant ainsi ressortir leur caractère imposant. Il faut comprendre que, pour établir ce *La Ferté-Milon* entièrement peint d'après nature, Corot a dû procéder d'abord à un dessin minutieux, et qu'il a fait ainsi toutes les fois que l'exigeait l'architecture de ses motifs. Une fois achevée la scénographie voulue, il aborde l'exécution finale, pose ses touches expressives, dissèque les valeurs et traduit, avec les moyens les plus réduits, toutes les subtilités de l'atmosphère. Cette vue de La Ferté-Milon synthétise cette qualité picturale unique où tendresse et poésie chantent la réalité d'une scène paisible, laborieuse et grandiose, celle d'un petit bourg au bord de l'Ourcq, en 1858…

Après la Marne et l'Ourcq, l'infatigable voyageur rejoint Abel Osmond sur les rives de l'Aisne à Soissons. Autre lieu, autre rivière… Il suffit de se pencher sur l'œuvre de Corot pour en être convaincu : les rivières de France lui coulaient dans les veines !

Collections publiques

Les œuvres de Corot sont visibles dans la plupart des grands musées de France et de l'étranger.
Le musée des Beaux-Arts de Reims expose en permanence un ensemble unique, le premier en Europe, de peintures de Corot.

Bibliographie

Catalogue de l'Exposition Corot, Paris, RMN, 1996.
A. Robaud : *L'Œuvre de Corot*. Catalogue raisonné et illustré. Paris, 1905.
E. Moreau-Nélaton : *Le Roman de Corot*. Paris, 1914.
E. Moreau-Nélaton : *Histoire de Corot et de ses œuvres*, 5 vol., Paris, 1965.
M. Ribier : *Les Semailles de Corot*. Préface de Catherine Tolstoï-Lanoux. Ury, 1989.
Vincent Pomarède : *Corot*, éd. Flammarion.
V. Pomarède, Gérard de Wallens : *Corot. Mémoires du paysage*. éd. Découvertes-Gallimard.
Jean Leymarie : *La Campagne de Corot*. Editions du Chêne.

Cortès dans son atelier vers 1965.

" *Le conseil municipal de la ville de Lagny, dans une de ses dernières séances, a voté l'acquisition d'un tableau dû au talent si éprouvé d'Edouard Cortès. Ce tableau, qui a figuré à la dernière exposition organisée par l'Union des Beaux-Arts, a fait l'admiration des artistes, des connaisseurs et des visiteurs. Il représente sur une grande toile un des coins les plus connus de Lagny, car c'est la place du Marché que Cortès a transcrite en une page qui restera à la postérité. (...) C'est grassement peint, solide et juste dans le dessin, puissant et harmonieux dans le coloris et quand on regarde la lumineuse ossature de ce vieux pignon on est épris d'une mélancolique admiration. (...) Quelle perle que son* Marché de Lagny *et combien je serais heureux et fier d'avoir brossé cette toile. Le conseil municipal a été bien inspiré en faisant l'acquisition de cette jolie chose due au talent d'un enfant de Lagny.* "

F. Batlo, *Le Publicateur,* Meaux, 3 janvier 1931.

Edouard Cortès
(1882-1969)

Parmi les pensionnaires qui ornent les murs de l'hôtel de ville de Lagny-sur-Marne, cette œuvre joyeuse et animée du peintre Edouard Cortès, **Le Marché de Lagny en 1930** est très appréciée des visiteurs. Il s'agit bien, à première vue, d'une scène typique d'un marché dans une ville de province. Qui pourrait y déceler la survivance des fameuses foires des XIIᵉ et XIIIᵉ siècles ? Tâchons de remonter le temps pour y retrouver le rôle commercial de Lagny durant les années 1130-60, quand les foires de Champagne et de Brie jouaient un rôle international. "C'est au cours de ces années que les deux pôles – Pays-Bas et Italie du Nord – se sont vraiment connectés, le courant passant entre eux, en gros, par les routes de "l'isthme français" qui traversent l'Europe du sud au nord. Les mesures libérales et constructives des comtes de Champagne, à commencer par Thibaud II en 1125, ont contribué au triomphe des célèbres foires. Les produits du Levant, les épices, les soies, plus les crédits des marchands italiens, s'y échangent contre les draps écrus produits dans une vaste zone industrielle, étendue du Zuyderzee jusqu'à la Seine et la Marne.

Petit détail : comment expliquer la préférence donnée à Troyes, Provins, Bar-sur-Aube et Lagny, à des routes qui, problème supplémentaire, n'étaient pas d'anciennes routes romaines, au détriment de l'itinéraire nord-sud par Reims, Châlons et Langres ? Cette "capture" routière serait-elle due à l'hostilité des comtes de Champagne à l'égard des villes épiscopales de Reims et de Châlons (qui leur échappent) ? Ou à l'obligation, à la tentation, pour les marchands méridionaux, de se rapprocher des acheteurs de produits orientaux – et donc du cœur du Bassin parisien et de la capitale du royaume, Paris ?

En tout cas, c'est dans les foires successives, se relayant l'une l'autre sans interruption, de Troyes, Provins, Bar-sur-Aube et Lagny, que s'établit, pour plus

d'un siècle, le centre de cette nouvelle économie-monde qui, encadrant l'Europe, en supervise la première vie d'ensemble." (Fernand Braudel) Cette digression historico-géographique n'est pas fortuite. La prospérité des foires de Champagne jusqu'à la fin du XIIIᵉ siècle attira certains architectes qui répandirent l'art gothique en Ile-de-France. D'orgueilleuses cathédrales sortirent de terre : Saint-Denis (1137-44), Noyon (1151-1220), Laon (1160-1207), Notre-Dame de Paris (1163-1245), Reims (1202-1300), Soissons (v. 1175-1212).... Elles fascinèrent des générations de peintres romantiques, impressionnistes et cubistes ; la grandeur de ces formidables vaisseaux religieux leur servira souvent de prétexte pour exprimer des préoccupations éthiques et picturales...

Edouard Cortès, par exemple ; sa notoriété, hélas, repose quasi exclusivement sur ses vues de Paris dont aucun monument ne lui échappe. Il est un des fils d'Antonio Cortès, né à Séville en 1827, peintre à la cour royale d'Espagne et venu en France pour l'Exposition universelle de 1855. Il décide alors de se fixer à Lagny où il décédera en 1908. Excellent peintre de la vie rurale, son talent animalier s'exerce dans les cours de ferme ou... sur la foire de Lagny, encore vivace à son époque ! Antonio Cortès se lie avec les peintres de la région et il est à l'origine du groupe de Lagny. Ses enfants, Henri (1866-98), Jeanne (Jeanne Froment, née en 1900) et Edouard se consacrent à la peinture.

Né à Lagny le 6 août 1882, Edouard Cortès montre un talent étonnamment précoce. Pour preuve, fait unique dans les annales, il est reçu à l'âge de seize ans au Salon des Artistes français en 1899, ce qui le fait considérer comme un prodige. Soldat pendant la guerre de 1914-18, il a la chance de survivre malgré ses blessures et peut vouer sa vie entière à la peinture. Son habileté à traduire l'animation des rues avec une touche large, vigoureuse et vibrante qui puise dans une palette de couleurs vives, sa virtuosité à saisir les lumières nocturnes de Paris lui valent de nombreux admirateurs en France et aux Etats-Unis. La facture claire du *Marché de Lagny en 1930* montre combien il sait camper, avec un naturel déconcertant, les attitudes de ses semblables. Chacun s'agite : on prend des nouvelles, on pèse, on fait ses comptes, on fouille, on vérifie, on s'impatiente, on flâne en curieux. Et la voix haute des camelots nous parvient, comme la clameur lointaine des foires de Lagny, tout là-bas, au XIIᵉ siècle...

Edouard Cortès, **Le Marché de Lagny en 1930**. Hôtel de ville, Lagny-sur-Marne.

Bibliographie

Fernand Braudel : *L'identité de la France*,
T. II, éd. Arthaud, Paris, 1986.
Pierre Eberhart : *Artistes de Lagny et de sa
région, de 1926 à 1927*, Bulletin municipal
de Lagny-sur-Marne, n° 31, mars 1978.

Je m'en souviens comme d'hier, bien que plus d'un demi-siècle se soit écoulé : René Demeurisse entrant, une toile sous le bras, dans le petit atelier que j'habitais alors à Auteuil… Il était grand, jeune, taillé en force, dans un ample vêtement de velours, un béret cachant ses cheveux pâles. Pipe au bec, c'était un soldat de la peinture comme il l'avait été de la France, à l'aise dans sa détermination et son courage qu'éclairait un regard dont on ne savait s'il brillait, plus tendre que bleu ou plus bleu que tendre. Tel quel, un gars indestructible. Et, en effet, il l'était puisqu'il se trouve aujourd'hui parmi nous, toujours aussi jeune, avec la passion qui l'animait alors : celle de l'éternelle beauté de la vie, de la nature surtout, de la nature de l'Ile-de-France, éclatante de feuillages et de fleurs, jalonnée d'églises, lourde de bois et de boue, féconde, une nature qui lui livrait son mystère parce qu'il l'aimait…

Louise Weiss, *Catalogue du Salon d'Automne*, 1982.

René Demeurisse
(1895-1961)

Des liens étroits unirent le peintre-graveur René Demeurisse à la vallée de la Marne et particulièrement à cette région frontalière entre Orxois et Valois, là où les vergers de La Ferté-Milon fleurissent en bordure d'une forêt hantée par *Le Meneur de loups* d'Alexandre Dumas, la forêt de Villers-Cotterêts…

La biographie de René Demeurisse est impressionnante à l'image du personnage, un rabelaisien mordant la vie à pleines dents. Né à Paris le 26 août 1895, il est le fils d'un médecin flamand et d'une Polonaise, fille du comte Peplowski, élevée chez la princesse Czartoryska à l'hôtel Lambert de l'île Saint-Louis. Demeurisse porta toujours ce mélange étonnant où l'élégance fière de l'aristocratie polonaise tempère la gouaillerie frondeuse de Till Eulenspiegel. Après de brillantes études et de malheureux essais commerciaux et médicaux, il entre en 1913 à l'académie de la Grande Chaumière dans l'atelier de Lucien Simon. Ménard et Prinet seront ses premiers professeurs. Incorporé en 1914, il rejoint le front en 1915. Fait caporal mitrailleur, il reçoit la croix de guerre avec la citation suivante : "A fait preuve de beaucoup de courage au cours des journées des 7, 8 et 9 octobre en traversant à plusieurs reprises une zone battue par les mitrailleuses et fréquemment soumise à des tirs de barrage". Blessé le 13 avril 1918 en Argonne, il perd un doigt de la main gauche, mais un jeune chirurgien audacieux lui greffe avec succès le doigt de la main coupée d'un camarade…

C'est au retour de la guerre qu'il devient l'élève d'Aman-Jean, peintre symboliste qui, succédant à Frédéric Henriet, veille depuis 1911 aux destinées du musée Jean de La Fontaine de Château-Thierry. Aman-Jean le présente à Albert Besnard et le directeur de la villa Médicis à Rome l'engage aussitôt pour le seconder dans l'exécution de ses vastes compositions. René Demeurisse n'en néglige pas son œuvre pour autant et participe aux Salons d'Automne, de la Nationale des Beaux-Arts et des Indépendants. Il va dérouler sa carrière artistique avec une puissance de travail formidable, un appétit pictural comparable à celui des géants Maurice de Vlaminck, André Derain ou Pablo Picasso.

En août 1920, son père achète à Soucy, en lisière de forêt de Villers-Cotterêts, une maison ruinée par la guerre. Le peintre découvre la région avec émerveillement. "La Forêt ! Elle lui fut source d'inspiration. Elle lui fut cruelle aussi, lorsqu'il eut l'affreuse réalité d'y retrouver son fils, fusillé par les Allemands, le 30 août 1944. Frappé au cœur, sa douleur transparaissait dans ces dessins, ces gravures, ces encres de Chine où il excellait, dans ces fleurs émouvantes, Vie et Passion, ces atmosphères, ces pénombres où vibrent des sentiments de tendresse et d'angoisse, ces bois où passent des bêtes inquiètes, ces chemins de boue blafardes, ces humus où meurent des feuilles d'or, ces nuages violentés par des vents de folie qui passent par-dessus les arbres bruissants." (Solange Lemaire)

En 1923, dans l'atelier de son ami le sculpteur François Pompon, il rencontre Jeanne Blois, jeune fille venue du Haut-Laos, qu'il épouse et qui lui donne deux enfants, Alain (1924-44) et Sylvie (1930-45). L'admiration universelle dont jouit aujourd'hui l'œuvre animalière de François Pompom est largement redevable à Demeurisse qui ne ménage pas ses forces pour l'imposer au Salon d'Automne et la faire connaître au grand public.

Parmi les maîtres qu'il s'était choisis, Edmond Aman-Jean a eu une influence certaine dans sa formation artistique. Dans la belle demeure où réside ce grand portraitiste à Château-Thierry, René Demeurisse se lie avec le peintre Pierre Ladureau. Les promenades le long de la Marne en compagnie de ses amis Marcel Vérut, à Charly-sur-Marne, ou Lortat-Jacob, à Saulchery, sont l'occasion de réaliser à l'huile, à l'aquarelle ou au fusain, l'un de ces paysages somptueux et débordant de vie dont il avait le secret. Depuis la maison de Soucy, il emporte son matériel de peintre et s'installe dans la nature environnante. "C'est surtout cet amour de la vie qui le caractérise. Cette force intense qu'il a su communiquer à ses amis, à ses admirateurs, à ses mécènes." (Anne Demeurisse). La toile **Les Moyettes** confirme les propos de la petite-fille du peintre. Ces quelques gerbes entassées frémissent sous les caresses du soleil et du vent ; ce simple motif, maintes fois traité par les paysagistes de Barbizon, est ici l'objet d'une vigoureuse déclamation et rend compte de la plénitude à laquelle l'artiste est parvenu. Manière large et expressive, fermeté d'exécution, sobriété des moyens utilisés, relief des volumes, tonalités chaudes et vibrantes : des traits qui le rattachent à la grande tradition exprimant une personnalité très affirmée. Les "moyettes" recouvraient chaque été les pays du sud de l'Aisne, l'Orxois et le Tardenois où la fourrure d'or et de cuivre des champs de blé ondoyaient jusque l'infini, où "le vent est toujours le personnage principal au milieu de ces horizons immenses." (Claudel)

René Demeurisse, **Les Moyettes**. Collection particulière.

Le graveur, aquafortiste et lithographe présente un talent tout aussi éclatant. René Demeurisse a gravé une œuvre considérable pour illustrer Mallarmé, Flaubert, Fromentin, Chabaneix, Michaël, Herriot, Virgile, etc. "Témoin de son temps", il réalise dans un élan incoercible des encres, aquarelles et pointes-sèches de grande dimension sur des thèmes industriels et commerciaux : raffineries de pétrole, chantiers de haute-montagne, barrages… tout ce que l'homme construit de grandiose l'enthousiasme ! Il faudrait plusieurs volumes pour relater l'œuvre complet que sa puissance créatrice nous a légué. Notre souhait était juste d'évoquer la beauté et l'ampleur de l'art lyrique de René Demeurisse, chantre du Valois, de l'Orxois et de la vallée de la Marne…

Collections publiques

Paris : musée national d'Art moderne, musée d'Art moderne de la Ville de Paris.
Province : Grenoble, La Rochelle, Poitiers, Honfleur, Collioure, Soissons, Villers-Cotterêts.
Etranger : Kobé (Japon), Tel-Aviv (Israël), Alger.

Bibliographie

Anne Demeurisse : *René Demeurisse, 1895-1961*. éd. Amis de René Demeurisse, Paris.
Pierre Cailler : *René Demeurisse, 1895-1961*, préface de Solange Lemaire. Les Cahiers d'Art-Documents, n° 258, 1969, Genève.
Solange Lemaire : *René Demeurisse (1895-1961)*. Imprimerie Saint-Antoine, Soissons, 1965.

« *C'était à l'exposition qui précéda la vente Eugène Descaves. Une dame adipeuse, laide et d'une vulgarité comme effrayée de soi-même, s'arrêta devant une figure décorative d'André Derain, une figure du plus rude fauvisme :*
"Quelle horreur ! s'écria-t-elle. On me paierait pour mettre cela chez moi !"
Je ne m'attardai point à me dire que l'on ne m'eût jamais donné assez d'argent pour me permettre de tolérer dans ma demeure la visiteuse catégorique. Je ne songeais qu'à me réjouir. Je venais de songer une fois de plus qu'il est un art, une peinture que l'on ne saura mêler de sitôt aux confrontations du banal. Et que les expressions dues à André Derain sont parmi les plus outrageantes pour le poncif et la copie.
Il est dans la personne de Derain une placidité, une ardeur contenue que l'on retrouve en son œuvre, fervente et calme. (...) »

Jean Pellerin, *Figures d'aujourd'hui*, 1923.

André Derain (1880-1954)

Avec Derain, nous avons un des grands combattants qui participèrent à la libération expressive de la couleur au cours de la première décennie du XXe siècle. Les dates marquantes conservent dans notre mémoire l'impact formidable et régulier d'une cloche de cathédrale sonnant le glas de l'académisme et l'avènement de la modernité. 1898 : Derain rencontre Matisse. 1900 : il partage avec Vlaminck un atelier, sorte de baraque en planches située près du pont de Chatou. 1901 : Derain copie au Louvre *Le Portement de croix* de Ghirlandaio. Scandale. Des visiteurs réclament son expulsion. 1901-04 : service-militaire. Derain illustre *D'un lit dans l'autre* (1902), *Tout pour ça* (1903), livres de Vlaminck. En 1903, il peint *Le Bal des soldats* (City Art Museum, Saint-Louis, USA). Il se lie avec Apollinaire. 1905 : signature d'un contrat d'exclusivité avec Ambroise Vollard. Il passe l'été à Collioure en compagnie de Matisse et peint des toiles d'un fauvisme exacerbé, posant les couleurs les plus vives en touches elliptiques. Puis il participe au Salon d'Automne. Scandale de la "cage aux fauves" (ils furent baptisés fauves par le journaliste Louis Vauxcelles) : réunis dans la même salle, des peintres – Marquet, Matisse, Vlaminck, Manguin, Valtat, Friesz… – réagissent contre l'impressionnisme ; ces jeunes insolents produisent un choc émotionnel en revenant à la forme originelle, en exprimant par des tons purs les visions intérieures, violentes et fugitives, provoquées par la nature. 1906 : Derain travaille à Londres et réalise des paysages flamboyants qui traduisent son souci de donner au chromatisme un rôle privilégié (*Un coin de Hyde Park*, Coll. Levy, musée d'Art moderne, Troyes). L'artiste fait la connaissance de Picasso. 1907 : rencontre avec Kahnweiler. 1908 : Derain passe sept mois à Martigues. Le retour aux structures géométriques élémentaires des grands paysages dénote une rigueur que n'ont pas les compositions plus petites, réalisées avec une grande liberté gestuelle, une fougue impulsive qui se déploie dans un chatoiement de couleurs vives. D'un côté la forme est privilégiée, de l'autre c'est la couleur. Toute l'ambivalence de Derain est là. Il

balancera continuellement entre l'audace visionnaire et le respect du style. "Sa recherche de l'absolu le dévorait en permanence : Derain n'était jamais satisfait de ce qu'il faisait." (Michel Kellermann). Toujours est-il que les grandes toiles brossées cette année-là peuvent être intégrées aux premières expressions du cubisme cézannien. La critique d'art a longtemps débattu pour savoir à qui, de Picasso ou Derain, devait être attribuée l'invention du cubisme…

C'est ainsi qu'à partir de 1910, l'artiste puise son inspiration aussi bien dans les masques nègres que dans l'art classique du XVIIe siècle. C'est aussi l'année où, novateur à la pointe de la modernité et digne continuateur du "pleinairisme", il peint sur les bords du Morin **La Chapelle-sous-Crécy.** Durant cette période dite "gothique", Derain, influencé par Cézanne, pratique une peinture mesurée et ordonnée, très éloignée des orgies de couleurs qui éclaboussaient ses toiles fauves. 1910 est l'année où le cubisme entre en "phase analytique", où le sujet, dans une seule composition, est représenté selon les différents angles et sous toutes les faces. Tel n'est pas le cas de ce tableau qui conserve une grande part d'objectivité dans l'interprétation du motif. Les ombres fortement marquées et l'utilisation des réserves de la toile organisent méticuleusement les éclairages ; quelques tâches d'ombre suffisent à placer sous les projecteurs l'église gothique de La Chapelle-sous-Crécy. Derain ne se contente pas d'harmoniser les lignes et les plans, d'ordonner les mouvements de terrains et d'architecture, de rythmer les masses. Dans une gamme de couleurs réduite à l'extrême, il révèle la lumière limpide de l'Ile-de-France, autant que la solennité de l'endroit…

Après 1910, Derain poursuit sa quête d'absolu ; elle le mène déjà sur les routes de la Marne, en Champagne, où il a combattu durant la Première Guerre mondiale. Une éclaircie dans ce temps de massacres : Apollinaire rédige la préface de sa première exposition à Paris, galerie Paul Guillaume, en octobre 1916. L'après-guerre sera marqué par sa manière néoclassique. Comme "le retour à Bach" opéré par Stravinski en 1919 avec *Pulcinella* sur des thèmes de Pergolèse offensa les admirateurs du *Sacre du Printemps*, André Derain va progressivement amorcer un retour à Poussin, Le Caravage et Corot, s'attirant ainsi les foudres de ses partisans. En 1954, il meurt renversé par une voiture, laissant à la postérité l'œuvre immense d'un sculpteur, peintre, graveur, illustrateur et décorateur. Le premier volume du catalogue raisonné de l'œuvre peint (1895-1914), établi par

André Derain, **La Chapelle-sous-Crécy**. Musée d'Art moderne, Troyes.

Michel Kellermann, suffit à mesurer le poids écrasant de son génie. Derain est bien, avec Picasso, Matisse, Braque et Dufy, l'un des "monstres sacrés" de l'art de la première moitié du XXe siècle. L'adolescent de quinze ans qui peignait à l'ombre de Pissarro et de Renoir, a fait de sa vie, en dépit des adversités, un véritable laboratoire de création picturale où les réussites éclatantes alternent avec des choix plus contestables. Mais toujours il avance, connaît et découvre, assumant les risques de l'erreur et de l'outrance, dédaignant les expositions – il n'en a connu que quatre de son vivant ! –, se moquant des louanges comme des sarcasmes, progressant au prix du douloureux parcours des remises en question. Le parcours d'un peintre qui doutait de tout et surtout de lui-même. Le parcours d'un homme seul.

Collections publiques

On trouve des œuvres de Derain au musée d'Orsay, au musée d'Art moderne de Troyes (importante réunion de peintures), et dans tous les musées d'Art moderne du monde entier.

Bibliographie

Michel Kellermann : *Catalogue raisonné de l'œuvre peint d'André Derain*, t. 1, 1895-1914. Editions Galerie Schmit, Paris, 1992.

Pierre Cailler : *Catalogue raisonné de l'œuvre sculpté*, 1ère partie. Editions Pierre Cailler, Lausanne, 1965.

A. Giacometti : *Derain, dans Derrière le miroir*, Paris, 1957.

J. Adhémar : *L'Œuvre gravé de Derain*, Paris, 1955.

Elie Faure : *André Derain*, Paris, 1923.

Albert Dubois-Pillet, **Autoportrait**, 1890. Dessin à la plume.

" *Il faut vraiment qu'il ait été d'une haute valeur morale pour avoir attiré une sympathie si unanime de la part de ces anarchistes et antimilitaristes notoires que furent Pissarro, Luce, Signac et Petitjean. Que le "Versaillais" Dubois-Pillet ait séduit le rude "communard" Luce, souligne bien les autres qualités humaines de l'officier.*
Sa droiture, son désintéressement, sa bonté ont été reconnus par tous, familiers ou non. Camille Pissarro, dont l'esprit caustique n'épargne à peu près personne, désarmera devant ce naturel généreux : "Dubois-Pillet sachant mes embarras m'a demandé si je voulais qu'il me prêtât cinquante francs. C'est fort gentil de sa part, lui qui n'est pas riche." (lettre à Lucien, Paris, 3 décembre 1886) "

Lily Bazalgette, "Albert Dubois-Pillet", 1966, dans *Les Néo-impressionnistes*, J. Sutter, 1970.

Albert Dubois-Pillet

(1845-1890)

Le *Petit bottin des lettres et des arts* de 1886 dresse un portrait suggestif du peintre : "Dubois-Pillet, capitaine et impressionniste. Monocle. Brosse superbe et moustache dure. Des fleurs, des paysages, des portraits et des bonshommes. Il est parvenu à saisir l'irradiement du soleil hivernal réfracté par les cristaux de glace en suspens dans l'atmosphère. Il en est fier."

L'ironie du Petit Bottin ne peut amoindrir l'importance d'un artiste que louèrent Emile Zola ou Félix Fénéon. Fils d'un riche négociant, Albert Dubois fait ses études au lycée de Toulouse avant d'intégrer l'école impériale spéciale militaire de Saint-Cyr en octobre 1865. En novembre 1869, le brillant officier est promu au 1er régiment de voltigeurs de la garde impériale à Paris. Il se bat courageusement durant la guerre franco-prussienne de 1870, mais la défaite de Sedan entraîne son départ en captivité à Paderborn, en Westphalie. Le 15 septembre Paris est assiégée et, en mars 1871, la capitale tombe aux mains de la Commune. Pendant que Rimbaud rédige *Le Bateau ivre* et Marx *La Guerre civile en France*, le sous-lieutenant Dubois bénéficie de l'accord entre Bismarck et Thiers et se retrouve dans l'armée régulière pour réprimer l'insurrection. Du 21 au 29 mai, il participe à la "semaine sanglante" qui met à genoux le peuple de Paris insurgé. Dans le camp des communards, le peintre Maximilien Luce pose sur toile des témoignages bouleversants sur la cruauté de la répression. Qui aurait pu croire qu'une amitié vraie lierait ces deux êtres si différents ? Le sous-lieutenant devient bientôt un fringant capitaine, muté à Poitiers en 1876. L'année d'après, il envoie au Salon. Son goût immodéré pour la peinture et la vie artistique le pousse à se rapprocher de Paris,

capitale des arts. Il est enfin admis dans la garde républicaine à Paris en novembre 1880. "Il s'évade si bien des voies académiques que, de 1880 à 1884, le Salon refuse tous ses envois. Arrivé là, Dubois brise avec son passé de peintre timoré en exposant le 15 mai 1884, à la tumultueuse manifestation du groupe des Indépendants, un *Enfant mort* qui scandalise le public et impressionne fort Emile Zola. L'écrivain s'en inspirera directement et mettra en situation dans *L'Œuvre* (1886) le personnage du peintre Claude Lantier exposant au palais de l'Industrie le portrait de son fils mort.

Dans l'atmosphère de farce noire de ce 15 mai, s'amorce pourtant un tournant décisif dans l'existence de celui qui, eu égard à sa situation militaire, signera désormais ses toiles du nom de Dubois-Pillet. Il a rencontré là, outre Redon, Lançon, Guillaumin, les futurs tenants de la phalange néo-impressionniste, Seurat, Angrand, Cross, et Signac. Des "moins de vingt-cinq ans" ! Lui-même en a trente-huit, mais, avec eux, découvre un monde." (Lily Bazalgette)

Les liens qui unissent désormais Dubois-Pillet et les "néos" vont orienter ses recherches vers la peinture optique et en faire l'un des champions du pointillisme.

Le **Matin sur la Marne à Meaux** du musée du Petit Palais à Genève a probablement été exécutée autour de 1885-86. "Cet homme lettré, spirituel et cordial" (Félix Fénéon) préside alors la Société des artistes indépendants. Sa générosité légendaire lui attire la sympathie de tous les membres, comme le confirme le peintre Majola : "... que de fois, je l'ai vu régler les cotisations arriérées d'artistes malheureux avec une délicatesse telle que tous l'ignoraient, surtout le principal intéressé qui pensait sans doute, qu'une bonne fée avait fait le miracle…" (La Haute-Loire, 1890) La "bonne fée" a aussi le don splendide d'inonder ses images de lumière. La Marne en a été à plusieurs reprises l'éblouie dédicataire. Palette claire, touche largement fractionnée, les deux toiles ont été réalisées durant ce que Lily Bazalgette nomme "l'étape préliminaire à son expérience chromo-luminariste ; elle se situe de 1884 à 1886 et pourrait se définir par "l'époque mordorée" de Dubois-Pillet. Celui-ci, en effet, comme s'il eût subitement pris conscience du

Albert Dubois-Pillet, **Matin sur la Marne à Meaux**. Musée du Petit Palais, Genève (Suisse).

phénomène solaire, sature de lumière – et non sans outrance, peut-être – paysages et portraits."

Visiblement sous le charme, Félix Fénéon, dans *Les Impressionnistes en 1886*, trouve une fois de plus les mots justes : "(...) Sa vision un peu blonde confère à l'huile une foudroyante et veloutée délicatesse de pastel. Une clarté diffuse, ambrée, lucide, vivifie ces paysages, aux spécieuses colorations firmamentales, aux lointains qui s'immatérialisent."

Dès 1886, Dubois-Pillet aborde le divisionnisme. Ses recherches de nouveaux moyens d'expression lui feront dépasser les théories de Seurat, allant jusqu'à peindre des tableaux ovales ou pointiller le cadre lui-même... La mort précoce à l'âge de quarante-cinq ans éteignit le feu créateur du commandant Dubois-Pillet. Laissons le peintre conclure par cet aveu édifiant : "Seurat, c'est lui qui m'a entraîné, je lui dois tout ! Son sens de l'ordre, de la discipline, je devrais dire, fit sur moi tout de suite une profonde impression. Naturellement, il y avait du danger à rester dans son sillage ; c'est pourquoi je me suis efforcé de peindre d'autres sujets que les siens. ce faisant, j'ai, peut-être, égaré ma pensée, mais je ne regrette rien." (Cité par Gustave Coquiot dans *Seurat*, 1924)

Collections publiques

Paris, musée d'Orsay.
Genève, musée du Petit Palais.
Les œuvres de Dubois-Pillet sont visibles dans les principaux musées d'Art moderne d'Europe et des Etats-Unis.

Bibliographie

Lily Bazalgette : "*Albert Dubois-Pillet, 1846-1890*", 1966, dans *Les Néo-impressionnistes*, Jean Sutter, Lausanne, 1970.

" *Je tiens avant tout à signaler un pastel exposé dans une salle du rez-de-chaussée. La Chaste Suzanne, de Dufresne, est un des meilleurs tableaux du Salon et laisse loin derrière soi l'orientalisme de pacotille auquel on nous a accoutumés.* "

Guillaume Apollinaire, *Chroniques et paroles sur l'art, Salon de 1910* (*Œuvres en prose,* T. II, coll. Pléiade-Gallimard, 1991.)

Charles Dufresne (1876-1938)

Voici qu'à la lettre "D" se présente le peintre Charles Dufresne. Retenez bien ce nom. Incontestablement, **Les Ondines de la Marne** figurent parmi les chefs-d'œuvre de cet ouvrage. Ces déesses de la Marne provoquèrent un énorme scandale au Salon de la Nationale des Beaux-Arts de 1921, et furent, avec le *Portrait d'Anatole France* par Van Dongen, les vedettes de l'exposition au Grand Palais. Cette toile de grande dimension (130 cm x 162 cm) fut réalisée autour de 1920 ; elle révèle l'écriture propre à l'artiste qui apporte sa contribution au réalisme expressif de l'après-guerre : un style ample et simplificateur, des coloris d'une grande richesse, le tout organisé selon des exigences stylistiques d'une implacable rigueur. Avec *Les Ondines de la Marne*, Dufresne met en scène des thèmes qu'il affectionne ; comme Forain ou Toulouse-Lautrec, il aime les lieux populaires où le "petit peuple" se retrouve pour se détendre, boire, danser. Le peintre accumule dans le champ de la composition les éléments les plus divers d'un décor champêtre ; il en fait un bloc homogène où se meuvent ses personnages ; à droite, la guinguette avec son fumeur de pipe coiffé d'un chapeau melon – serait-ce notre peintre ?... –, attablé, la tête tournée vers le spectateur, à qui une serveuse plantureuse au visage émacié apporte un plateau garni. Allongée au premier plan, une femme nue nous tourne le dos, étalant sans retenue des formes rebondies que le public de 1921 a peut-être eu bien du mal à digérer... Cinquante-sept ans après *Le Déjeuner sur l'herbe* présenté par Manet au Salon des Refusés, Charles Dufresne s'empare du sujet ; à son tour, il va profondément choquer un grand nombre de critiques et d'amateurs. Les analogies avec la composition de Manet sont flagrantes, avec cet homme au centre du tableau qui nous regarde, ces arbres pareillement inclinés qui distribuent la lumière, et la baigneuse courbée sur l'eau au

deuxième plan chez Manet, assise au premier plan chez Dufresne... Celle-ci, en maillot de bain rouge, laisse entrevoir, en contrebas derrière elle, le cours bleu de la Marne. Les corps massifs et lourds des femmes prennent une ampleur impressionnante. De caractère allégorique, *Les Ondines de la Marne* est une œuvre initiatique par la synthèse qu'elle opère entre le fauvisme et le cubisme. Avec un sens aigu de l'analyse des plans, Dufresne s'applique à rendre le volume par des formes simplifiées et géométriques tout en utilisant une gamme de tons sourds très largement répartis. Face à l'intransigeante nouveauté géométrique de *La Partie de cartes* d'un Fernand Léger (1917), Charles Dufresne oppose un lyrisme naturel où souffle une modernité ayant parfaitement assimilé l'enseignement des maîtres anciens et récents. Son art typiquement français plonge très loin ses racines : Manet (1832-83), Delacroix (1798-1863), François Boucher (1703-70) sont sa terre nourricière. En cela, *Les Ondines de la Marne* est une grande page, digne de figurer dans le livre des œuvres classiques du début du XXe siècle. Ce qui rend d'autant plus incompréhensible le purgatoire dans lequel est maintenu son auteur.

Né dans les Yvelines, à Millemont, Charles Dufresne quitte l'école à 11 ans, apprend la gravure en médailles et devient l'assistant d'Alexandre Charpentier avant d'intégrer l'Ecole des beaux-arts. D'abord pastelliste, il exécute un grand nombre de scènes de rue et de spectacles, se lie avec les poètes André Salmon et Guillaume Apollinaire et se donne à fond dans le loisir du canotage. En 1910, une bourse de voyage lui permet de passer deux ans en Algérie. Il abandonne alors le pastel pour se consacrer définitivement à l'huile. Mobilisé en 1914, il sera gazé et finira la guerre dans la section de camouflage avec ses amis Dunoyer de Segonzac, Roger de La Fresnaye, Despiau et le poète Vildrac. Après une courte période inspirée par Cézanne et le cubisme, il se réconcilie avec son lyrisme naturel et baroque. Dès lors, Dufresne réalise d'importantes œuvres religieuses (*La Crucifixion*, musée national d'Art moderne, Paris) ou historiques (*La Découverte de l'Amérique*, 1925), ainsi que des fresques exotiques ou mythologiques (*L'Enlèvement des Sabines*, 1934, musée des Arts décoratifs, Paris, *Le Sacrifice d'Iphigénie*, 1937, musée national d'Art moderne, Paris). L'Opéra de Paris (*Antar*), le

Charles Dufresne, **Les Ondines de la Marne**. Collection particulière.

Palais de Chaillot (*Le Théâtre de Molière*) et la faculté de pharmacie bénéficient également de son immense talent de décorateur et coloriste hors-pair. Il est l'un des membres fondateurs du Salon des Tuileries. "Peintre indépendant, d'une grande imagination, il eut, à partir du tout début des années '20, une influence notoire sur la jeune peinture, tant en France qu'à l'étranger. Nombre d'articles de presse en témoignent. Néanmoins sa modestie (il refusait toute publicité sur lui ou sur son œuvre), fit qu'il resta toujours discret. (...) Après sa mort, il fut oublié, bien qu'une salle entière lui fût longtemps consacrée au musée d'Art moderne." (Thomas Dufresne, 1992) Aucun doute : la largeur de vision de Charles Dufresne aura incontestablement marqué le mouvement pictural du premier quart de notre siècle. *Les Ondines de la Marne* sont là pour en témoigner.

Collections publiques

Plus de 70 musées de par le monde, conservent ses œuvres : Copenhague, Genève, Londres, Moscou, New York, Prague, Stockholm, Washington…
En France, on peut voir ses œuvres au musée des Arts décoratifs et au musée d'Art moderne de la Ville de Paris, à Avignon, à Grenoble.

Bibliographie

Thomas Dufresne : *Catalogue raisonné de l'œuvre de Charles Dufresne* (en préparation).
B. Dorival : *Les Etapes de la peinture française contemporaine*, t. III, Paris, 1946.
R. Cogniat : *"Charles Dufresne"*, dans *Panorama des arts*, Paris, 1948.
F. Fosca : *Charles Dufresne*, Paris, 1958.

“ *Peintre, il travaille, comme Matisse, de la façon la plus expéditive. L'habitude du dessin au pinceau lui est pour cela très profitable. Souvent, en effet, devant un modèle fourni par le hasard, nature morte d'après déjeuner ou chat familier, Raoul Dufy trace rapidement à l'encre de Chine quelques études. Volontiers, il répète plusieurs fois le même exercice, de manière à arriver à l'expression la plus intense par le chemin le plus direct. Il fait de même au dehors, et quelques-uns de ses dessins de paysages sont d'une décision et d'une beauté rythmique remarquables. Il ne changera pas de méthode en employant la couleur à l'huile ; son goût ira là aux tons les plus éclatants. Comme Henri Cross, il aimera les bleus les plus riches et les rouges les plus sonores. Ne cherchez pas en ses toiles un parti trop imitatif. Ce qu'il veut réaliser sur un prétexte fourni par la nature, c'est surtout une fête pour l'œil.* ”

Tristan L. Klingsor, *La Peinture*, Paris, 1921.

Raoul Dufy (1877-1953)

Remercions les dieux de nous permettre de compter Raoul Dufy parmi les peintres de la Marne. Et ce ne fut pas occasionnel : avec les plages, les ports, les régates, les cirques, les courses hippiques, les rues pavoisées et les salles de concert, en somme toutes les situations où il peut faire pétiller la couleur, la Marne et ses canotiers sont bien un sujet favori du peintre. Il ira même jusqu'à figurer la rivière dans une scène allégorique. Deux siècles après que Charles-Joseph Natoire (1700-77) ait réalisé, quelque temps avant son départ à la direction de l'académie de France à Rome en 1751, l'*Allégorie de la naissance de Marie-Zéphirine de France, fille du dauphin Louis de France*, commandée par Louis XV pour le grand Trianon, Dufy exécute en 1937 au Palais de Chaillot à Paris, de vastes décorations allégoriques dont se rattache notre tableau peint en 1942 : **Les trois Grâces : la Seine, la Marne et l'Oise**. Cette toile fut exposée en 1959 à la galerie Bernheim-Jeune qui présentait alors "Les Chefs-d'Œuvre de Raoul Dufy". On notera au passage que la Marne trône au centre de la composition, devant la Seine et l'Oise légèrement en retrait. Mais comme Dufy le fera avec notre rivière en peignant la région de Langres, revenons à la source de son art.

C'est à l'âge de quinze ans, quand il suit les cours du soir du peintre Lhuillier à l'école municipale des beaux-arts du Havre où il se lie avec Othon Friez, que Raoul Dufy amorce vraiment sa carrière de peintre. Il obtient en 1900 une bourse et s'inscrit à l'Ecole nationale des beaux-arts de Paris, dans l'atelier de Bonnat. Il subit alors l'influence des impressionnistes et des divisionnistes, mais c'est Toulouse-Lautrec qui remporte tous ses suffrages. Estacade à Sainte-Adresse, (1902-03) du musée des Beaux-Arts de Reims, où l'on décèle aisément l'inspiration de Boudin et de Pissarro, est une œuvre significative de cette période néo-impressionniste. Durant l'intermède fauve (1904-06), il peint les plages du Nord en compagnie de son ami Marquet, et découvre le *Luxe, calme et volupté* d'Henri Matisse exposé au Salon d'Automne de 1905. C'est une révélation. Dès lors, sa peinture bascule vers la modernité. Il le confirme lui-même : "Le réalisme impressionniste perdit pour moi son charme, à la contemplation du miracle de l'imagination traduite dans le dessin et la couleur." En 1908, travaillant aux côtés de Braque à L'Estaque, près de Marseille, il s'éloigne du fauvisme et longe la frontière du cubisme naissant. Il ne la franchira jamais. A partir de 1909 apparaissent les premiers balbutiements de son langage : sa facture s'allège et son goût pour les atmosphères aériennes et joyeuses l'invite à quelques notations purement décoratives. Les commandes de dessins pour tissus que lui adresse le couturier Paul Poiret en 1909 le propulsent dans l'art décoratif. Ils fondent ensemble une entreprise de décoration de textiles. L'artiste crée de nombreux décors de théâtre et, avec le peintre-décorateur de Chelles, Fauconnet (1882-1960), il réalise en 1920 ceux du *Bœuf sur le toit* de Jean Cocteau et Darius Milhaud. De 1912 à 1930, Dufy est employé comme dessinateur par la maison Bianchini-Ferrier. L'influence de l'art décoratif l'entraîne à plus de souplesse et de légèreté ; son écriture s'arrondit et se pare de couleurs toujours plus vives. Enfin, en 1919, Dufy découvre la lumière du Midi. Les vastes compositions de Vence révèlent son style définitif. Une nouvelle fois, la nature méditerranéenne accomplit le miracle de la parole conquise. Celle de Dufy affirme un chromatisme éclatant où la vivacité d'un dessin baroquisant fait de boucles et d'arabesques se superpose à des coulées de couleurs pures que le trait, loin d'enfermer, aide à faire vibrer et respirer. Dufy conjugue l'interdépendance et l'autonomie des formes et des couleurs. Cette nouvelle manière le mène vers l'aquarelle et la gouache avec lesquelles il réalise de surprenants chefs-d'œuvre.

L'aquarelle illustrant le **Canotage sur la Marne** date de 1923. Dufy manifeste une étonnante capacité à indiquer, en quelques touches de couleurs pures, l'animation du bord de Marne. La touche très libre, les coloris joyeux et frais sont disposés sur un dessin spontané ; sa fonction est essentielle, c'est un formidable outil de suggestion avec lequel Dufy met intuitivement en mouvement la scène qu'il décrit. Les arbres frissonnent, les canotiers rament, certains accostent

Dufy devant la fresque
Seine-Oise-Marne, 1937.

Raoul Dufy, **Les trois Grâces : la Seine, la Marne et l'Oise**, 1942. Collection particulière.

Raoul Dufy, **Bords de Marne** ou **Les Canotiers**, 1925. Musée d'Art moderne de la Ville de Paris.

Raoul Dufy, **Canotage sur la Marne**, 1923. Aquarelle. Collection particulière.

"(...) Je ne crois pas qu'une œuvre à ses débuts s'engage dans la réalisation d'un plan bien concerté ; le peintre a des démangeaisons dans les mains au contact d'un pinceau ou d'un crayon et il commence ses travaux sans but bien déterminé, rien que pour assouvir les désirs manuels. Les signes qu'il fait apparaître lui révèlent la forme et le mouvement des choses plus que ces choses ne lui inspirent les formes de leur représentation ; ainsi naît ce miracle de la transfiguration du monde en images par le seul fait que l'artiste est capable de le créer." Ainsi, pour Dufy qui grandit dans le milieu de la musique et qui ne cesse de jeter des passerelles entre les arts, la notion de création est liée, ainsi que dans le jazz, à l'artiste qui réalise. A l'instar de Duke Ellington, Raoul Dufy est un soliste en perpétuelle état de grâce, dont l'imagination fertile et jaillissante donne à chaque œuvre une mélodie nouvelle, improvisée dans une trame harmonique identifiable par son élégance folle, ses rythmes bondissants, ses couleurs éclatantes, son exaltation de la danse… Dufy a fait swinguer la peinture !

quand d'autres embarquent, l'eau clapote, tout s'agite gaiement dans la lumière d'un après-midi d'été.

Avec **Les Bords de Marne** ou **Les Canotiers** de 1925, nous avons sensiblement la même scène exécutée cette fois à la peinture à l'huile. Michel Riousset a pu localiser l'endroit : "(...) il s'agit de la Société d'encouragement du sport nautique, située dans l'île des Loups à Nogent-sur-Marne. Raoul Dufy a habité quelque temps une petite maison aujourd'hui disparue sur le quai du Viaduc, et il pouvait peindre la Marne tout à loisir." Cette toile traduit une même spontanéité, une même jubilation des couleurs pures que dans l'aquarelle précédente. Pourtant, là où l'aquarelle permet de saisir le mouvement rapide, de le prendre sur le vif, l'huile, plus compacte, a tendance à tasser la situation, à figer l'animation générale.

Le peintre, dans ses carnets, nous livre quelques explications de sa grammaire picturale :

Collections publiques

Musée national d'Art moderne (Paris, centre Georges Pompidou).
Musées du Havre, Grenoble, Nice ainsi que les grands musées d'Art moderne de l'étranger.

Bibliographie

Maurice Laffaille : *Catalogue raisonné de l'œuvre peint*, 5 volumes, Editions Motte, Genève, 1972/1985.

Fanny Guillon-Laffaille : *Catalogue raisonné des aquarelles, gouaches, pastels*, 2 volumes, Editions Louis Carré et Cie, Paris, 1981/1982. *Catalogue Raisonné des dessins*, Vol. I, Editions Galerie Fanny Guillon-Laffaille-Marval, Paris, 1991.
J. Lassaigne : *Dufy*, Skira, Genève, 1954.
R. Cogniat : *Raoul Dufy*, Paris, 1967.

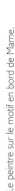
Le peintre sur le motif en bord de Marne.

> *Ma première visite en 1923-1924 à la vallée du Grand-Morin a été pour moi une révélation. Je recherchais en Ile-de-France une région qui ait conservé intactes sa pureté et sa poésie, sans être défigurée par des pavillons en série, de faux châteaux Renaissance, de similis chalets basques, toutes ces hideurs qui, trop souvent, ont envahi la campagne à cinquante kilomètres autour de Paris.*
> *"C'est au hameau de Serbonne, dans une humble auberge, que je suis venu m'installer au mois de novembre 1923 pour me recueillir et travailler dans la solitude et le calme à des paysages d'hiver que j'ai toujours préférés dans leur gravité à l'éclat du soleil d'été. J'ai su depuis par André Derain qu'il avait découvert la même région avant la guerre de 1914 et y avait travaillé à Serbonne même vers 1907. J'occupais une modeste chambre sans plancher ni carrelage et, chaque matin, je partais travailler de bonne heure dans la campagne après avoir chargé mon matériel de peintre sur une brouette. Puis, au printemps 1924, j'abandonnais Serbonne pour Villiers-sur-Morin et m'installais à l'auberge du Souterrain, encore peuplée aujourd'hui du souvenir des peintres qui, sous le second Empire, avaient élu domicile dans cette belle vallée."*

Dunoyer de Segonzac, dans *Le Parisien* du 16 avril 1984, pour le centenaire de sa naissance.

André Dunoyer de Segonzac (1884-1974)

Le hasard a fait que Dunoyer de Segonzac, grand imagier de la Marne devant l'Eternel, soit né à Boussy-Saint-Antoine, localité située à l'époque en Seine-et-Oise (Essonne). Si la Marne manquait à l'appel au jour de sa naissance, le peintre ne tarda pas à fréquenter amoureusement les paysages bordant la rivière, ceux de l'Ile-de-France et de la vallée du Morin. Segonzac poursuivit des études classiques, devint l'élève de Luc-Olivier Merson en 1907, puis de Jean-Paul Laurens, tout en fréquentant l'académie La Palette à Montparnasse. Il se lia avec Jean-Louis Boussingault et Luc-Albert Moreau et organisa avec eux une sorte de "retour à Courbet", mouvement qui refusait autant la tradition académique que les courants de l'avant-garde. Les trois amis exposent ensemble en 1910, dans la galerie Barbazanges. Durant les années qui précèdent la guerre, Segonzac déploie ses dons immenses de dessinateur pour illustrer le monde du sport, du cirque, de la danse et de la musique : le couturier Paul Poiret et Serge Diaghilev sont ses amis, Nijinski, Ida Rubinstein et Isadora Duncan sont ses modèles… Jean-Emile Laboureur l'initie à la gravure, technique dans laquelle son talent demeure inégalé. Durant la guerre, mobilisé dans la section de camouflage, il exécute une multitde de dessins et croquis, Notes prises sur le front, témoignages précieux et pris sur le vif, que l'on peut voir aujourd'hui au musée de la Guerre à Paris. L'artiste utilisera plus tard ces croquis pour les eaux-fortes illustrant *Les Croix de bois* de Roland Dorgelès.

Après 1920 et jusqu'en 1926, installé à Chaville, Segonzac séjourna fréquemment dans la vallée du Grand-Morin et sur les rives de la Marne, de Joinville à Crécy-la-Chapelle. Il affirma un néoréalisme qui intégrait l'enseignement de Cézanne ; les pâtes grasses et abondantes, puisées dans des tons sourds, recouvrent ses toiles d'une matière argileuse, un peu à la manière d'un sculpteur qui pétrit la terre, comme le révèle **L'Etude pour Les Canotiers** du musée d'Art moderne de Troyes. Poète, critique d'art et peintre lui-même, Tristan L. Klingsor décrit parfaitement la manière de l'artiste : "Le travail du pinceau conjugué avec celui du couteau à palette est chez lui presque lourd. Goût des belles matières sans doute (...). Cette exubérance ne va pas d'ailleurs sans finesse. Si la matière est lourde, le ton choisi est toujours délicat ou puissant. Rien de vulgaire dans sa vision. Des gris bruns, des verts savoureux, des jaunes rabattus s'accordent très heureusement. (...) Le ton de chair n'aura jamais rien d'un ton immédiat ; tous les reflets du ciel se mélangeront à la localité ; et l'artiste trouvera ainsi des gris d'une extrême distinction." (*La Peinture*, 1921).

Le refus d'adhésion de Dunoyer de Segonzac au cubisme et à la non-figuration ne permet pas de le classer abusivement parmi les peintres rétrogrades. Son talent énorme et sa prodigieuse puissance de travail expriment un rapport fusionnel, unique, étourdissant, avec la nature. Sous des formes traditionnelles, son œuvre impose la modernité d'un hymne puissant dont l'harmonie réconforte aussi bien les humains que les dieux des arts et des sources.

Collections publiques

Le musée national d'Art moderne (Paris), le musée de l'Ile-de-France (Sceaux), et le musée Lambinet (Versailles) conservent d'importantes et nombreuses œuvres de l'artiste.

Bibliographie

Ouvrages illustrés par Dunoyer de Segonzac :

Francis Carco : *Chansons aigres-douces*, 1913.

Dorgelès : *Les Croix de bois*, 1920, *Le Cabaret de la belle femme*, 1923.
Tristan Bernard : *Tableau de la boxe*, 1922.
Gustave Flaubert : *L'Education sentimentale*.
Colette : *La Treille muscate*.
Virgile : *Les Géorgiques*.

Ouvrages sur l'artiste

Claude Roger-Marx : *Dunoyer de Segonzac*, Paris, 1951.
Bernard Dorival : *Dunoyer de Segonzac*, Kister, Genève, 1956.

André Dunoyer de Segonzac, **Etude pour Les Canotiers**. Musée d'Art moderne, Troyes.

Max-Paul Fouchet : *Dunoyer de Segonzac,
Saint-Tropez et la Provence*, Paris, 1964.
Pierre Cailler, Aimée Liore : *Catalogue
raisonné de l'œuvre gravé*, 8 Vol., Pierre
Cailler Editeur, Genève, 1959-1970.

Léo Gausson par Maximilien Luce, 1890.

"Gausson comprit que Seurat avait emporté avec lui les secrets de son rêve et de sa technique. De plus, les admirations de Gausson ne l'inclinent nullement à des imitations ; il sait se garder libre, c'est ce qui lui permit de profiter des belles qualités qu'affirmait le pointillisme. Il prit ces années-là une notion plus intime, plus détaillée, plus rationnelle des phénomènes de couleur, du tissu ambiant, du tissu imaginaire quoique momentanément réel, qu'affectent les robes du paysage. Il pénétra dans l'intimité des surfaces des choses et, de cette période, datent de lui de charmants paysages d'une vision fine, parfois atténuée, rêveuse toujours, des paysages d'une insinuante tendresse à tel point que, dans des expositions du groupe néo-impressionniste, la dilection de sagaces dilettantes le choisit parmi tous les autres amis de Seurat. (...)"

Gustave Kahn, *Préface à l'Exposition de Gausson*,
galerie Laffitte, Paris, 1896.

Léo Gausson (1860-1944)

On s'étonne aujourd'hui qu'un tel artiste, à l'œuvre abondante, singulière, novatrice – il sera l'un des premiers à suivre Seurat –, personnalité exaltée dont la vie romanesque fait apparaître de troublantes analogies avec les quêtes existentielles de Gauguin ou de Rimbaud, puisse demeurer si mal connu. Grâce aux travaux de Pierre Eberhart et ceux, essentiels, de Micheline Hanotelle, auteur du catalogue raisonné de l'œuvre de l'artiste et d'une étude incontournable sur le néo-impressionnisme interprété par Gausson, il nous est possible de résumer la biographie du peintre. S'il a pratiqué le dessin, la gravure et la sculpture, la peinture compose le principal de son œuvre, particulièrement les quinze dernières années du XIXe siècle, période cruciale où il fréquente les artistes d'avant-garde et les écrivains symbolistes.

C'est au cœur même de la ville de Lagny-sur-Marne, non loin de l'emplacement de l'ancienne abbaye, place de la Fontaine, dans l'une des maisons à pignons, que naquit Léo Gausson le 14 février 1860. Né et mort à Lagny, Gausson gardera toujours un attachement profond pour sa ville natale. Dès son enfance, observateur sensible, doué d'une vision étonnamment nouvelle, il dessine sans relâche la région de Lagny, source d'émerveillements qui jamais ne se tarira. Lagny, Thorigny, Dampmart, Conches, Saint-Thibault-des-Vignes, Bussy-Saint-Georges, Gouvernes, les villages de bord de Marne seront les motifs privilégiés de son œuvre. Gouvernes gardera sa préférence et Gausson, parfois accompagné de son ami Lucien Pissarro, s'y rendra fréquemment pour y peindre l'église et la Gondoire, ruisseau qui rejoint la Marne un peu plus loin. Vers 1883, il adhère avec enthousiasme aux principes scientifiques appliqués à l'art et théorisés par Seurat. Le néo-impressionnisme est en marche. Gausson, avec ses amis Cavallo-Peduzzi, Maximilien Luce et Lucien Pissarro, constitue ce que le docteur Sutter appela judicieusement "le groupe de Lagny". La petite ville de Seine-et-Marne devint bientôt un centre artistique actif, accueillant Charles Jacque et ses fils, Aman-Jean, Lebasque, Lhermitte, Meslé, Ibels, Honer, Camille et Lucien Pissarro, Hayet…

Rivière et pont, peint en 1886, année où Seurat présente son tableau-manifeste du néo-impressionnisme *Un dimanche après-midi à l'île de la Grande Jatte*, situe d'emblée Gausson parmi les novateurs. C'est une œuvre exécutée selon le principe de la division du ton. "Véritable commis-voyageur de l'avant-garde", ainsi que le campait Sutter, Gausson affirme ici une expression très pure de sa manière néo-impressionniste qu'il argumente dans une lettre adressée en 1885 à Emile Zola : "J'ai dû me créer presque seul devant la nature une méthode de travail, d'observation tout au moins, une méthode de coloris que j'ai basée sur les travaux du savant Chevreul (...). Pour la question des valeurs comparées, vous la connaissez. Manet la possédait à fond : c'est une affaire de justesse de coup d'œil, cela dépend d'une plus ou moins grande sensibilité de la rétine, c'est de l'observation pure, de l'analyse. (...)

Deux couleurs complémentaires juxtaposées se font valoir réciproquement, s'exaltent mutuellement par leur voisinage et si l'une des deux est dominante, elle aura plus d'influence sur l'autre. (...) De plus, dans un ensemble de nature, les couleurs agissent les unes sur les autres par reflet et par complémentarisme. Je le répète, ceci est en dehors de tout tempérament, c'est un outil d'analyse dont je me sers pour fouiller mes sensations et arriver à plus de vérité." Il poursuit plus loin : "En résumé, pour moi, la couleur des objets n'existe pas, elle est subordonnée à des influences variables." Et Gausson de conclure : "C'est là le principe mécanique, l'harmonie et les valeurs comparées, c'est l'art. Il reste encore le tempérament de l'artiste." Le tempérament de Gausson devait être particulièrement dynamique pour qu'un siècle plus tard, les lumières de sa Marne nous éblouissent toujours avec une telle intensité…

A partir de 1887, Gausson expose à la Société des artistes indépendants. Il fréquente le milieu artistique parisien, se lie avec Emile Bernard, Paul Signac, Camille Pissarro. Naît ainsi une fidèle amitié avec le fils du vieux maître, Lucien Pissarro. Les deux hommes entretiennent une riche correspondance et se retrouvent parfois sur le même motif. Mais Gausson, toujours avide de traquer la nouveauté, cherche à prendre d'autres orientations, à vivre de nouvelles aventures, humaines et picturales.

Léo Gausson, ***Rivière et pont (la Marne et le pont de pierre à Lagny)***. Collection particulière.

Léo Gausson, **Bord de rivière (la Marne à Lagny)**, vers 1892. Musée municipal Gatien-Bonnet, Lagny-sur-Marne.

Aux environs de 1890-91, il se rapproche des synthétistes. Le **Bord de rivière** témoigne de ce nouvel engouement pour les théories de Gauguin. Gausson a-t-il assisté à l'exposition du "groupe impressionniste et synthétiste" qui s'est tenue à Paris, au café Volpini en 1889 ? Les artistes de l'école de Pont-Aven réunis autour de Gauguin refusent la vision analytique de la nature pratiquée par l'impressionnisme. Ils introduisent dans leurs œuvres une vision subjective du monde sous une forme simplifiée à l'extrême : la juxtaposition d'aplats colorés. Gausson se rallie au mouvement avec enthousiasme et présente des œuvres aux formes simplifiées, aux couleurs vives et audacieuses. Dès lors, on le remarque dans les expositions d'avant-garde à Saint-Germain-en-Laye, Le Barc de Boutteville, le groupe des XX à Bruxelles et à Anvers. Gausson qui admirait Van Gogh sans réserve – leurs tableaux furent voisins lors de l'exposition des Indépendants de 1888... – voulut faire un échange de tableaux avec lui. Hélas, l'échange n'eut lieu qu'après la mort de Vincent, ainsi que l'atteste cet extrait d'une lettre à Théo : "J'allais souvent chez ce bon Mr Tanguy, spécialement pour voir ses travaux ; peu de peintres peut-être avaient su comprendre et deviner quel véritable artiste fut votre frère. Ne me trouvant pas en situation d'acheter, j'avais même dit à Mr Tanguy qu'il voulut bien demander à ce peintre que j'aimais tant sans le connaître, s'il consentirait à échanger un tableau contre un des miens. Si mon désir ne vous paraissait pas trop indiscret, j'oserais vous renouveler cette demande. (...)" La transaction aura finalement lieu sous la houlette du bon Théo…

Au tournant du siècle, Gausson participe aux premières expositions de l'Union artistique et littéraire du canton de Lagny. Fin lettré, il fréquente les milieux littéraires, se lie avec le poète halluciné Adolphe Retté et publie en 1896 un recueil de contes, *Histoires vertigineuses*. Menant une vie précaire, il quitte la France en 1901 et gagne la Guinée française. Son travail de commis dans l'administration coloniale lui fera vivre des heures difficiles et lui laissera peu de temps pour peindre…

A son retour en France, fidèle au principe des complémentaires, il achève son évolution picturale dans un rayonnement de la couleur. La vieillesse venant, il finit par délaisser totalement son art. Ce poète des villages de Seine-et-Marne, de la Brie et de l'Ile-de-France s'éteint à Lagny dans un quasi-anonymat, le 27 octobre 1944. Il repose près de la Marne, dans cette région qu'il a tant de fois – et superbement – représentée…

"Pour son époque, il fut un sportif étonnant. Marcheur infatigable, il parcourait la forêt de Fontainebleau dans tous les sens, à raison de 50 à 60 km par jour. Habile à manier canoës et périssoires, ses exploits de nageur étaient connus. Il plongeait de très haut dans le rond d'une bouée, marchait au fond de la Marne avec un poids de 10 kg, etc. Il eut deux sauvetages à son actif. (...) Lyrique, il parlait aux arbres et surtout aux peupliers géants de Pomponne, face à Lagny, qu'il visitait la nuit et qu'il peignit plusieurs fois au clair de lune."

Jean Sutter et Pierre Eberhart, "Léo Gausson", dans *Les Néo-impressionnistes*. Lausanne, 1970.

Collections publiques

Musée d'Orsay.
Musée de Lagny-sur-Marne : œuvres diverses de l'artiste et important fonds documentaire.
Musée du Petit Palais, Genève.
Indianapolis Museum of Art.
Rijksmuseum Vincent Van Gogh, Amsterdam.

Bibliographie

Jean Sutter : *Les Néo-impressionnistes*. Lausanne, 1970.
Micheline Hanotelle, Pierre Eberhart : *Léo Gausson, 1860-1944*. Catalogue de l'exposition du musée Gatien-Bonnet de Lagny-sur-Marne. 15 octobre-20 novembre 1988.

Micheline Hanotelle : *Catalogue raisonné de l'œuvre de Léo Gausson*. Non édité.
Micheline Hanotelle : *Le Néo-impressionnisme dans l'œuvre de Gausson*. Gazette des Beaux-Arts, novembre 1989.
Micheline Hanotelle : *Léo Gausson et Zola*. Les Cahiers naturalistes n° 63, 1989.
Pierre Eberhart (conservateur du musée de Lagny) :
1. *Artistes de Lagny et de la région, XVIIᵉ-XIXᵉ siècles*. Lagny-sur-Marne, sept. 1977, n° 30.
2. *Artistes de Lagny et de la région, de 1926 à 1977*. Lagny-sur-Marne, mars 1978, n° 31.

Au premier matin de leur arrivée à New York, fin septembre 1915, Madame Gleizes et lui prirent le métro, au hasard, jusqu'à un terminus. Ils continuèrent à pied pendant longtemps dans une banlieue new-yorkaise aussi sinistre et mesquine que toute autre banlieue de métropole. Ils étaient conscients qu'en traversant l'Atlantique ils venaient de tirer un trait sur leur passé. Découragés par la conclusion européenne de leur jeunesse ils se sentaient maintenant accablés par la laideur du Nouveau Monde. Et c'est alors que Gleizes dit à Juliette Roche-Gleizes :
"S'il y a un avenir, il faudra refaire l'Abbaye !"

Pierre Alibert, *Gleizes, biographie*, 1990.

Albert Gleizes (1881-1953)

Il y a deux catégories d'artistes ; ceux qui intègrent leur écriture dans un langage déjà établi tout en le perfectionnant, et ceux qui établissent de nouveaux langages. Les premiers installent leur campement sur un territoire donné et s'efforcent d'en repousser les limites. Les seconds passent leur temps à chercher de Nouveaux Mondes. Albert Gleizes fut de cette race de navigateurs dont on ne peut dire par avance sur quelle terre ils vont aborder. Pierre Alibert, dans sa remarquable biographie de Gleizes, a dressé la cartographie de ses conquêtes idéologiques et picturales.

On le verra plus loin, *L'Abbaye de Créteil*, de 1906, marque une étape décisive dans son parcours spirituel et artistique ; le premier port accosté restera présent dans sa mémoire.

Mais d'où vient Albert Gleizes ? Il naît le 8 décembre 1881. Son père, originaire de l'Ariège, fait fortune à Paris où il crée un vaste atelier de dessin industriel d'ameublement rue d'Uzès. Sa mère, Elisabeth Valentine Comerre, vient de Trélon, dans le Nord. "Amour de la peinture : tradition de famille", écrira Gleizes : le père dessine et peint, l'oncle paternel, Honoré, est un peintre doué, et l'oncle maternel, Léon Comerre, a été grand prix de Rome de peinture en 1875. Il pouvait tomber plus mal... Pourtant, l'adolescent veut être comédien, suit en secret les cours du Conservatoire et néglige le lycée. La découverte du pot aux roses amène son père à le prendre en apprentissage. Contrairement à toute attente, ce sera une période féconde. Dans l'atelier, il se lie d'amitié avec le futur poète René Arcos et découvre que la peinture peut être un moyen d'expression aussi efficace que le théâtre. Pierre Alibert date ses débuts en peinture vers 1899-1900. Dès 1901, ses toiles témoignent de son étonnante maîtrise de la technique impressionniste. De novembre 1902 à septembre 1905, Gleizes fait son service militaire. Il noue des amitiés avec les peintres Bertold Mahn et Jacques d'Otémar, le poète Charles Vildrac, l'ouvrier imprimeur Lucien Linard. Durant les années d'armée passées à Amiens et Abbeville, il améliore sensiblement sa peinture. En 1905, Gleizes par-

ticipe à la fondation de l'association Ernest Renan. Puis vient l'épisode de l'Abbaye de Créteil...

Au départ, il y a un rêve caressé par un groupe d'amis, rêve que le *Manifeste de la ligue des Arts indépendants* diffusé en octobre 1906, tente de définir : " Fonder hors de la ville notre Abbaye : un refuge de l'Art, de la Pensée... tout comme l'Abbaye au Moyen-Age fut un refuge... Malheur au solitaire... Malheur encore à celui qui œuvre en complète indépendance... il finira par succomber... Voici qu'une collectivité de jeunes veut... affirmer et exposer au grand jour de la vie commune... que l'art doit évoluer. Nous voulons rester individuellement maîtres de notre pensée et de ses concepts..." Après maintes recherches, le 1er novembre 1906, ils découvrent à Créteil, sur le bord de la Marne, une propriété à louer. Fin décembre logent à l'Abbaye : Gleizes, Arcos, Vildrac et sa femme, Georges Duhamel et Linard. Le tableau, **L'Abbaye de Créteil**, dont notre lecteur a remarqué combien il est encore redevable à l'impressionnisme, a probablement été exécuté dans les premiers jours qui suivent l'installation de Gleizes. Parmi les locataires intermittents – Henri Martin-Barzun, Albert Doyen, Berthold Mahn, Jacques d'Otémar – on remarque un familier de la vallée du Clignon, propriétaire du château de Gandelu, le poète – encore méconnu... – et grand promoteur du cubisme, Alexandre Mercereau de La Chaume.

"Ce mouvement de révolte de jeunes artistes contre l'avilissement de la société et de ses corps constitués – 1906 est enfin l'année de la révision du procès de Dreyfus ! – comment va-t-il se manifester ? Pas de théorie, pas de doctrine : un refus partagé. La seule cohésion, la seule force qui les anime : l'amitié. De toute évidence ils marchent à l'intuition. C'est là toute la portée et toute la force de leur geste. Intellectuels patentés, individualistes acharnés et, puisqu'ils sont des artistes, exerçant toute la finesse de leur intelligence et de leur sensibilité à capter par ses mille manifestations invisibles et indicibles la forme du monde qu'ils sont en train de vivre,

Albert Gleizes, **Portrait d'Alexandre Mercereau**.

Albert Gleizes, **L'Abbaye de Créteil**, 1906. Collection particulière.

leur moyen de refuser la société, de s'y opposer radicalement, définitivement, paraît au fond très peu de chose : quitter la ville, s'adonner pour vivre et donc continuer à pratiquer son art, à un travail manuel intelligent.

"Cela parut même si peu aux contemporains que personne ne s'est aperçu du bouleversement qui se mettait en route sur les bords de la Marne. On a glosé à l'infini sur le symbolisme, l'unanimisme, le fouriérisme, l'anarchisme. Mais personne n'a dit, pour s'en scandaliser ou s'en féliciter, que sous les frondaisons de Créteil ces jeunes garçons enterraient deux valeurs plus de huit fois séculaires : le primat de la ville et le règne des intellectuels. (...)" (Pierre Alibert). L'aventure va durer jusqu'en février 1908. D'autres traversées, non moins périlleuses, attendent Albert Gleizes qui sera bientôt l'un des premiers théoriciens du cubisme. Pourtant, l'idéal communautaire mis en pratique à l'Abbaye de Créteil ne le quittera plus. "Loin de Créteil que Gleizes et Henri Doucet avaient peint en décor, l'Abbaye fut évoquée par des textes et des poèmes. Mais ce n'était que le chant du cygne. Et dans le souvenir où allait dorénavant vivre l'Abbaye, flottant comme un regret ou un bilan, un simple constat : s'il n'y avait eu l'obligation du loyer, l'aventure pouvait être gagnée." (Pierre Alibert)

Collections publiques
Ses œuvres figurent dans tous les musées d'Art moderne ; le musée de Lyon en conserve un nombre important.

Bibliographie
Pierre Alibert : *Gleizes*, Biographie, Editions Galerie Michèle Heyraud, Paris, 1990.
Pierre Alibert : *Albert Gleizes, naissance et avenir du cubisme*, éd. Aubin-Visconti, Saint-Etienne, 1982.
Daniel Robbins : *Catalogue de l'exposition Albert Gleizes, 1881-1953*, musée national d'Art moderne, Paris, 1964-1965.

Principaux ouvrages écrits par Albert Gleizes :
Du cubisme, en collaboration avec Jean Metzinger, Paris, Figuière, 1912.

La Peinture et ses lois ; ce qui devait sortir du cubisme, Paris, 1924 ; la Pensée Universitaire, Aix-en-Provence, 1961.
Peinture et perspective descriptive, Sablons, Moly-Sabata, 1927.
Vers une conscience plastique : la forme et l'Histoire, Paris, Povolozky, 1932.
Art et religion, Sablons, Moly-Sabata, 1933.
Art et production, Sablons, Moly-Sabata, 1933.
Art et science, Sablons, Moly-Sabata, 1933.
Homocentrisme ; le retour de l'Homme chrétien ; le rythme dans les arts plastiques, Sablons, Moly-Sabata, 1937.
Souvenirs, le cubisme, 1908-1914, Lyon, Cahiers Albert Gleizes, l'association des Amis d'Albert Gleizes, 1957.

Gouast en 1950, à la recherche du motif.

Gouast est l'ami des plus grands… sans pour autant subir leur influence. Son œuvre vigoureuse, abondante, excellant dans tous les thèmes – paysages, marines, nus, visages – est profondément originale dans les huiles, les pastels, comme dans les dessins.

Dunoyer, *Le Monde, Rétrospective René Gouast*, château-musée de Dieppe, 1979.

René Gouast (1897-1980)

"L'objet est brisé, on ne le raccommodera pas", disait André Breton. Le théoricien et poète surréaliste réclamait la liberté absolue d'une création artistique débarrassée – entre autres – de ses liens avec le sujet. L'œuvre de René Gouast se situe au moment précis de la "fêlure", avant que le sujet n'implose et se dissolve dans l'abstraction. Après les musées de Dieppe (1979) et de Senlis (1981), le musée d'Art moderne de Troyes présentait au cours de l'été 1996 une éblouissante réunion d'une centaine d'œuvres du peintre. Michel Lasne a bien voulu nous communiquer ce portrait de René Gouast :

"Gouast est né en 1897 mais il se sentait appartenir au XXe siècle et se rajeunissait naïvement en se déclarant né en... 1903 ! Dans l'éclat du fauvisme. Il a écrit sur Matisse et les fauves une brillante et enthousiaste étude qui ne laisse pas de doute sur sa religion picturale : la couleur. Il a dessiné et peint dès sa jeunesse normande en traversant tous les courants du siècle, jusqu'à sa mort, à Paris, en 1980. Grand voyageur, après l'Afrique du Nord où il a vécu dix ans et s'est lié d'amitié avec André Lhote, il parcourt à bicyclette ou à scooter la France, l'Italie et l'Espagne, en pèlerin plus qu'en touriste. "C'est avec la cuisse qu'on découvre le paysage", écrit-il. Il revient toujours à son port d'attache : Paris, le Valois et la Normandie, riche de croquis, dessins accomplis ou "gribouillis" qui vont nourrir sa recherche. Dans les années '50, '60, '70 il peint sans relâche. Il expose souvent, certes, mais avec un détachement qui n'engendrera pas la célébrité. Il n'a pas le temps, du reste : il peint… il peint… Il peint. Ami de Hayden avec qui il expose régulièrement à la galerie Suillerot à Paris, il devient un familier de Jacques Villon, qu'il rencontre dans son atelier de Puteaux et dont il préface certaines expositions. Son atelier de campagne est installé à la limite de l'Oise, de l'Aisne et de la Seine-et-Marne, d'où un grand choix de rivières et fleuves dans son œuvre, et

René Gouast, ***Verdures de la Marne***, 1961. Collection particulière.

René Gouast, ***Marne au ciel rouge***, 1962. Collection particulière.

René Gouast, **Printemps sur la rivière**, 1961. Collection particulière.

en particulier la fréquentation des bords de Marne, où du reste, habite Hayden.

Dans une abondante collection de dessins exécutés dans la région, on trouve un dossier particulièrement riche sur Château-Thierry, une ville selon son cœur de peintre, qui, comme on le sait, est dans l'Aisne, mais sur la Marne…"

C'est en 1955 que Gouast achète la "maison des curés" à Thury-en-Valois (Oise). Son installation dans la demeure est une aventure mêlée d'Histoire et de drôleries. Après avoir traversé des orties hautes de deux mètres, il trouve le mitron du village en train de ronfler dans une des chambres. Le peintre apprend que la maison a eu maints occupants : les Prussiens en 1870, les soldats de von Kluck ou d'un autre en 1914, la Wehrmacht en 40, la légion ensuite, puis le berger, puis effectivement les prêtres qui, l'hiver, plutôt que dans l'église glaciale, disaient la messe dans la grande salle… Gouast transforme une vieille grange en atelier et partage dorénavant sa vie entre Paris et Thury-en-Valois. Il puise dans la campagne environnante et la Marne toute proche l'essentiel de son inspiration.

Le **Printemps sur la rivière** date de 1961. Gouast se montre ici en possession d'un langage pictural où les rythmes structuraux de la toile s'harmonisent avec les plans richement colorés. Géométrie cubiste et jeux abstraits de la couleur dialoguent à partir d'un sujet morcelé de toutes parts mais dont l'unité profonde est malgré tout respectée. Le paysage est transfiguré ; pourtant, c'est bien la Marne au printemps qui tressaille ici dans l'exaltation de ses couleurs pimpantes et jubilatoires. La réalité figurative du motif est pour l'artiste un amas de couleurs, de formes et de rythmes. Gouast s'empare avec gourmandise de ces ingrédients qu'il reformule dans une composition exempte de toute transcription fidèle. Couleurs pures, lumière vibrante et angles cassés procurent un effet de vitrail qui n'est pas sans résonance avec les structurations géométriques de Jacques Villon, de même que la concision cubisante des formes évoque, elle, Hayden… Mais s'il s'enrichit de ces influences, Gouast est le seul maître d'un langage qu'il considérait en perpétuelle évolution. Le peintre est un chercheur. La plénitude du *Printemps sur la rivière* finirait presque par nous faire croire qu'il avait enfin trouvé l'Atlantide…

" A signaler maintenant un tableau d'un élève de Gérôme, M. Gueldry, Une régate à Joinville *: un tableau de plein air, très vivant, très gai. M. Gueldry est un des rares peintres qui aient tenté de s'affranchir de ses souvenirs d'école et d'aller droit à la nature ; il mérite vraiment qu'on l'applaudisse. "*

Joris-Karl Huysmans, "Le Salon officiel de 1881", dans *L'Art moderne*, 1883.

Ferdinand Gueldry
(1858-1945)

On doit à Michel Riousset, auteur de *Ferdinand Gueldry ou le grand maître des eaux*, paru dans l'ouvrage qu'il consacre aux *Environs de la Marne et leurs peintres*, de Vincennes à Neuilly-sur-Marne (éd. Amatteis), de connaître la vie passionnante de ce champion de l'aviron, acteur et témoin toujours émerveillé par le spectacle des régates à Joinville-le-Pont et Nogent-sur-Marne.

Fils d'industriel, Ferdinand Gueldry naît le 21 mai 1858 à Paris. Dans les résidences secondaires que sa riche famille possède à Plessis-Trévise, puis à Bry-sur-Marne, le jeune garçon de treize ans se livre à son occupation favorite, la peinture. La guerre de 1870 et la Commune bouleversent une existence joyeuse et insouciante. Ferdinand et son frère Victor traversent la tourmente non sans avoir, à plusieurs reprises, échappé au pire… La répression est atroce. Succédant à la Semaine sanglante, les déportations massives emportent Louise Michel en Guyane ; à son retour d'exil, la généreuse justicière du mouvement insurrectionnel tire sur le propriétaire de l'appartement d'une amie, voisine de l'atelier de Gueldry, rue des Martyrs. Le propriétaire véreux avait mis en vente les meubles de la jeune femme alors qu'elle était à l'hôpital. Sans hésiter, notre fils de capitaliste témoigne aux assises en faveur de Louise Michel et s'attire la sympathie des milieux socialistes et anti-versaillais. Cela explique peut-être cette série de tableaux que Gueldry a consacrée au travail en usine. En juillet 1985, dans son exposition "Images du travail", parmi les œuvres de Roll, Pissarro, Luce, Signac, Lhermitte, Dufy… le musée Fernand Léger de Biot (Alpes-Maritimes) présente *Les Mouleurs*, toile où l'artiste dénonce la pénibilité du travail aggravée par l'exploitation capitaliste…

En 1876, ses études terminées, Gueldry entre à l'Ecole des beaux-arts de la rue Bonaparte et devient l'élève de Gérôme. "1876 est précisément l'année de fondation de la Société nautique de la Marne à Joinville-le-Pont. Ferdinand et son frère Victor font partie des premiers sociétaires. Le 10 décembre 1880, un diplôme est remis à ce jeune rameur de vingt-deux ans pour avoir remporté huit premiers prix pendant l'année aux régates de la Société (Ile de Beauté, Neuilly-sur-Marne, la Varenne, Nogent-sur-Marne et Le Perreux) et aux régates organisées à l'extérieur (Sèvres, et la Société d'encouragement de Nogent). On comprend ainsi pourquoi il sut si bien peindre le milieu du canotage et de l'aviron. "(M. Riousset)

Sa carrière de peintre récolte elle aussi une pluie d'honneurs. Médaillé aux Salons parisiens, aux Expositions universelles de 1889 et 1900, aimé de la critique et de l'impitoyable Huysmans, il reçoit la Croix de la Légion d'honneur en 1908.

En 1895, il épouse la fille de Richard Morris, petite-fille de Ferdinand Dugué, auteur de délicieuses pièces de boulevard qui connaissent un grand succès à l'époque. Le couple choisit l'Angleterre comme voyage de noces. Le jeune marié s'y était déjà rendu pour participer à des courses d'aviron. Il y séjournera de 1890 à 1895, en tant qu'arbitre Rowing. Au début du siècle, la famille Gueldry s'installe à Mainvilliers et quitte la Marne. L'artiste la retrouvera quinze années plus tard quand les massacres jalonneront ses rives. Nommé peintre officiel du musée de l'Armée en 1915, il part au front, pinceaux à la bretelle ; chargé de mission par le général Niox, il peint en Champagne, au Chemin des Dames et au ravin de la Mort des toiles puissantes et graves aujourd'hui conservées par le musée de l'Armée.

Durant l'entre-deux-guerres, le peintre poursuit son œuvre. Mais le ciel s'assombrit de nouveau. Il a connu 1870, 1914, et voilà que se profile 1940 ! C'en est trop. Il gagne la Suisse avec sa famille. C'est dans ce pays d'accueil, le 17 février 1945, loin des bords de Marne qui ont enchanté une grande partie de son existence, que Ferdinand Gueldry quitte ce monde.

L'Embarquement présente toutes les caractéristiques du style inimitable de Ferdinand Gueldry. Il est un virtuose du traitement de l'eau, que ce soit pour en rendre les lumières sous forme d'une laque argentée *(Repos des canotiers)* ou bien en traduire les multiples reflets et vibrations *(L'Embarquement)*. L'art de Gueldry est un art de synthèse. Ne fut-il pas l'ami de Manet et de Meissonnier, de Degas et de Bouguereau ?... Sa peinture a su prendre le meilleur de l'école classique et la nouveauté de l'école moderne. De son passage aux Beaux-Arts, il garde l'impeccable savoir-faire que l'académie lui a enseigné : proportions, perspectives, volumes, anatomie, modelé… Il y intègre les conquêtes de la révolution impres-

Ferdinand Gueldry, **L'Embarquement**. Société nautique de la Marne, Joinville-le-Pont.

sionniste : liberté d'exécution, légèreté de touche, fraîcheur de tons, étude de la lumière et de ses effets sur les couleurs et les formes, aptitude à saisir les modulations et les nuances de l'atmosphère. C'est net : son style et… son cœur balancent nettement vers cette dernière école. L'écriture impressionniste était la seule qui pouvait vraiment convenir à ce merveilleux interprète du mouvement. Ferdinand Gueldry se sert très habilement des coloris pimpants qui raient les maillots des rameurs pour faire chanter les couleurs voisines. Peintre de l'effort et de la joie, ses compositions revêtent un air de fête et nous font vivre en direct l'ivresse sportive des athlètes. Et, plus d'un siècle après Huysmans, on applaudit encore !

Collections publiques

Paris, musée de la Guerre.
Cahors, musée Henri Martin.

Bibliographie

Michel Riousset : *Les Environs de la Marne et leurs peintres, de Vincennes à Neuilly-sur-Marne*, Editions Amatteis, Le Mée-sur-Seine, 1986.

« C'était un bon colosse, un blond aux yeux clairs et aux joues roses, pourvu d'un grand nez busqué aux narines très dessinées, fortement moustachu et barbu. Ses traits respiraient l'appétit de vivre, mais, eu égard à leur finesse, un appétit de grand seigneur. On décelait en lui des passions exigeantes, on colportait les preuves de ses goûts somptueux, on s'ébahissait sur son coup de fourchette, digne de la table des reîtres. Il dirigeait ces repas pantagruéliques, à califourchon sur une chaise, enveloppé par les torrents de fumée de sa pipe, en contemplant d'un œil réfléchi sa dernière œuvre en cours posée sur un chevalet. »

René Druart, *Armand Guéry,* conférence à l'Académie nationale de Reims, 1954.

Armand Guéry (1853-1912)

Peintre rémois, Armand Guéry est un passionnant conteur de la Champagne pouilleuse. Certainement, il ne fut pas le seul : Emile Barau (1852-1930), Paul Bocquet (1868-1947) et Frédéric Sauvignier (1873-1949) surent aussi nous faire goûter les beautés envoûtantes de cette région où les horizons immenses paraissent un deuxième ciel. Mais l'art d'Armand Guéry possède un attrait irrésistible. Il a conçu la majeure partie de son œuvre dans les vallées de la Suippe et de l'Aisne, au nord-ouest de Reims. Les documents que Charles Poulain a bien voulu nous communiquer permettent d'approcher ce "Gargantua de la peinture".

Natif de Reims, son père est commerçant et il n'a que 14 mois quand il perd sa mère. Interne au Lycée de Reims, il est bachelier es-sciences. Très doué pour le dessin d'imitation et le dessin linéaire, il couvre ses cahiers de caricatures de ses professeurs et camarades de classe. Mis à part quelques leçons prises avec le peintre Rigon, sa formation est réellement autodidacte. A 26 ans, il se lance et présente en octobre 1880 deux toiles à l'exposition de la Société des amis des arts. Il emménage à Paris en mars 1883 et, dès 1885, reçoit de nombreuses récompenses dans les Salons de la capitale. Sa carrière artistique est en marche et ce bon géant champenois va produire une œuvre considérable. Il obtient un magnifique succès moral en 1891, quand la commission d'achat de l'Etat vote à l'unanimité de ses quarante membres l'achat de sa toile du Salon, *Matinée d'hiver en Champagne,* destinée au musée du Luxembourg. Le peintre joue de malchance : le tableau a été vendu à un amateur le jour même du vernissage !...

En 1892, il quitte Paris et s'installe à Auménancourt (Marne), dans la rue de Pontgivart. Aimé de tous pour sa simplicité, sa jovialité, sa générosité, Armand Guéry travaille beaucoup, vend bien, dépense fastueusement. Il faut dire qu'il dispose d'un "bon plan" pour vendre : outre ses marchands attitrés, il s'est fait une clientèle d'amateurs chez les industriels de la vallée de la Suippe et les action-naires de la Société de chasse du banquier rémois Plumet qui se réunissent à l'auberge de M. Toussaint, à Pontgivart. Là, les chasseurs fortunés peuvent contempler et acquérir les toiles accrochées par le peintre. La filière est rentable…

Après le décès de sa femme, il rejoint Paris une nouvelle fois sans abandonner Auménancourt. Il continue à produire énormément. Un inventaire – incomplet – de son œuvre, réalisé en 1899, mentionne 1400 dessins, études, aquarelles et tableaux… Il s'éloigne parfois de son village et peint dans la région de Châlons-sur-Marne, Vitry-le-François, Vouziers. En compagnie de son élève Frédéric Sauvignier, il va jusqu'à planter son chevalet dans les montagnes du Jura, de Savoie, vers la Suisse et le Piémont. Malade, il séjourne peu de temps à Annecy en 1911,

Portrait d'Armand Guéry par son élève Frédéric Sauvignier. Dessin aquarellé.

Armand Guéry, **Soir de neige en Champagne, soleil couché**. Musée des Beaux-Arts, Reims.

puis il se retire à Gueux (Marne), chez son neveu Edmond Durvin. Il meurt le 25 mai 1912 ; après les obsèques célébrées à la cathédrale de Reims, le peintre est enterré au cimetière du Nord.

De la belle série de toiles conservées par le musée des Beaux-Arts de Reims, nous avons retenu ce **Soir de neige en Champagne, soleil couché**. Ses dimensions importantes (116 x 231 cm) et son éclat chromatique exceptionnel en font une œuvre majeure de l'artiste. René Druart, écrivain, historien et secrétaire général de l'Académie de Reims, fait en 1954 le récit de la vie d'Armand Guéry. Mieux que tout autre, il décrit sa démarche : "Le pays rémois n'est pas un coin fait pour tenter spécialement la palette des paysagistes. Guéry a cherché à rendre les grandes étendues de nos cultures et de nos labours. Il a exploité tous les éléments qui viennent rompre avec leur monotonie : buissons, gerbes et meules, instruments aratoires, troupeaux de moutons et aussi ces moulins à vent qui conféraient au paysage une note si pittoresque. Il a surtout fait jouer le plein clavier des changements du ciel du matin au soir, d'une saison à l'autre et par tous les temps… Il eut notamment la faculté d'étudier la campagne sous son aspect hivernal et d'en tirer des effets peu exploités par les paysagistes." Le *Soir de neige en Champagne, soleil couché* marque nettement sa capacité à traduire très précisément la nature du climat par une analyse poussée des variations d'atmosphère ; son réalisme nous donnerait presque la température exacte… Un froid glacial déferle sur le paysage de neige. Le regard se tourne vite vers la chaumière où la cheminée fume, présence de l'homme et d'une chaleur réconfortante, loin du givre, des corbeaux, de la nuit qui tombe sur un monde à la fois splendide et hostile.

Dépêchons… Armand Guéry nous y attend pour un joyeux festin arrosé de ses peintures et de vin de Champagne !

Collections publiques

Le musée des Beaux-Arts de Reims détient un bel ensemble d'œuvres d'Armand Guéry.

On peut également le voir aux musées de Morlaix, Sedan, Rethel, ainsi qu'au palais du Sénat (Paris).

A l'étranger, l'ambassade de France à Berlin détient une toile de Guéry, tout comme l'ancienne ambassade de France à Saint-Pétersbourg.

Bibliographie

Charles Poulain : *Armand Guéry (1853-1912), peintre paysagiste champenois*, bulletin des Amis du musée de Rethel, n° 57, 1983.

René Druart : *Etude sur le peintre paysagiste rémois Armand Guéry*, compte-rendu des travaux de l'année 1953-1954, Académie nationale de Reims, juillet 1954.

Catalogue de l'exposition *Deux peintres champenois, Armand Guéry, Frédéric Sauvignier*, musée-hôtel Le Vergeur, Reims, 1992.

M. Guillaumin est, lui aussi, un coloriste et, qui plus est, un coloriste féroce ; au premier abord, ses toiles sont un margouillis de tons bataillants et de contours frustes, un amas de zébrures de vermillon et de bleu de Prusse ; écartez-vous et clignez de l'œil, le tout se remet en place, les plans s'assurent, les tons hurlants s'apaisent, les couleurs hostiles se concilient et l'on reste étonné de la délicatesse imprévue que prennent certaines parties de ces toiles.

Huysmans, *l'exposition des Indépendants en 1881.*

Armand Guillaumin (1841-1927)

J'ai lu sa biographie quand j'étais collégien et, depuis, je ne puis rien y faire : Guillaumin, c'est le peintre qui a gagné à la loterie. Il faut dire qu'adolescent j'y jouais parfois en secret, achetant à la dérobée un billet dont le simple frottement au fond de ma poche provoquait les rêves les plus fous. Voilà pourquoi, quand je pense à Guillaumin, je ne peux me défaire de l'image d'un homme ébahi du contentement d'avoir tiré le gros lot. Et, mon Dieu, la somme rondelette fut une vraie bénédiction pour le peintre. Ce modeste fonctionnaire tenta bien, à plusieurs reprises, de quitter cette dépendance salariée qui l'obligeait à gratter du papier à la Compagnie d'Orléans, rue de Londres, à Paris. Pissarro, qu'il avait rencontré en 1864 à l'académie Suisse, peu de temps après Cézanne, l'avait pris sous sa protection et, entre deux conseils, ne cessait de l'encourager à conquérir sa liberté. Guillaumin démissionne une première fois en 1866. La misère qu'il connaîtra les deux années suivantes finit par le faire céder aux pressions familiales. En 1869, il entre au service vicinal de la ville de Paris. Pissarro n'accepte pas cette capitulation. Dans une lettre à un ami, il en appelle à la rébellion émancipatrice : " Que Guillaumin réfléchisse un peu à cette position, qu'il pense que, seul, on se tire de toute difficulté ; on travaille pour soi. Les grands-parents ont trop d'emprise sur lui… Il vaut cent fois mieux envoyer la ville à tous les diables. Il faut, évidemment, un peu de caractère, mais on ne doit pas louvoyer. Etant à Saint-Thomas, en 52, commis bien payé, je n'ai pu y tenir. Sans plus de réflexion, je quittai tout et filai à Caracas afin de rompre le câble qui m'attachait à la vie bourgeoise. Ce que j'ai souffert est inouï, ce que je souffre actuellement est terrible, encore bien plus qu'étant jeune, plein d'enthousiasme et d'ardeur, convaincu d'être perdu comme avenir. Cependant, il me semble que je n'hésiterais pas, s'il fallait recommencer, à suivre la même voie… "

On mesure alors la joie de Guillaumin : ce qui sort de la loterie en 1891, c'est son indépendance gagnée sur les risques. Les années passées dans l'administration n'empêchent pas l'artiste d'être à cette date un peintre confirmé. Introduit dans le cénacle impressionniste par Pissarro, il sera de ceux qui fomentent la nouvelle peinture tout en restant à l'écart des débats qui agitent le café Guerbois. Il figure au Salon des Refusés (1863) et dans la plupart des expositions du groupe impressionniste de 1874 à 1886. Il ne réalise sa première exposition personnelle qu'en mai-juin 1888, dans les locaux de *La Revue indépendante*, s'attirant les louanges de Félix Fénéon…

Dès 1873, après avoir subi l'influence de Courbet, Guillaumin brosse en plein air, avec son ami Cézanne, des paysages de Paris, Auvers-sur-Oise – ils demeurent chez le docteur Gachet –, ou des bords de la Seine. *Le Pont de Charenton* exécuté en 1878 montre combien il utilise alors une gamme de tons clairs et fortement nuancés. Il s'agit d'un paysage très animé, à cet endroit exact où la Marne termine son existence et vient grossir les eaux de la Seine. "Des voiliers évoluent près du bateau-lavoir de Charenton. Le pont du chemin de fer était déjà là, avec ses deux arches sur la gauche qui enjambent le canal de Saint-Maurice. Sur l'autre rive de la Marne, quelques-unes des toutes premières maisons d'Alfortville. Au loin, le pont de pierre relie Maison-Alfort au centre-ville de Charenton, dont on aperçoit les maisons à gauche de la toile." (Michel Riousset)

De William Turner (1775-1851) à Albert Lebourg (1849-1928), les quais de Charenton sont un lieu mythique qui a inspiré une multitude d'artistes. Guillaumin nous en donne une version à la fois lumineuse et puissamment colorée ; sa main sûre pose avec aisance les couleurs vives et les complémentaires en des touches fragmentées et virevoltantes. Son attachement aux principes des impressionnistes ne fait aucun doute. De plus, Guillaumin s'attache à rendre le dynamisme économique de Charenton. L'activité portuaire et industrielle de la banlieue se déploie avec fébrilité : les cheminées fument, les chevaux tirent, des hommes travaillent, indifférents au spectacle des voiles blanches gonflées par le vent ; les paysages tranquilles et sereins de la proche Ile-de-France ne sont plus qu'un lointain souvenir. Il était temps, pour la Marne, de céder la place. Dorénavant, elle sera l'éternelle paysanne effrayée par la ville…

Marginal du "carré magique" Pissarro-Renoir-Monet-Sisley, Guillaumin qu'on oublie toujours quand on cite les impressionnistes, en est pourtant l'un des meilleurs représentants. A Crozant, dans la Creuse, où il se retira en 1893, il pei-

Armand Guillaumin, **Le Pont de Charenton**, 1878. Musée d'Orsay, Paris.

gnit jusqu'au bout de sa vie des toiles aux tons vifs, aux contrastes violents. La débauche de couleurs des dernières œuvres le rapproche du fauvisme. Indépendant et solitaire, le gagnant de la loterie de 1891 est aujourd'hui perdant à la loterie de la reconnaissance collective. J'en connais qui vont penser qu'"on peut pas toujours gagner" !

Collections publiques

Œuvres conservées au musée d'Orsay (Paris), et dans de nombreux musées de province dont Agen, Bayonne, Guéret, Rouen, Saint-Quentin.

Bibliographie

G. Serret et D. Fabiani : *Catalogue raisonné de l'œuvre peint*, Editions Meyer, Paris 1971 (second volume en préparation).

Cinquante années de peinture d'une indépendance et d'une gravité exemplaires, c'est ce que vient de nous offrir la rétrospective Hayden au très beau musée des Beaux-Arts de Lyon.
De ce grand peintre solitaire nous avons l'honneur de présenter aujourd'hui un ensemble de gouaches récentes. Leur beauté est le fait d'un artiste qui a su, toute sa vie et comme peu d'autres, résister aux deux grandes tentations, celle du réel et celle du mensonge.

Samuel Beckett, 1960.

Henry Hayden (1883-1970)

Ce peintre au nom imprégné de musique composa sur les paysages de la Vallée de la Marne, très précisément entre Tancrou et les premiers coteaux champenois de Croûttes-sur-Marne, une œuvre singulière et d'une beauté plastique étonnante. Henri Hayden naît à Varsovie le 24 décembre 1883. Il entre à l'Ecole des beaux-arts de la capitale polonaise dès 1902, mais sa vocation de peintre rencontrant l'hostilité familiale, il part pour Paris en 1907. Le Salon d'Automne accueille son premier envoi en 1909, année où il passe l'été à Pont-Aven en compagnie de Slewinski. Les deux artistes travaillent à l'ombre de Gauguin et Hayden fera désormais de fréquents séjours en Bretagne. Sa première exposition personnelle se déroule à Paris en 1911, à la galerie Druet. Il reçoit les louanges des critiques liés à l'avant-garde artistique de l'époque – André Salmon, Vauxcelles, Tabarant… –, acquiert une certaine célébrité auprès des amateurs, vend des toiles à des collectionneurs. En 1914, il expose au Salon des Indépendants *Les Joueurs d'échecs*, point d'orgue de sa période cézanienne. Il s'engage cette année-là aux côtés du marchand Charles Malpel chez qui il retrouve ses amis André Lhote et Roger de La Fresnaye. Hayden s'oriente résolument vers le cubisme mais la guerre éclate et la galerie ferme ses portes. Il rejoint alors Juan Gris et Jacques Lipchitz dans la fameuse galerie de Léonce Rosenberg, grand promoteur du cubisme. Hayden fréquente Matisse, Max Jacob, Séverini, Metzinger, Picasso. L'amour de la musique lui fait côtoyer Erik Satie, Cocteau et ceux du groupe des Six. La période cubiste durera six années. Elle culmine en 1919 où Hayden réalise *Les Trois Musiciens*, – la photographie nous montre l'artiste dans son atelier du boulevard Raspail, devant son tableau inachevé, sous le regard attentif de Cézanne… – chef-d'œuvre connu du grand public, aujourd'hui au musée national d'Art moderne de la Ville de Paris.

1922 sera l'année de rupture. Convaincu d'avoir épuisé les ressources du cubisme, Hayden renoue avec l'étude directe de la nature. Dans le cercle restreint qui gravite autour des Rosenberg, la tyrannie cubiste fait rage et le divorce avec Léonce est sans appel. "Je suis mal sorti du cubisme", confiera-t-il plus tard à son épouse Josette… Il est maintenant soutenu par Zborowsky, ardent défenseur de Soutine et Modigliani. Les vingt années suivantes seront marquées par la solitude et la difficulté d'affirmer un nouveau langage. Le retour au motif ne se fait pas sans douleur…

Les routes de l'exode de 1940 mènent le couple Hayden en Auvergne où il retrouve Robert Delaunay, puis à Mougins. Devant l'avancée allemande, il gagne Roussillon-d'Apt, dans le Vaucluse. Hayden s'y lie avec Samuel Beckett. L'écrivain restera le plus fidèle de ses amis. En dépit d'un retour pénible à Paris où il retrouve son atelier pillé, les années d'après-guerre seront celles de la renaissance. Fort de son parcours fauve et cubiste, Hayden réalise une transposition synthé-

Henry Hayden, *Les Meules*, 1969. Collection particulière.

Henry Hayden, **Les Monts moyens**, 1966. Collection particulière.

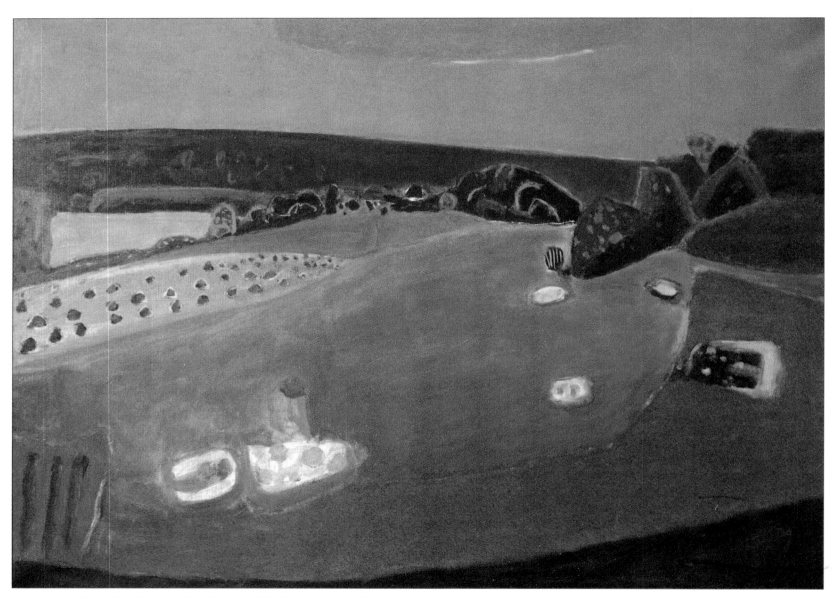

Henry Hayden, **Vue sur Saint-Jean-les-Deux-Jumeaux**, 1958. Musée de Dublin (Irlande).

Le peintre avec Samuel Beckett au musée
d'Art moderne de la Ville de Paris, mai 1968.

tique de la nature. Après les premiers balbutiements, il confirme et établit un langage unique, reconnaissable entre tous et dont l'extrême concision conjugue des expressions figuratives, cubistes et abstraites. C'est en 1954 que le peintre découvre la vallée de la Marne, à Ussy-sur-Marne où réside Samuel Beckett. L'écrivain et le couple Hayden ne se lassent pas de parcourir ensemble la région. Hayden est conquis et, en 1962, il acquiert une maison à Reuil-en-Brie, près de la Ferté-sous-Jouarre. Au cours des seize dernières années de son existence, son œuvre paysagiste sera quasi exclusivement consacrée à la vallée de la Marne. Henri Hayden meurt à Paris le 12 mai 1970. Il a eu la joie, deux années plus tôt, de guider André Malraux dans la rétrospective de ses œuvres organisée en mai 1968 par Jean Cassou au musée national d'Art moderne. Une fois de plus, l'Histoire ne l'épargne pas : le soir du vernissage, les premières émeutes éclatent dans Paris, interrompant net l'affluence considérable du premier jour ! En février-mars 1977, le public se presse au musée d'Art moderne de la Ville de Paris pour une exposition au titre révélateur : "Henri Hayden, Paysages de la Marne".

Les trois paysages que nous vous présentons datent de la dernière période de l'artiste, les "années marniennes" de 1953 à 1970. **Les Meules**, de 1969, est un paysage exécuté depuis la demeure de Beckett à Ussy-sur-Marne. Ses dons de transfiguration atteignent un tel degré qu'il serait vain d'y chercher, en dehors des lignes courbes que dessinent les "monts moyens" sur l'horizon, l'exacte conformité du lieu. Le titre nous le confirme : ces formes rectangulaires ou coniques, ce sont *Les Meules*. Les leçons cézaniennes et cubistes sont ici en évidence. Hayden dépouille le paysage de toute anecdote pour n'en retenir que l'essence. L'économie de moyens valorise l'expression. Il s'agit bien, encore et toujours, de "traiter la Nature par le cylindre, la sphère, le cône" (Cézanne). Les lignes pures, harmonieuses, bordent les tons chauds soigneusement sélectionnés ; les meules sont des lanternes, elles éclairent et rythment la composition. L'effet est immédiat : l'œil se délecte et la chaleur écrasante de l'été nous saute au visage…

Les Monts moyens, de 1966, toile aujourd'hui au musée de

Le peintre avec André Malraux au musée d'Art moderne de la Ville de Paris, mai 1968.

Dublin, est elle aussi une vue prise à Ussy-sur-Marne, depuis le même endroit que *Les Meules*. Peu de similitude, pourtant, dans la représentation d'un motif identique. Il faut imaginer la Marne à l'extrême droite du tableau, à la hauteur du cadre, vers ce point où se penchent toutes les courbes. L'harmonie, le dépouillement, la sensation d'un "paysage en apesanteur" sont identiques à ceux du tableau précédent…

Enfin, la **Vue sur Saint-Jean-les-Deux-Jumeaux,** de 1958, témoigne des années où l'artiste et sa femme découvrent la vallée de la Marne. Un pont relie les villages de Saint-Jean-les-Deux-Jumeaux et Changis-sur-Marne. Dans ses notes (janvier 1977), Josette Hayden mentionne à l'année 1958 : "Changis-sur-Marne. Marne très belle, très large à cet endroit. Elle a été la base de nombreuses toiles mais le travail devenait de plus en plus visionnaire, certains paysages presque lunaires. La dernière année de Changis en traversant le pont entre Saint-Jean-les-Deux-Jumeaux et Changis, il s'est exclamé "Comment, c'est ça mes toiles ! Je ne reconnais pas le paysage" – tant il l'avait traduit d'une manière si particulière."

Hayden aimait la musique comme un compositeur peut l'aimer. Eperdument. Sa musicalité se situe quelque part entre Erik Satie et Anton Webern. Du premier, il possède l'ironie, l'élégance, l'humilité, l'inclinaison à la mélancolie. A la tonalité descriptive des *Gymnopédies*, Hayden ajoute l'atonalité abstraite d'éléments purement picturaux. Du compositeur autrichien, il partage le culte des formes concises, l'amour du silence, la haine du superflu et de l'inutile, le goût pour le jeu des valeurs et des proportions. L'art d'Hayden n'est pour autant un art déshumanisé. Bien au contraire. "Il disait que la peinture c'était de mettre la couleur où il faut – pas de poésie – pas de littérature – un métier fait le mieux possible" (Josette Hayden). Mais l'artisan avait du génie. Sa rigueur intransigeante fut le formidable outil qui lui permit de doter la vallée de la Marne de qualités d'âme et d'esprit. La dot d'Henri Hayden n'a pas de prix : cela s'appelle la spiritualité.

Collections publiques

France : Le Havre, Lyon, Marseille, Nantes, Paris : musée national d'Art moderne et musée d'Art moderne de la Ville de Paris, hôtel de ville de Perros-Guirec, Rennes, Saint-Etienne, Troyes, Villeneuve-sur-Lot.
A l'étranger : Caracas, Copenhague, Katowice, Limerick, Liverpool, Lodz, Londres : Tate Gallery, New York : Museum of Modern Art, York, Manchester, Turin, Philippeville (Algérie), Philadelphie : Barnes Fondation, Sydney, Auckland (Nouvelle-Zélande).

Bibliographie

Jean Selz : *Henri Hayden*, Editions Pierre Caillet, Genève.

Catalogues d'expositions

1960 : *Hayden*, musée de Lyon.
1962 : *Henri Hayden*, Londres, The Waddington Gallery.
1968 : *Hayden, Soixante années de peinture, 1908-1968*, Paris, musée national d'Art moderne.
1977 : *Henri Hayden, Paysages de la Marne*, musée d'Art moderne de la Ville de Paris.
1979 : *Henri Hayden, Rétrospective*, Rennes, musée des Beaux-Arts ; Le Havre, musée des Beaux-Arts.
1994 : *Henri Hayden, 1883-1970, Rétrospective*, Troyes, musée d'Art moderne.

> *C'est que tout l'art d'Auguste Herbin est fait de refus et d'adhésions mêlés, et que nul n'aura été aussi bien au cœur de l'infernal débat entre abstrait et concret, lequel n'est pas seulement linguistique. Bref : adhésion ? refus ? Il adhérait à l'abstrait par goût des grandes raisons scientifiques, et il refusait de dépouiller le dialogue entre cette forme d'art et lui-même d'une appartenance au monde. Intellectuellement, il fut un représentant parfait de sa génération et de cet humanisme révolutionnaire qu'elle entretenait en un certain type d'homme : autrement dit, un positiviste plus que teinté de puissant idéalisme. Il serait grand temps de s'aviser que son originalité est là, et que pour ces raisons, entre autres, nous n'avons pas fini de le découvrir ; nous n'avons pas fini de l'admirer.*

Roger Bordier, "Pour une lecture d'Auguste Herbin", revue *Cimaise*, janvier 1973.

Auguste Herbin (1882-1960)

Auguste Herbin est l'inventeur d'un langage plastique dont il a énoncé les règles dans un ouvrage théorique indispensable à la compréhension de l'art de notre temps : *L'Art non figuratif, non objectif* (1948). En 1917, le monde des arts tremblait sur ses bases. Herbin révolutionnait les données picturales en vogue et s'engageait avec courage dans l'abstraction géométrique. Avant d'en arriver là, il avait – rapidement, il est vrai – exploré les principales expressions picturales contemporaines. Né à Quévy dans le Nord, il passe son enfance au Cateau-Cambrésis. En 1899, il suit les cours de l'Ecole des beaux-arts de Lille et s'installe à Paris en 1901. Sa première manière impressionniste sera de courte durée. La quête fiévreuse d'un nouveau langage lui fait croiser la route les fauves avant de rejoindre Braque, Picasso et Juan Gris sur le front du cubisme. Enfin, seul, il libérera son art de toute référence au réel...

Comme beaucoup d'artistes de sa génération, Herbin découvre la Champagne dans la tourmente de la Première Guerre mondiale durant laquelle il décore la chapelle du camp militaire de Mailly. Il connaissait bien les paysages de bords de Marne. Entre 1909 et 1911, il avait fait de fréquents séjours à Créteil et à Meaux.

Les Arbres (Créteil) ont été brossés en 1908, dans la période fauve de l'artiste. L'étonnante modernité de cette page rend compte de sa volonté de se détacher de l'emprise du sujet. Le peintre ne conserve du paysage que des éléments purement picturaux qu'il harmonise selon des lois propres à la "syntaxe" de l'art. L'extrême simplification des formes facilite le pouvoir absolu de la couleur dans la composition. C'est elle qui organise l'agencement des plans, c'est elle qui rythme le mouvement général, c'est elle qui établit la perspective. Qu'ils soient larges, hachés ou en confettis, les aplats de couleur dialoguent dans le double souci de construire la surface du tableau et de faire valoir leurs propres vertus. Peu importe, alors, de savoir si ce bandeau bleu au premier plan est censé représenter la rivière... L'aspect figuratif du paysage n'est utilisé que pour sa seule signification plastique. L'évocation de la nature est transfigurée dans le jeu abstrait des couleurs. Ainsi, en 1908, Herbin marche déjà insolemment sur la ligne de démarcation entre réalité et abstraction. Neuf années plus tard, il passera derrière le miroir. L'abandon de la réalité concrète lui fera pénétrer le monde de l'intériorité. Les formes géométriques des couleurs pures exprimeront alors la quête spirituelle d'Auguste Herbin. En 1943, ce chercheur passionné élabore l'alphabet plastique ; il associe des consonnes, voyelles et notes de musique à des éléments colorés précis.

"Il a élevé les formes pures à la dignité de signes ; il les a libérées, et il a libéré radicalement sa vision et la nôtre de toute référence à l'objet ; il a mis le signe géométrique au service d'un jeu illimité de l'imaginaire et rendu à l'inspiration tous ses droits. L'invention, les pulsions personnelles profondes, l'histoire vécue du peintre, son appartenance à une culture collective, voient ainsi s'ouvrir un champ de liberté, d'action et d'expression exceptionnel. Toutefois, pas plus que les nombreuses ruptures survenues depuis le XIXe siècle – l'impressionniste, la fauviste, la cubiste, la suprématiste, la constructiviste, dada ou la surréaliste... – celle de l'alphabet plastique ne saurait être le "dernier mot" de l'invention plastique. Elle est simplement une étape de l'histoire de l'art présent et à venir." (Geneviève Claisse, *Herbin fondateur*, 1987)

Collections publiques

Les œuvres d'Auguste Herbin sont conservées par la plupart des grands musées d'Art moderne d'Europe et des Etats-Unis. Un fonds important est exposé au musée Henri-Matisse au Cateau-Cambrésis.

Bibliographie

Auguste Herbin : L'art non figuratif, galerie Lydia Conti, Paris, 1949.

Geneviève Claisse, Roger Bordier : *Herbin, œuvres 1905-1960*, Catalogue de l'exposition, Vitry-sur-Seine, galerie municipale, mars-avril 1987.

A. Tronche : *Herbin ou les vestiges de la pensée systématique*, éd. XXe siècle, 1978.

Serge Fauchereau : *La Révolution cubiste*, éd. Denoël, 1982.

Anatole Jakovski : *Auguste Herbin*, éd. Abstraction-Création, Paris, 1933.

Auguste Herbin, **Arbres (Créteil)**, 1908. Collection particulière.

"*Le principal souci d'Aston Knight semble être de se renouveler tout en gardant le même sujet : un premier plan d'eau, que ce soit en Normandie, aux Etats-Unis, en Hollande ou à Venise. Ce que Claude Monet réalisa pour les fleurs et la lumière, Aston Knight l'accomplit pour les eaux. A la fois romantique et symbolique, impressionniste et indépendant, il donne la vie, il insuffle l'âme à sa toile. (...)*
Qu'il s'agisse du Yorkshire, de Villeneuve-sur-Lot, de la grande banlieue, il s'applique à dépouiller l'artifice conventionnel et facile pour rendre à chaque rivière sa figure et son atmosphère."

Edouard Joseph, *Dictionnaire biographique des artistes contemporains, 1910-1930,* Librairie Grund, 1934.

Louis-Aston **Knight**
(1873-1948)

Si le musée franco-américain de Blérancourt (Aisne) voit sa fréquentation augmenter en permanence, celle-ci n'est pas encore au niveau que mérite ce lieu magique. Les merveilleux jardins botaniques nous font découvrir des espèces inconnues dans nos régions, tout comme le département des peintures expose des artistes américains que l'on ne voit en France nulle part ailleurs. Ainsi, Louis-Aston Knight et son ***Paysage au bord de l'eau, Torcy (vallée de la Marne)***.

Fils et élève de Ridgway Knight, il est né à Paris le 3 août 1873. L'enfant grandit dans un milieu artistique et s'éveille rapidement à la peinture. L'enseignement de Jules Lefèbvre et de Tony Robert Fleury va compléter les leçons prises auprès de son père qui le conseille et l'encourage. Très vite, Louis-Aston Knight s'affirme comme un des grands poètes des eaux. Exécuté vers 1910, *Paysage au bord de l'eau, Torcy (vallée de la Marne)* ne saurait le démentir. Plusieurs communes françaises s'appelant Torcy, nous avons tenté de localiser la nôtre et, par là même, d'identifier le cours d'eau représenté. En bordure de Marne, deux communes portent ce nom. La plus proche de Paris se situe entre Champs-sur-Marne et Lagny. Dans cette ville, la Marne est alimentée par la Gondoire, rivière qui traverse le village de Gouvernes, endroit particulièrement choyé par les néo-impressionnistes de Lagny : Léo Gausson, Cavallo-Peduzzi, Lucien Pissarro... Certes, le cours d'eau pourrait être la Gondoire. Mais la précision "vallée de la Marne" nous fait pencher pour l'autre commune, celle de Torcy-en-Valois qui, elle, à quelques kilomètres au nord-ouest de Château-Thierry, est bien située dans la vallée de la Marne, c'est-à-dire dans la zone géographique qui s'étend entre Dormans et La Ferté-sous-Jouarre. Dans sa conférence de 1936 sur l'Orxois, le peintre Fernand Pinal nous parle du ruisseau qui coule à Torcy : "Un autre ruisseau, tributaire du Clignon, arrose, par ailleurs, toute la partie sud du bassin, Bouresches, Lucy-le-Bocage et le bois de Clérambaults dont parle Rostand, non loin de la route nationale, qui de Montreuil-aux-Lions et de la ferme de Paris descend vers Château-

Thierry, en passant par le Thiolet et Vaux, dont les noms figurèrent sur maints communiqués. C'est sur ce ruisseau que nous avons Torcy et Belleau presque aussitôt Bussiares ; Torcy s'appelle maintenant Torcy-en-Valois, sur la demande de son conseil municipal, lequel n'a pas cru devoir revendiquer le qualificatif, sans doute trop modeste à ses yeux d'"en Orxois" ; que n'étais-je rapporteur au Conseil d'Etat...

En 1919, le cimetière de Torcy blotti contre l'église n'était plus que tombes béantes, d'autant plus tragiques à mes yeux que certaines étaient marquées de noms familiers à mon enfance..."

Le lecteur aura compris que cette région fut au cœur de l'offensive de l'Orxois de juillet 1918. Le front des alliés passait de l'Ourcq au Clignon par Passy-en-Valois et Chézy-en-Orxois, pour se diriger ensuite en suivant le Clignon par Torcy, Belleau, Bouresches, puis vers Château-Thierry par Vaux et la cote 204. Le 21 juillet, l'Orxois tout entier était reconquis.

Les voies du hasard sont impénétrables : c'est donc dans ce lieu où ses compatriotes viendront combattre et mourir par milliers huit ans plus tard, que Louis-Aston Knight choisit de planter son chevalet. Nous n'insisterons pas, après Edouard Joseph, sur les qualités esthétiques de cette œuvre admirable, d'une grande noblesse de ton. Le *Paysage au bord de l'eau, Torcy*, est un poème d'une fraîcheur et d'une sincérité émues, un bel hommage d'Aston Knight à ce doux paysage de la vallée de la Marne... Bientôt, les soldats américains participeront à la libération de l'Orxois ; cette fois, c'est Edmond Rostand qui leur rendra hommage :

Hello ! Quel est cet accent neuf ?
Quel est ce canon qui saccage
La cote cent-soixante-neuf,
Au nord de Lucy-le-Bocage ?
Ce sont eux ! Du bois Belleau
Elle voit sortir de grands feutres ;
Et ces grands feutres-là – "Hello" –
N'ont pas l'air de coiffer des neutres !
(...)

Louis-Aston Knight, **Paysage au bord de l'eau, Torcy (vallée de la Marne)**. Musée Franco-Américain, Blérancourt.

Collections publiques

Musées : Orsay (Paris), Nîmes, Blérancourt, Rochester, New York, Toledo, Marion (musée du Président-Harding).

Bibliographie

Edouard Joseph : *Dictionnaire biographique des artistes contemporains, 1910-1930*, Librairie Grund, 1934.
Fernand Pinal : *L'Orxois, un pays ignoré*, Editions Res Universis, Paris, 1992.

" *Il y a une secrète logique dans les destinées de poètes et d'artistes. Comment ne pas remarquer la mosaïque de circonstances qui a permis que Pierre Ladureau devint le peintre de la Maison de La Fontaine à Château-Thierry ? Que chez l'écrivain qui mieux que tout autre au dix-septième siècle eut l'amour de la nature et le sens du paysage, un peintre qui chérit vraiment la terre et qui la chérit en poète, ait eu à peindre deux panneaux, voilà qui est bien fait pour nous plaire.* "

Raymond Lécuyer, *Pierre Ladureau.*

Pierre Ladureau
(1882-1974)

Né à Dunkerque le 28 août 1882, Pierre Ladureau, paysagiste renommé de l'Ecole française de la première moitié du XXe siècle, fut un des chantres de la Vallée de la Marne. Mais quel est donc cet artiste dont une salle du musée de l'Hôtel-Dieu de Château-Thierry porte le nom ? Ecoutons-le se présenter lui-même : "Je suis né à Dunkerque, mais tous mes souvenirs se rattachent à Château-Thierry où je passais toutes mes vacances près de mes grands-parents, même celles de Pâques où j'ai vu revenir les cloches, ô candeur ! Mon grand-père y était médecin (...). Depuis, j'y ai vécu une vie de peintre et toute celle-ci fut orientée par notre vallée, et ma vie axée sur elle. (...) J'avais tout enfant, chaque été, vécu dans l'intimité d'un vieux peintre, ami de mon grand-père, qui venait chaque automne faire une petite campagne de sous-bois, m'emmenait du bois Pierre au ru Fondu, dessiner près de lui. (Ce n'est que plus tard que j'ai connu Lhermitte et les causeries charmantes de mon vieil ami Henriet). Le vieux peintre ami était Emile Dardoize, ami lui-même de Français. Par Henriet, il me semble avoir vécu un peu dans l'intimité de Corot et Daubigny. Aussi ont-ils eu, plus que nuls autres, une influence certaine sur moi." (Lettre à Fernand Pinal, 1949.) L'artiste nous livre ici sa généalogie : Dardoize, Français, Henriet, Lhermitte furent ses premiers maîtres. Il en gardera le souci constant des harmonies sobres et délicates. Mais Ladureau ne resta pas à l'ombre de l'école de Barbizon. Parti de Corot et des impressionnistes, il connut par la suite d'autres influences, notamment celles de ses amis du sud de l'Aisne, Etienne Moreau-Nélaton et Edmond Aman-Jean. A cela, il faut ajouter une formation littéraire exceptionnelle : sa passion dévorante pour les poètes belges Rodenbach, Verhaeren, Maeterlinck, Van Lerberghe le poussa à peindre Bruges-la-Morte sous tous ses aspects ! Il aimait le symbolisme d'Albert Samain, la tendresse de son ami rémois Paul Fort. Mais il fut bien autre chose que l'écho lointain de ses admirations. Il fut un grand peintre. Ladureau eut le goût de la confrontation : membre des Salons d'Automne (1904) et des Indépendants (1906), sociétaire de la Nationale des beaux-arts, il est un des fondateurs du Salon des Tuileries en 1923. Après une première période impressionniste dont les paysages du

Nord et de Flandre eurent les faveurs, il s'orienta vers le cubisme des disciples de Cézanne. Son tempérament de poète l'empêcha de se plier aux règles par trop rigoureuses de la "mise en cube". Ordonnant la nature dans ses volumes fondamentaux, il la recouvre d'une pâte onctueuse et vibrante, largement brossée, sorte de peau où palpite le cœur du sujet, écartant ainsi toute sécheresse dans sa composition. "Je cherche, dira-t-il, le rythme de la vie incorporé au décor de la nature." Cette deuxième période est marquée, vers 1920, par le séjour du peintre en Espagne, où il réussit à capter la puissance lumineuse des paysages arides écrasés de soleil. La troisième période le révélera comme le digne successeur de Léon Lhermitte. Installé à Château-Thierry dans la maison familiale de la rue Saint-Martin, Pierre Ladureau va s'attacher à cette région jusqu'à lui consacrer l'essentiel de sa production : scènes de moissons, cours de fermes animées, clochers et villages du Tardenois, de l'Orxois, de Champagne... Son activité créatrice manifeste une admiration infinie pour les paysages de la vallée de la Marne. Du cubisme, il conservera un sens aigu de la construction et de l'étalage des plans ; ses tableaux forment un bloc homogène où, sans laisser les formes s'évanouir, l'artiste orchestre les jeux d'atmosphère, vibrations, bruissements, nuances délicates des ciels...

Cette **Vue imaginaire de Château-Thierry au XVIIe siècle, avec scènes des Fables de La Fontaine** date de la période de maturité du peintre. Elle fait partie des compositions décoratives que Ladureau exécuta pour la maison natale de La Fontaine. Les personnages du fabuliste sont réunis dans le décor de Château-Thierry vu des hauteurs, depuis Courteaux. L'œuvre est bordée de chaque côté par des arbres imposants à l'ombre desquels le poète compose sa comédie humaine, interpelle Perrette, la jolie laitière, entend venir *Le Meunier, son Fils et l'Ane*, sourit du bon tour que le renard s'apprête à faire au corbeau.

Plus bas,
Dans un chemin montant, sablonneux, malaisé,
Et de tous les côtés au soleil exposé,
Six forts chevaux tiraient un coche. (...)
Plus bas encore, au cœur de la vaste trouée lumineuse, la rivière bleue traverse la ville couronnée de son château, et s'écoule paresseusement dans la vallée, au pied des collines. Paysage souriant de la Brie champenoise, des terres du duché de Château-Thierry jadis inspectées par le maître des Eaux et Forêts, Jean de La Fontaine...

A ses talents de décorateur (maison natale du fabuliste, hôtel-Dieu de Château-Thierry), Pierre Ladureau joignit la réalisation de divers cartons de tapisserie pour les Gobelins, ainsi que de nombreuses affiches publicitaires pour les Chemins de Fer. Le peintre s'éteignit à Château-Thierry en 1974, dans sa maison familiale du quai de la Poterne, en bord de Marne, où :

"L'onde était transparente ainsi qu'aux plus beaux jours ; (...)"

Mais ce jour-là, cette commère de carpe et le brochet son compère ne firent pas mille tours : la rivière, une fois de plus, venait de perdre un de ses poètes...

Collections publiques

Musées d'Orsay, Château-Thierry, Troyes, Dunkerque, Le Havre, Orléans, Nîmes, Lille, Carlsruhe, Berlin, Brooklyn, Rochester, La Haye...

Bibliographie

Catalogue de l'exposition "Hommage à Pierre Ladureau", musée de Château-Thierry, juin 1976.
Edouard Joseph : *Dictionnaire biographique des artistes contemporains, 1910-1930*. Notice de Georges Turpin, tome II.

Pierre Ladureau, **Vue imaginaire de Château-Thierry au XVIIe siècle, avec scènes des Fables de La Fontaine.** Hôtel de ville, Château-Thierry.

" *Dans le très petit nombre de toiles intéressantes figure, dans le premier rang,* La Conquête de l'air *de Roger de La Fresnaye, lucidement composée et distinguée. Aussi influence de Delaunay.* "

Apollinaire, *Salon d'Automne de 1913, Soirées de Paris.*

Roger de La Fresnaye
(1885-1925)

Il était une fois un peintre qui s'appelait Roger de La Fresnaye… Ce "petit prince" de la peinture méritait bien qu'on introduise son histoire à la manière d'un conte de fées. Dans la première décennie du XXe siècle, il fut un artiste de premier plan, l'un de ceux, avec Derain, Dufresne, Dufy, Hayden et quelques autres, qui surent nous émerveiller tout en renouvelant radicalement notre perception du paysage. Issu d'une vieille famille normande, ce jeune et – déjà – très brillant dessinateur, poursuit des études classiques avant de gagner Paris et de s'inscrire en 1903 à l'académie Julian où il se lie avec Dunoyer de Segonzac. L'année suivante, il est admis à l'école nationale supérieure des Beaux-Arts. Animé du besoin permanent de progresser et d'une redoutable exigence envers lui-même comme envers ses enseignants, il rejoint l'académie Ranson en 1908 ; il découvre alors Cézanne et les impressionnistes grâce à Paul Sérusier et Maurice Denis. Aux premières œuvres influencées par les nabis et aux toiles expressionnistes des années 1909 et 1910, succède bientôt une représentation synthétique de la nature dans laquelle La Fresnaye intègre et prolonge les procédés de Cézanne ; nul ne s'étonnera alors de le voir exposer, dès 1911, avec les peintres cubistes de la Section d'Or, aux côtés de Gleizes, Villon et Metzinger. C'est au cours de l'année 1911 qu'il peint une série de paysages dans la région de La Ferté-sous-Jouarre : "Le paysage est maintenant organisé sous forme de masses géométriques d'une puissance et d'un poids impressionnants. S'il est vrai que les aspects lyriques ou bucoliques de cette belle campagne ne sont pas entièrement négligés, il n'en est pas moins significatif que l'artiste ait chaque fois choisi un poste d'observation éloigné, comme s'il était placé sur une colline dominant le paysage, et qu'il ait proscrit presque totalement toute trace de vie humaine. Même les maisons de la petite ville ont l'air d'être vues à vol d'oiseau à une altitude élevée, et dans **L'Usine de La Ferté-sous-Jouarre**, par exemple, on n'aperçoit aucun ouvrier." Pénétrant plus avant l'analyse du tableau, Germain Seligman poursuit : "Le choix d'un point de vue dominant permet à l'artiste d'amplifier l'organisation des masses d'une manière fortement géométrique, qui rappelle Cézanne. Il faut également noter la

répétition des lignes de construction diagonales, opposées à la masse verticale de la cheminée et aux courbes des arbres." Exposée à Paris au Salon d'Automne de 1911 puis à l'exposition Le cubisme au musée d'Art moderne en 1953, *L'Usine de La Ferté-sous-Jouarre* continue de libérer sa fumée bleue depuis les cimaises du musée des Arts décoratifs. La Marne est nettement visible, enfermée dans le U majuscule que dessine le pont.

Pour ce qui concerne les ***Maisons à La Ferté-sous-Jouarre***, tableau figurant au musée d'Art moderne de Troyes (donation P. Levy), Germain Seligman indique que cette huile provient de la collection "La peau de l'ours", organisation fondée au début du siècle pour acquérir des œuvres d'artistes jeunes et peu connus, afin de réaliser un bénéfice lors de la revente dix ans plus tard… On y reconnaît ce même souci de synthétiser la ligne, la couleur et l'espace. Malgré une application rigoureuse du système de simplification des volumes, La Fresnaye reste attaché à l'étude des couleurs et des modulations de la lumière, évitant l'aridité dogmatique. La pauvreté des moyens employés – chromatisme restreint et dessin sommaire – dans la représentation des *Maisons à La Ferté-sous-Jouarre* témoigne de l'humilité, du recueillement ému de l'artiste devant le paysage. Un bout de rivière au premier plan, des arbustes, des maisons, des collines, le ciel, enfin. Etrange comme

Roger de la Fresnaye, **Maisons à La Ferté-sous-Jouarre**. Musée d'Art moderne, Troyes.

Roger de la Fresnaye, **L'Usine de La Ferté-sous-Jouarre**. Musée des Arts décoratifs, Paris.

un tel dénuement peut exhaler une vie si foisonnante. Sa poésie mélancolique est aussi riche et dépouillée qu'un haïku du Japon…

Après cette période cubiste et sous l'influence de Robert Delaunay, la peinture de La Fresnaye s'enflamme dans un embrasement de couleurs et nous livre en 1913 un incontournable chef-d'œuvre : *Conquête de l'air*.

Hélas, le conte de fées va bientôt prendre des allures de cauchemar. La Grande Guerre gronde et ses corbeaux planent déjà sur la Marne. Le patriotisme du peintre l'amène à s'engager malgré une santé très défaillante. Parti pour le front, il est gravement gazé et contracte la tuberculose. En 1918, il est évacué à Tours et se retire à Hauteville puis à Grasse où son ami, le peintre Jean-Louis Gampert, le soignera jusqu'au bout. Sa faiblesse ne lui permettant de peindre que de rares tableaux, il se bat contre l'inéluctable et consacre son peu de souffle restant au dessin, au lavis et à l'aquarelle. Dans un graphisme d'une pureté classique étonnante, il illustre Cocteau et les poètes venus de Champagne et des Ardennes : La Fontaine, Rimbaud, Claudel…

Roger de La Fresnaye meurt à quarante ans. Mais la maladie emporte un "petit prince" qui, depuis longtemps, avait apprivoisé la peinture…

Collections publiques

Le musée national d'Art moderne de Paris conserve un remarquable ensemble d'œuvres de Roger de La Fresnaye.

Bibliographie

Germain Seligman : *Catalogue raisonné des œuvres de Roger de La Fresnaye*, La Bibliothèque des Arts, Ides et Calendes, Paris/Neuchâtel, 1969.
André Schoeller : en préparation, *Catalogue raisonné des dessins, aquarelles, gouaches de Roger de La Fresnaye*. 15, rue Drouot, 75009 Paris.
R. Cogniat, W. George : *L'Œuvre complet de Roger de La Fresnaye*, Rivarol, Paris, 1950.
E. Nebelthau : *Roger de La Fresnaye*, P. de Montaignac, Paris, 1935.
R. Allard : *Roger de La Fresnaye*, Paris, 1922.

Eugène Lavieille, caricature de Nadar.

*Le bon Corot admirait fort
Cet endiablé de la palette
Qui, pour dompter le mauvais sort,
Luttait en intrépide athlète.*

*Il l'appelait : son cher petit,
Lui frappait gaiement sur l'épaule,
Puis tous deux, avec appétit,
S'en allaient dîner sous un saule.*

*Et là, dans la splendeur du soir,
Berçant tendrement son doux rêve,
Le vieux maître versait l'espoir
Au cœur de son vaillant élève,*

*Lequel ravi, la flamme au front,
Sentant redoubler son courage,
Pipe aux dents, d'un pied sûr et prompt,
Tout fier regagnait son village.*

*D'études, de motifs heureux
Bientôt son atelier fourmille ;
Le combat fut long, douloureux :
Il fallait nourrir la famille !*
(...)

Etienne Carjat, *14 juin 1887.*

Eugène Lavieille (1820-1889)

Elève et ami intime de Corot, Eugène Lavieille figure parmi les plus novateurs des paysagistes de l'école de Barbizon. Si l'Eure, la Seine-Maritime, l'Orne et l'Oise eurent la joie de sentir la caresse de ses pinceaux, il est une région de France qu'il honora particulièrement de son génie, une région discrète et charmeuse, fière de son patrimoine historique et littéraire : le pays de La Ferté-Milon où naquit et grandit Jean Racine. Nous sommes dans la partie sud du département de l'Aisne, près de l'Oise, entre Soissons et Château-Thierry, au point de fusion du Tardenois, de l'Orxois et du Valois. Prenant sa source au sud-est de Fère-en-Tardenois, canalisé en amont de La Ferté-Milon, l'Ourcq, affluent de la Marne, agrémente la cité fleurie de son cours remarquablement aménagé.

Dans la biographie minutieusement rédigée par Pierre Miquel, nous avons recueilli quelques bribes de la quête fiévreuse d'Eugène Lavieille ; les tourments inouïs qui traversent son existence ne l'ont jamais détourné de l'impérieuse nécessité de peindre. C'est en 1856 qu'il quitte sa pauvre chaumière de Barbizon et s'installe à La Ferté-Milon. Il a 36 ans et laisse derrière lui ses compagnons de misère : Narcisse V. Diaz, l'ami intime, mais aussi Rousseau, Troyon, Barye, Millet… Lavieille peint depuis 1837 mais tout commence vraiment en 1841, quand il rencontre Corot et devient son élève : "Un matin, en 1841 il se présenta chez Corot. Le maître le voyant pauvre et sans ressources, s'efforça de le détourner de son projet, mais Lavieille ne voulut rien entendre, et Corot ne réussissant pas à ébranler sa résolution, le reçut comme élève. Ses débuts furent durs ; pour pouvoir suivre sa vocation, il devait accomplir pendant le jour un travail manuel, le soir il allait apprendre à dessiner" (*Chronique des arts de la Curiosité*, 1889)

Baudelaire le remarque dès 1845 et le soutient désormais. Lavieille emménage à Barbizon en août 1852. Cette année-là, sous le regard paternel de Corot, il épouse sa seconde compagne, la jeune musicienne Françoise Dairain ; le 11 octobre, à Barbizon, elle lui donne une fille, Marie-Ernestine, futur peintre de

talent. Lavieille est père pour la seconde fois, son premier fils Adrien-Henri est né en 1848. Durant les années noires passées à Barbizon, il peint souvent en forêt avec Diaz ou Rousseau et délaisse progressivement Paris. Dans l'humble chaumière des Lavieille, la grande misère impose son cortège de souffrances. La solidarité de Corot s'exerce à plusieurs reprises, lors de ventes organisées où le bon maître mélange aux siennes les œuvres de ses protégés, Chintreuil et Lavieille.

Frédéric Henriet (1826-1918) nous donne les raisons de l'installation du peintre à La Ferté-Milon, chez le collectionneur Adolphe Masson "…qu'il avait rencontré à Paris chez un ami commun. Il se prit aussitôt de sympathie pour l'artiste, lui vanta la fraîche et verdoyante vallée de l'Ourcq, les belles futaies de la forêt de Villers-Cotterêts et lui offrit de lui aménager à des conditions douces, un logement dans les dépendances de sa vaste maison, ancienne maladrerie, puis couvent de cisterciens connu dans le pays sous le nom de Saint-Lazare. Lavieille ne résista pas à des instances si cordiales… Il ne se laissa pas épaissir toutefois dans le bien-être bourgeois."

Lavieille ne tarde guère à fixer sur toile ce pays qui l'enchante. Le climat hivernal de vent, de froid et de neige, le fait redoubler d'ardeur à la tâche. Au prix d'une santé gravement affectée, l'incorrigible et fougueux paysagiste brave les pires intempéries pour obtenir le résultat voulu. Et l'autochtone rencontré par F. Henriet de s'exclamer : "En voilà un artiste qui se donnait du mal ; quel temps qu'il fit, on le voyait toujours cheminant comme un porte-balle, sous le vent, sous la pluie, au cliquet du soleil, ou bien embusqué à l'abri d'une meule, d'un hangar, ou d'un buisson. Et dans la neige donc ! Dans le commencement, tout le monde le croyait fou."

A plusieurs reprises, Corot lui rend visite. Qu'ils se donnent rendez-vous à Château-Thierry ou à La Ferté-Milon, les deux amis fêtent copieusement leurs retrouvailles et, dans l'allégresse, s'en vont peindre les mêmes motifs. Au Salon de 1859, il expose cinq toiles représentant des paysages de La Ferté-Milon et ses alentours. Les critiques ne tarissent pas d'éloge pour celui qui est devenu le "peintre de la neige et du petit matin". Baudelaire lui-même est conquis. Parlant des beautés de la saison triste, il affirme que "personne, je crois, ne les sent mieux que M. Lavieille. Quelques-uns des effets qu'il a souvent rendus me semblent des extraits du bonheur de l'hiver. Dans la tristesse de ce paysage, qui porte la livrée obscurément blanche et rose des beaux jours d'hiver à leur déclin, il y a une volupté élé-

Eugène Lavieille, **Vue de La Ferté-Milon**. Musée Jean-Racine, La Ferté-Milon.

giaque irrésistible que connaissent tous les amateurs de promenades solitaires."

La **Vue de La Ferté-Milon**, accrochée aux cimaises du musée Jean-Racine, ne porte pas ce manteau hivernal qui fit – en partie – la réputation du peintre. On y lit pourtant l'indicible mélancolie poétique que Lavieille exprime dans ses œuvres. La fine couche picturale laisse apparaître un crayon à la fois nerveux et élégant, nous donnant ainsi une précieuse indication sur sa virtuosité à saisir rapidement les grands traits de sa composition. Cette communion profonde avec la nature qui habite les paysagistes de l'école de Barbizon, Lavieille la révèle par une légèreté de touche inimitable et par l'étude approfondie des phénomènes multiples et fugaces de la lumière sur les formes et les couleurs. Entre un ciel nuageux brossé avec une grande économie de moyens, et une prairie touffue et finement nuancée, le peintre dispose sur la ligne médiane le profil de La Ferté-Milon où maisons et monuments sont l'objet d'éclairages intenses et contrastés. Sur un dessin d'un réalisme scrupuleux, il adapte ses coloris en fonction des formes, de leur nature et de leur exposition à la lumière. Incontestablement, Lavieille est de ceux, avec Eugène Boudin et Stanislas Lépine, dont les recherches annoncent l'impressionnisme.

Dans les dernières années, il renoue avec son immense talent de graveur à l'eau-forte et obtient un début de reconnaissance officielle. Chevalier de la Légion d'honneur, il est membre du jury du Salon et dirige un atelier d'élèves. Mais rhumatismes, asthme, bronchites et angine de poitrine contractés dans les terribles conditions hivernales où ce "pleinairiste" acharné a continué de peindre jusqu'au bout, finissent par le terrasser. Eugène Lavieille succombe à Paris le 8 janvier 1889. "Le pauvre garçon il l'a trop aimée, la neige ; c'est ce qui l'a tué. Il jouait avec la bronchite et la bronchite a eu raison de sa constitution vigoureuse… Il est mort pour son art, de la mort des paysagistes, comme Lafage, comme Villevieille, comme Chintreuil, comme Daubigny et tant d'autres." (F. Henriet)

Collections publiques

Paris : musées d'Orsay et Carnavalet. Région parisienne : musées de Barbizon, Fontainebleau et musée Condé de Chantilly. Province : musée Jean-Racine, La Ferté-Milon, musées des Beaux-Arts de Rouen, Lille, Marseille, Troyes, Moulins, Alençon, Grenoble, Le Mans, Montpellier, Narbonne, Tourcoing.

Bibliographie

Pierre Miquel : *Eugène Lavieille, 1820-1889*, dans *L'Ecole de la Nature*, T. IV, Editions de la Martinelle, Maurs-la-Jolie, 1985.

Henri Lebasque, **Autoportrait**, 1931.

On a dit : "C'est un charmeur", et l'on a cru marquer par là sa physionomie séductrice. Mais il serait plus exact de dire qu'il est le Charme même, s'exprimant par les mille agréments d'un art souple, léger, subtil, qui parle aux sens, et dont l'enchantement se constate plus qu'il ne s'explique, tant il est irrésistible et spontané. Le "cas" Lebasque est unique, à coup sûr, dans l'histoire artistique de ce temps frénétique et féroce, où l'envie et le dénigrement sont monnaie courante, et l'on peut s'étonner qu'un artiste aussi réputé ne recueille autour de lui, de droite et de gauche, que des sympathies et des acquiescements... Tel est le miracle de cet art probe et sincère, que tout d'abord on aime parce qu'on le sait incapable d'une séduction préméditée...

A. Tabarant, "Henri Lebasque", dans *L'Art et les Artistes*, 1920.

Henri Lebasque (1865-1937)

La position particulière de Lagny-sur-Marne à la fin du XXᵉ siècle explique sans doute son succès auprès des peintres. Elle était alors une coquette et dynamique ville de province que la banlieue parisienne n'avait pas encore "avalée". Accompagnée d'une guirlande de guinguettes, la Marne traversait la ville et poursuivait sa course parmi les prés et les cultures céréalières. Aux mérites du fleuve, éternel lieu d'élection des artistes, Lagny ajoutait les paysages somptueux de l'Ile-de-France et la proximité de Paris, vitrine de toutes les avant-gardes. On comprend pourquoi Charles Jacque (1813-94) s'installa avec les siens à Annet-sur-Marne, pourquoi la famille Cortès fit souche à Lagny, pourquoi le docteur Paul-Emile Colin s'y arrêta si longtemps, pourquoi...

L'Histoire retiendra surtout le rayonnement du groupe de Lagny dont les acteurs, adeptes du néo-impressionnisme depuis 1886, enveloppèrent de lumière le lit de la Marne à l'aide de touches minuscules. Ils renonçaient au mélange des tons sur la palette et employaient les couleurs pures dans tout leur éclat optique. C'était le temps où l'on ferraillait dur pour un art libre et indépendant. C'était le temps de Léo Gausson, Cavallo-Peduzzi, Lucien Pissarro, Maximilien Luce... Soudain, Henri Lebasque fit entendre sa partition.

Il est né à Champigné, dans le Maine-et-Loire, en 1865. Comme tant d'autres, pour subvenir à ses besoins, il est déjà peintre, peintre en bâtiments. A force de ténacité, il troque bientôt les pinceaux de l'artisan contre ceux de l'artiste et intègre l'atelier de Bonnat à l'Ecole des beaux-arts. Il collabore activement à la décoration des vastes panneaux d'Humbert au Panthéon, se retrouvant de nouveau perché sur des échafaudages. Mais, cette fois, leur utilisation est à finalité artistique... Les années passent et Lebasque se libère progressivement de l'enseignement académique de la rue Bonaparte. Quand il expose en 1895 chez Le Barc de Boutteville, dans la petite galerie de la rue Le Peletier, l'émancipation est définitivement accomplie. Ses œuvres voisinent avec celles de Sisley, Pissarro, Ibels,

Maufra, Anquetin, Toulouse-Lautrec... Lebasque a choisi son camp, celui des impressionnistes. L'année suivante, il participe au Salon des Artistes français avant de rejoindre ceux des Artistes indépendants, de la Nationale et, plus tard, le Salon d'Automne. Le succès va grandissant et lors de l'Exposition universelle de 1900 notre artiste se voit remettre la médaille de bronze par le jury de la très officielle section des Beaux-Arts.

Les nombreux paysages qu'il brosse en bord de Marne et dans les environs de Lagny appartiennent à cette période où sa manière est résolument impressionniste.

Les Bords de la Marne s'inscrivent dans cette filiation. On y décèle le procédé de la juxtaposition des couleurs pures et des complémentaires en touches inégales, le but étant de désagréger les formes pour que l'œil les recompose en une

Henri Lebasque, **Les Bords de Marne**. Collection particulière.

Henri Lebasque, **Scène de rue à Montévrain**. Collection particulière.

vision globale aussi vraie que nature. Vérité de l'instant éphémère et fugitif… Ainsi les miroitements de l'eau. Lebasque les révèle avec des nuances très fines, dignes de Monet. La Marne est parcourue de frissons de lumière. L'artiste est un séducteur. Les tons sont choisis à bon escient, la gamme des bleus établit le dialogue entre ciel et rivière. La toile vibre, chante et nous enchante.

La **Scène de rue à Montévrain**, village proche de Lagny-sur-Marne, présente des qualités identiques. Patrie du peintre Eugène Isabey qui est mort en 1886, Montévrain a accueilli les chevalets de Léo Gausson, Cavallo-Peduzzi, Maximilien Luce, Edouard Cortès… "Mais le grand peintre de Montévrain reste, sans conteste, Henri Lebasque, qui y réside au début du siècle, avant d'aller à Pomponne. Dans des œuvres puissantes ou délicatement nuancées, il a traduit de multiples aspects de Montévrain : bords de Marne, rues, églises, scènes intimistes que les ventes modernes n'identifient pas toujours avec l'exactitude souhaitable." (Pierre Eberhart). Cette fois, Lebasque anime sa composition de personnages qu'il dispose tout au long de la rue. Le soleil baigne le massif de verdure qui s'épanouit derrière le mur. Là encore, le poète-musicien joue en virtuose des accords de tons. Les couleurs s'épousent dans une douce harmonie. Le point de vue est toujours juste, l'ordonnance d'un équilibre parfait. Il est rare d'avoir à ce point le sentiment d'une sincérité absolue dans la communion du peintre avec son motif. Tendresse, calme, clarté, fraîcheur et plénitude émanent de la *Scène de rue à Montévrain*…

Le temps passe. Quand d'autres succombent et s'enferment dans les sorti-

lèges de la peinture impressionniste, Lebasque s'en dégage et conquiert son véritable langage. Bientôt, il prendra place parmi les grands créateurs de la première moitié du XXe siècle, à proximité des Matisse, Bonnard, Rouault, Marquet." Il ne s'enlisera pas. Il ne "mijotera" pas sur place (le mot est de lui). Révisant sévèrement son œuvre, il reconnaît la nécessité de quelques élagages, d'un resserrement de la forme au profit des volumes. Il conçoit les conditions de la composition moderne, qui sacrifie les incidents de la couleur au caractère général du style. Il n'est pas de ceux qui s'arrêtent en route, satisfaits du chemin parcouru, hostiles à quiconque vient derrière eux. Tout au contraire, il crierait volontiers qu'il s'est trompé jusqu'ici, que tout ce qu'il fit est à refaire, et que le but vers lequel il marche lui apparaît sans cesse éloigné.

De là la constante juvénilité de son œuvre, d'une si aimable variété à toutes ses époques." (A. Tabarant). De là l'éternelle jeunesse de ses bords de Marne…

Collections publiques

En France, le musée d'Orsay (Paris), le musée des Beaux-Arts de Caen, le musée des Beaux-Arts de Lyon, le musée de l'Annonciade de Saint-Tropez conservent ses œuvres.

Bibliographie

A. Tabarant : *Henri Lebasque*, revue L'Art et les Artistes, n° 10, 1920.
Denise Bazetoux : *Catalogue raisonné* (en préparation), Maisons-Laffitte.

> *Ce long séjour au bord de la Marne lui donna l'occasion de mettre sa vigueur physique au service du plus bel esprit de dévouement. Il effectua douze sauvetages de personnes en danger de se noyer et l'on peut encore ajouter à cela qu'il arrêta deux chevaux emballés, dans des circonstances particulièrement périlleuses. La médaille du Sauvetage lui fut décernée à la suite d'une pétition rédigée et signée d'un cœur unanime par les habitants de La Varenne, ses voisins.*
> *Au moment des grandes inondations de 1910, il se dépensa sans compter. En une seule journée, il recueillit dans son bateau et transporta plus de trente-cinq personnes.*

A. Levasseur, *La Vie et l'Œuvre de Victor Lecomte, 1921.*

Victor Lecomte
(1856-1920)

Les œuvres de Victor Lecomte se rangent parmi les fleurons du musée Villa Médicis de Saint-Maur-des-Fossés. Ses huiles sont d'une telle qualité que le peu de notoriété dont il jouit aujourd'hui fait partie des mystères de la sélection opérée par le temps et… les spécialistes. Souhaitons, dans cette loterie assassine, que le jour vienne où la roue de la reconnaissance s'arrêtera enfin sur le nom de Victor Lecomte.

Il naît à Paris le 4 novembre 1856. Modeste artisan de la rue des Francs-Bourgeois, son père exerce la profession de doreur-encadreur. Victor grandit dans cet entourage de tableaux que son père habille de neuf. Il connaît ses premières émotions artistiques dans l'atelier paternel ; le désir de faire à son tour de belles images ne tarde guère à hanter ses rêves d'enfant. Sa décision d'être peintre n'est pas du goût de son père. Celui-ci côtoie de près la richesse de quelques-uns et la misère du plus grand nombre. La carrière hasardeuse compte beaucoup d'appelés et peu d'élus. Mais rien ne peut faire obstacle à la volonté du jeune homme. En dépit de maigres ressources, il suit quelques temps les cours de l'Ecole des beaux-arts, multiplie les séances de travail au Louvre et reçoit le soutien d'Achille Gilbert ; le peintre-graveur lui ouvre les portes de son atelier et lui dévoile sa science du clair-obscur. Bref, Victor Lecomte fait tant et si bien qu'à 17 ans, il est reçu pour la première fois au Salon des Artistes français. "A cette époque, notre peintre était un solide gaillard, passionné de tous les exercices du corps ; son adresse et sa force étaient proverbiales. Avec quelques compagnons de son âge, il mena pendant plusieurs années la joyeuse vie des rapins. Mais, peu après son service militaire, il éprouva le besoin de s'isoler pour s'adonner librement au travail. Il s'installa à La Varenne-Saint-Hilaire qui était alors un petit village très tranquille. S'y trouvant bien, il y resta beaucoup plus longtemps qu'il n'avait prévu et ce fut seulement au bout de trente-quatre ans, lorsque La Varenne

fut définitivement envahie par une population bruyante, qu'il se décida à revenir habiter Paris." (A. Levasseur).

Durant ces années où il vit à La Varenne-Saint-Hilaire, de 1888 à 1914, Victor Lecomte bâtit une œuvre picturale où les scènes intimistes rivalisent de poésie avec les paysages de bords de Marne… La critique a longtemps laissé croire que la notoriété de Lecomte était due à son habileté à flatter le goût bourgeois dans des compositions vantant les joies de la famille sous la lampe artificielle des intérieurs feutrés. Certes, Victor Lecomte n'est pas Chardin. Mais on ne saurait réduire son art à un exercice de style qu'il aurait répété indéfiniment pour attirer les amateurs fortunés. "Victor Lecomte n'eut jamais besoin d'aller chercher bien loin ses sujets ou ses modèles. Comme tant d'autres, il remua le sol commun de nos sensations familières ; mais ce fut pour en retirer de l'or." (A. Levasseur). Il ne va pas loin

Victor Lecomte, **Quai de la Varenne, vers Champigny**, 1911.
Musée Villa Médicis, Saint-Maur-des-Fossés.

Victor Lecomte, **Matin, bords de Marne**, 1910. Musée Villa Médicis, Saint-Maur-des-Fossés.

non plus pour chercher le sujet favori de ses paysages : la Marne s'étire à quelques mètres de sa demeure… Le **Matin, bords de Marne** date de 1910. Exécutée à La Varenne, l'œuvre témoigne de son assimilation des apports de l'école de Barbizon – il a longtemps fréquenté la forêt de Fontainebleau dans sa jeunesse – et de ceux de l'impressionnisme. Son goût pour les atmosphères brumeuses et fluides le situe à mi-chemin entre un Trouillebert et un Lebourg. Le faible éclairage de la scène dénote avec la luminosité vive du **Quai de La Varenne, vers Champigny** réalisé en 1911. Les tonalités, d'une fraîcheur et d'une justesse admirables, illustrent les premières lueurs de l'automne. Ce chemin de terre en bord de Marne nous plonge dans une symphonie jubilatoire de couleurs chatoyantes qui se mêlent harmonieusement pour mieux ravir notre perception visuelle…

"Lorsqu'il quitta définitivement La Varenne-Saint-Hilaire, Victor Lecomte vint demeurer à Paris… Peu de temps après éclatait la Guerre mondiale. Le peintre chercha à s'engager pour combattre. Mais il était trop âgé, sa santé était incertaine et on ne voulut pas de lui. Il eut la joie d'assister à la victoire définitive et il s'ap-

prêtait à reprendre son effort artistique, partiellement arrêté par la grande tourmente, lorsqu'une crise d'angine de poitrine le terrassa presque subitement. Il mourut le 26 février 1920, laissant le souvenir d'un brave homme, et d'un galant homme et l'exemple d'une vie toute de conscience et de labeur dont rien ne put jamais rompre la magnifique unité." (A. Levasseur).

Au musée Villa Médicis de Saint-Maur-des-Fossés, vous succomberez à votre tour au charme poétique et délicat des peintures de Victor Lecomte. Il est des rencontres qu'on ne saurait trop longtemps différer…

Bibliographie

A. Levasseur : *La Vie et l'œuvre de Victor Lecomte,* Librairie E. Rey, Paris, 1921. Gérald Schurr : *Les Petits Maîtres de la peinture, 1820-1920*, T. III, Ed. de l'Amateur, Paris, 1982.

Michel Riousset : *Les Environs de la Marne et leurs peintres, de Vincennes à Neuilly-sur-Marne*, Ed. Amatteis, Le Mée-sur-Seine, 1986.

" J'aimais cet homme de belle taille au regard franc, aux cheveux noirs et bouclés, au teint mat, que l'on aurait volontiers vu descendre d'une toile de Velasquez, bien plus Espagnol d'apparence que son origine normande ne pouvait le laisser supposer.

Nous fîmes un bon bout de route ensemble que seule la maladie interrompit tant notre entente était complète et notre estime réciproque.

Volontaires, affirmées, les œuvres de Luc Lepetit témoignent de préoccupations exigeantes et sélectives où sa vision poétique trouve son expression en des productions où le cœur et la raison s'équilibrent.

Dans le temps de l'opportunisme et de l'ahurissante prétention qui est la nôtre, la volonté de retrouver le rôle purificateur de la vérité poétique et de maintenir ainsi l'héritage spirituel de beauté et de rêve qui nous est nécessaire, nous paraît de plus en plus essentiel.

Son grand mérite fut d'y avoir cru et d'y avoir contribué. "

Georges Cheyssial, *artiste-peintre, membre de l'Institut, président de la fondation Taylor, ancien président de la Société des artistes français, conservateur du musée national Jean-Jacques Henner.*

Luc Lepetit (1904-1981)

Au milieu du XXe siècle, les hameaux et lieudits de Crogis, Petit-Montcourt, Grand-Montcourt, Monneaux, La Borde, Vaux, Aulnois… regroupés autour d'Essômes-sur-Marne, abritaient le talent de nombreux artistes. Dans le paysage harmonieux des coteaux champenois de la vallée occidentale de la Marne près de Château-Thierry, Augustin Mémin, Lucien Fournet, Luc Lepetit, Jean-Paul Clarke, Françoise Salmon (sculpteur) trouvaient là quiétude et inspiration. Un siècle auparavant, Corot était venu à Essômes-sur-Marne planter son chevalet à l'ombre de l'abbatiale Saint-Ferréol, chef-d'œuvre du gothique des XIIIe et XIVe siècles. Soixante ans plus tard, Fernand Pinal en brossera un portrait pathétique (1919) avant que Pierre Ladureau ne vienne à son tour traduire sa majestueuse élégance. Après la visite, le promeneur curieux reconnaîtra l'abbatiale sur les murs de la mairie voisine, à travers les œuvres de Pinal et Ladureau. Il est regrettable de ne pas y voir également l'interprétation, grave et austère, du peintre Luc Lepetit.

Certes, ce n'est pas l'abbatiale qui amène ce peintre en Champagne… Originaire d'une famille de confession protestante, des cultivateurs installés dans le Nord à Aix-les-Orchies, près de la frontière belge, il est le fils de Samuel Lepetit (1872-1945), artiste-peintre, violoncelliste, et de Marie-Anaïs Faivre (1873-1962), issue elle aussi d'un milieu intellectuel et calviniste. Luc naît à Coutances (Manche) où le hasard des nominations a conduit son père pour y enseigner le dessin ainsi qu'à Saint-Lô. Après des études classiques marquées par l'excellence de ses travaux artistiques, il "monte" à Paris et, brûlant du feu de sa jeunesse conquérante, il entre à l'école des Beaux Arts dans l'atelier d'Emile Renard (1850-1930). Elève doué, il subit l'influence de ce remarquable pédagogue, apôtre de l'intimisme, et lui rend de fréquentes visites dans son atelier parisien de la place des Vosges. Parallèlement, Luc Lepetit suit les cours de l'école nationale des Arts décoratifs où il obtient rapidement les plus hautes récompenses, dont le premier prix au concours annuel de 1922. Il expose bientôt aux Indépendants puis, à par-

tir de 1926, au Salon des Artistes français où il récolte en un temps record médailles de bronze, d'argent et d'or (1928). Viendront plus tard les prix Becker (1958), Taylor (1960, 1962), etc. Pensionnaire de la villa Médicis, la période romaine est l'occasion de découvrir les primitifs italiens qui l'enchantent. Sur commande de l'Etat français, il séjourne plusieurs mois en Algérie afin de réaliser les décorations de bâtiments publics. Infatigable, il peint la Corse, l'Espagne, la Bretagne et le sud de la France… A Paris, il enseigne au lycée Montaigne, se lie avec les peintres Lucien Fontanarosa, Georges Cheyssial et Jean-Gabriel Goulinat dont il partage les convictions religieuses. Il crée bientôt une association des Artistes protestants et s'exprime dans la revue *Réforme*. Cet aspect religieux fut certainement à l'origine de l'installation de ses parents à Monneaux, en 1938. Affilié à Essômes-sur-Marne, ce hameau est un haut lieu du protestantisme en Brie-champenoise. Luc Lepetit découvre la vallée de la Marne mais n'a guère le temps de s'y attarder. A peine a-t-il brossé quelques vues des coteaux entre Essômes et Vaux qu'il lui faut préparer son baluchon. La guerre le réclame et, en 1940, il rejoint le front de la Campagne de France. Elle durera quarante-cinq jours. La vitesse stupéfiante de l'effondrement des forces françaises fait qu'on oublie souvent que "la drôle de guerre" fit cent mille morts et des milliers de blessés ; parmi ceux-là, l'artilleur Luc Lepetit, soufflé par une explosion près de sa batterie. Il en réchappe miraculeusement mais perd l'usage du poumon gauche, l'autre étant gravement mutilé. Cette infirmité permanente orientera sa peinture vers un pessimisme de plus en plus marqué.

Présenté en 1969 au Salon d'Art moderne de Paris sous l'étiquette de *Portrait d'homme*, l'**Autoportrait** confine au tragique. Fuyant Paris pour soigner un zona facial très douloureux, Lepetit emménage à Monneaux le 21 août 1969. Veuf depuis quelques années, il est accompagné de sa seconde épouse, Berthe Aubry, qui l'entoure d'une constante affection. Aux inquiétudes des artistes réclamant de ses nouvelles, il oppose un silence total, définitif. Seul, le fidèle ami Jean-Gabriel Goulinat, président des Artistes français et chef de l'atelier de restauration des Musées nationaux, a le privilège de lui rendre visite. Sa fille Anne-Marie, poète, romancière et dramaturge, se souvient : "Un homme très sensible, mélancolique, c'est l'impression que me donnait Luc Lepetit. Je garde un souvenir ému de la soi-

Luc Lepetit, **Autoportrait**, (Salon d'Art moderne de Paris, 1969). Collection particulière.

Luc Lepetit, **_La Rentrée du troupeau à Monneaux_**. Collection particulière.

rée que nous avions passée chez lui. Il y avait beaucoup d'amitié entre mon père, le peintre Jean-Gabriel Goulinat, et Luc Lepetit, amitié renforcée par une admiration réciproque."

L'*Autoportrait* ne cache rien de l'affection virale nettement visible sur la joue gauche de l'artiste. Le regard désenchanté semble aussi dur que le peintre peut l'être avec lui-même, allant jusqu'à s'enlaidir volontairement. Les signes d'un état nerveux dépressif sont perceptibles. Paradoxalement, son activité picturale ne faiblit pas. Solitaire et farouche, il saisit la région à bras le corps, parcourt de longues distances à la chasse et peint sans relâche les paysages aux alentours de Monneaux, poussant parfois ses pérégrinations jusqu'à la vallée du Petit-Morin.

La Rentrée du troupeau à Monneaux est l'œuvre ultime, testamentaire, de Luc Lepetit. Toute l'originalité de son talent est ici concentrée. Peinture austère et dépouillée où les tons sourds et les contrastes expressifs s'harmonisent dans une implacable rigueur polyphonique. Passionné de musique, ce fervent protestant n'ignore rien de l'alchimie du cantor de Leipzig. Il sait que l'architecture la plus stricte peut libérer le chant le plus sublime. Le sien est d'une douloureuse beauté. "Ses toiles charpentées ne laissent aux spectateurs aucune possibilité d'évasion. Pris dans le rythme d'une architecture tracée par la nature et l'homme, le paysage prend une grandeur biblique où tout se compte et se mérite, offrant parfois la noblesse des premiers âges." (Georges Cheyssial). Luc Lepetit compose cette partition à Monneaux, dans les dernières années de sa vie. Au loin, surplombant le cours de la Marne, les collines roses ferment l'horizon. Quelques maisons s'accrochent au coteaux. Le long du mur crayeux – rapidement esquissé – de sa propriété, défilent les animaux de la ferme. Sa compagne est là, immobile, caressant l'âne. Lui-même, excellent cavalier, descend de cheval et passe sa jambe par-dessus l'encolure. Le soleil donne ses dernières lueurs. C'est fini. Le peintre pose définitivement les pinceaux. Non par lassitude, bien au contraire. Mais le corps ne suit plus. Le moindre effort l'épuise. Il ne sera plus question de peinture. Rongé par le doute, il détruira un grand nombre de tableaux. La fin est un calvaire. Il est délivré le 2 janvier 1981. Luc Lepetit repose à Essômes-sur-Marne, cimetière de Monneaux, à quelques pas du Temple…

Collections publiques

L'artiste est présent dans de nombreux lieux publics, musées de Paris et de province. Le musée Cantini de Marseille conserve une toile magnifique, *Le Port de Pontivy.*

. Luc Lepetit enfant avec son père, le peintre Samuel Lepetit, sa mère et sa sœur Charlotte (1914).

> *Artiste délicat et sensible, dont la peinture ne s'est imposée que lentement, sous l'effet sans doute d'une trop grande modestie qui l'a tenu longtemps en retrait. Proche de Boudin et de Jongkind avec lesquels il présente des similitudes stylistiques, notamment dans sa prédilection pour les valeurs, et partage leur sens de l'atmosphère. Son art est l'héritier direct de celui de Corot auprès duquel il a travaillé, par la finesse de sa lumière, la délicatesse des nuances traduites par le travail de sa touche fondue, qu'il n'a pratiquement jamais fragmentée. (...)*

Lydia Harambourg, *Dictionnaire des peintres paysagistes au XIXe siècle, 1985.*

Stanislas Lépine
(1836-1892)

Vous pensez sûrement que cette voile blanche dans la lumière, entre le bleu du ciel et de l'eau, sort tout droit d'une palette impressionniste. Sisley, peut-être ?... Vous vous trompez de peu, mais il n'est pas du groupe impressionniste, même s'il a participé à leur première manifestation en 1874 ; comme il n'est pas

Stanislas Lépine, **La Marne à Charenton**. Musée des Beaux-Arts, Reims.

non plus de l'école de Barbizon, même s'il connaît bien les uns et les autres. Il n'a jamais atteint la notoriété de Boudin. Il est pourtant considéré, lui aussi, comme l'un des précurseurs de l'impressionnisme. Dans la farandole des peintres, il tient Corot d'une main et le jeune Monet de l'autre. Il est un peintre charnière, l'un de nos meilleurs paysagistes. Il s'appelle Stanislas Lépine et nous fait l'honneur de nous présenter deux compositions parmi toutes celles qu'il a réalisées depuis les rives de notre rivière. Le catalogue raisonné de son œuvre établi par Robert et Manuel Schmit en 1993, mentionne plusieurs dizaines de tableaux de la Marne et de son affluent, l'Ourcq.

Né à Caen, Stanislas Lépine quitte la Normandie en 1855 et s'installe à Paris où son père est ébéniste. Après des études au lycée Chaptal et de longues séances de copie au Louvre, il rencontre Corot à Saint-Lô en 1859, année de sa première exposition au Salon. Ebloui par la peinture du maître, il profite de son enseignement ; les deux hommes ne tardent pas à devenir de vrais amis. Stanislas Lépine fréquente l'atelier parisien de Corot jusqu'en 1875. Mais les encouragements solidaires de son maître ne suffisent pas à lui faire gagner la reconnaissance du public. C'est un solitaire que la majorité des critiques, ne sachant étiqueter sa peinture inclassable, ont préféré ignorer. Quelques peintres et collectionneurs avisés le soutiennent avec ferveur, comme Fantin-Latour ou le comte Armand Doria ; ce dernier lui achète des toiles et, déjà protecteur de Cals et de Jongkind, lui offre l'hospitalité dans son château d'Orrouy. Fidèle à sa Normandie natale qu'il rejoint l'été chez ses grands-parents, Lépine passe néanmoins la majeure partie de sa vie à Paris ; il demeure sur la butte Montmartre, chaussée de Clignancourt. C'est un habitué de la boutique du père Martin, rue Mogador, où il retrouve ses amis Daubigny, Diaz, Harpignies, Vignon… Ainsi l'artiste affectionnait-il les vues de Paris et les bords de la Seine, obtenant même en 1889 une médaille d'or à l'Exposition universelle de 1889 avec *Le Pont de l'Estacade* et *Le Pont Royal*. Mais la capitale, seule, ne pouvait combler son inspiration. En "pleinairiste" acharné, toujours en quête de nouveaux motifs, Lépine agrandit vite son rayon géographique à la proche banlieue, brossant dans la joie les paysages de l'île Saint-Ouen, Bercy, Charenton et des bords de Marne.

Les deux œuvres, **Vue de la Marne** et **La Marne à Charenton,** proviennent du musée des Beaux-Arts de Reims où elles ont brillamment figuré dans l'exposition de 1948 : *La Peinture française au XIXe siècle, de Delacroix à Gauguin*. La tonalité claire de sa palette, la traduction sensible des nuances de la lumière et de l'atmosphère limpide, forcent le respect et l'admiration. Ces œuvres fraîches et lumineuses ne sauraient mentir ; Stanislas Lépine aime la nature et nous

Stanislas Lépine, **Vue de la Marne**. Musée des Beaux-Arts, Reims.

communique ses émotions : ciels bleus aux nuages paresseux, arbres penchés sur l'eau dans un dialogue permanent avec eux-mêmes, et la Marne qui se balade jusqu'à se perdre à l'horizon… "L'acuité de sa vision est servie par un dessin très sûr, et se double d'une tendre poésie qui transparaît dans la qualité de sa lumière, diaphane, même lorsqu'il traduit les ciels couverts et nuageux. Une atmosphère sereine se dégage de ses tableaux qu'il peint dans une pâte onctueuse." (Lydia Harambourg)

A l'évidence, Lépine le mal-aimé est de ceux qui ont ouvert le chemin de la renaissance ; dans l'isolement d'une existence pauvre et modeste, il participe au renouvellement des relations entre l'homme, la nature et la lumière. L'impressionnisme est au bout du chemin.

Collections publiques

Paris : musée d'Orsay, musée Carnavalet, musée du Petit Palais.
Région parisienne : musée de Sceaux.
Province : musées de Reims, Rouen, Angoulême, Saint-Etienne, Caen, Poitiers, Pau, Dijon, Flers, Hyères, Le Havre, Lyon, Saint-Quentin, Roubaix, Agen, Aix-les-Bains, Bordeaux, Mulhouse.

Etranger : Chicago Art Institute, Tate Gallery de Londres, Edimbourg.

Bibliographie

Lydia Harambourg : *Dictionnaire des peintres paysagistes au XIXe siècle*, Ed. Ides et Calendes, Neuchâtel, 1985.
Robert et Manuel Schmit : *Catalogue raisonné*, 1993.

Joseph Le Tessier, **Autoportrait**, dessin.

" *Cet artiste est encore de la race des peintres "à pied". Il nous emmène à la campagne – la vraie, en terre, en herbe, en feuilles et en bois d'arbres. Il s'en va piéger, dénicher de petits coins agrestes dont personne ne revendique la propriété. Le voilà qui enjambe une barrière, fait un trou dans une haie. Il s'assied derrière dans un peu d'ombre, juste ce qu'il faut pour protéger du soleil la toile calée sur les genoux. (...)*

Et pipe aux dents, manches retroussées, il s'en donne à cœur joie du commencement à la fin, trois ou quatre heures d'une exubérance presque physique, avec les reculs du buste et les torsions de la nuque pour bien mettre en face des yeux la fuite de cette sacrée ondulation qui se perd à mi-pente. Il cherche le ton sur la palette. Elle n'est pas d'un alchimiste épris de subtiles harmonies. Jeu toujours neuf pour tous les âges, il prend au ciel son bleu, et le vert aux feuillages, le jaune aux blés, l'ocre aux labours, le gris à la pierraille. Il en met et remet jusqu'à l'instant où l'étude atteint son point de saturation. La dernière touche ne sait plus où se poser sans se salir : toutes les places sont prises. Délivrance, c'est fini !

Tombe le soir, et rentre en silence l'honnête maraudeur de tant d'aspects saisis dans la lumière – une pièce de plus à la bretelle. Son dos qui se cambre et s'efface peu à peu symbolise l'image qu'il nous a laissée de lui... "

Marius Mermillon, *Approches de Le Tessier.*

Joseph Le Tessier (1867-1949)

"Il est toujours un peu triste de voir un talent méconnu et quiconque a admiré les toiles somptueuses de Le Tessier, doit déplorer l'obscurité relative dont ce maître lyonnais pâtit encore". L'académicien Edouard Herriot eut beau le déplorer en son temps, il nous faut bien reconnaître que le talent de Joseph Le Tessier reste aujourd'hui encore très confidentiel. Il fut un de ces peintres solitaires, farouches et obstinés, qui travaillent et meurent dans la solitude. Pourtant, ceux qui ont la chance de découvrir son œuvre sont cloués de stupéfaction devant la puissance visionnaire. De toute évidence, Joseph Le Tessier est l'une des grandes figures des peintres de la Marne et de l'Ourcq. Né à Marseille, il manifeste très tôt une aptitude innée pour les arts, favorisé en cela par sa mère, amateur d'art et descendante du sculpteur Simon. Mais le père, négociant installé, voit les choses autrement. "Mon fils en rapin ? Jamais ! Il sera dans le commerce !" (*Souvenirs,* par Marthe Le Tessier.) Le goût paternel pour le bénéfice impose à Joseph des études à l'école de commerce de Lyon. Muni des diplômes nécessaires, le fils Le Tessier se jette dans les affaires. Il tiendra dix ans. En 1900, il abandonne sa situation. Délivré d'une frustration longtemps contenue, Joseph Le Tessier se livre corps et âme à la peinture. Il a 33 ans, l'avenir est encore devant lui. Après d'ultimes tentatives dans la politique où il se révèle orateur véhément de ses idéaux humanistes, il se lance pour de bon dans la peinture, étudiant inlassablement les œuvres des peintres lyonnais Carrand, Vernay, Ravier. Sa première – et dernière... – exposition se déroule à Lyon en 1911. C'est un triomphe. Henri Béraud s'exclame : "Il y a dans chacune de ses pochades un recueillement, une austérité qui ne sont guère de ce temps... une qualité vraiment exceptionnelle des ciels." Commence alors pour Joseph Le Tessier, sa femme et sa fille Marthe, une longue errance qui les conduit déjà, pendant la Grande Guerre, dans l'Yonne, à Voutenay. Le peintre y réalise de nombreuses huiles de petits formats, toutes traitées sur le mode nabi cher à Emile Bernard et Paul Sérusier. Puis retour à Lyon, avant de gagner Vincennes en 1925. Le Tessier découvre les galeries de la capitale et s'enthousiasme pour Vlaminck, Modigliani, Soutine. Sa fille Marthe apprend la gravure à l'eau-forte dont la vente aide la famille à supporter la misère. En 1928, Le Tessier rend visite au fameux critique lyonnais Marius Mermillon : "Avant même qu'il se fut présenté, je vis que je recevais un peintre, et d'un ancien modèle. Le carton sous le bras, il portait chapeau large, barbe entière et lavallière flottante. Son accent et le coloris beaujolais nouveau des pommettes dénonçaient un compatriote. Quant à l'homme, aux premiers mots appuyés d'un sourire de connivence, il supposa d'emblée entre nous cette complicité de sentiments et d'opinions qui engendre nécessairement une sympathie mutuelle... Il illustrait ses paroles de signes figuratifs, à coups de pouce dans l'air. Ayant mis son carton sous la chaise, il refusa de l'ouvrir au cours de nos évocations : il rendait un culte, dont la trinité formait un quatuor, à Vernay, à Carrand, à Guichard, à Jacques Martin. Et je le soupçonnai fort de ne connaître et de n'aimer que ces dieux-là. Après une heure d'éloquentes périodes, il me quitta en remettant à plus tard de me montrer, dit-il, ses "pochades". Mais il ne revint pas et, parti sans adresse, il ne laissa pas trace de son apparition. (...)"

En 1933, la famille Le Tessier débarque au fin fond de la campagne du sud de l'Aisne, dans un petit village perché sur les hauteurs et dominant la vallée de l'Ourcq, Noroy-sur-Ourcq. Affluent de la Marne, l'Ourcq chemine à travers l'Orxois et le Tardenois, et traverse La Ferté-Milon, bourg proche de Noroy-sur-Ourcq et pays natal de Jean Racine. La vie matérielle des Le Tessier s'organise tant bien que mal. Jardin, poules, canards et lapins vont permettre au trio de subsister. Pour Joseph Le Tessier, Noroy sera l'endroit du miracle accompli. Son

Joseph Le Tessier, **Paysage de l'Orxois**. Collection particulière.

écriture picturale est enfin parvenue à maturité. Pris d'un élan vital incoercible, le peintre de 66 ans affirme soudain une jeunesse éclatante ; c'est l'apothéose, le déchaînement des couleurs, le feu d'artifice permanent ! Du matin au soir, il part sur les chemins, son barda de peintre sous le bras et dévore à pleines dents la nature environnante : collines de l'Orxois aux formes plantureuses, champs de blés ruisselants de soleil, vallée de la Marne frémissante de lumière, natures mortes suffocantes de lyrisme coloré… On trouve un équivalent de ce "démon de midi" avec le compositeur Leos Janacek (1854-1928) dont la carrière exceptionnellement peu précoce nous offre pourtant une musique fiévreuse et foisonnante, d'une verdeur printanière peu commune…

Le vieux moulin près de Noroy-sur-Ourcq et **Paysage de l'Orxois** témoignent des improvisations fougueuses de l'artiste. Certains y verront çà et là l'influence d'un Van Gogh ou d'un Vlaminck, celle des peintres lyonnais Ravier et Vernay, ou encore celle de Monticelli ; mais ces apports enrichissent une vision radicalement personnelle, originale, où le dialogue secret entre l'homme et le ciel se déploie avec une puissance de ton quasi convulsive. Le peintre réduit les différents éléments de la nature à des taches de couleurs chatoyantes qu'il inscrit dans l'harmonie de rythmes frénétiques. Il brasse la matière en pleine pâte, multiplie les contacts, les rapports de couleurs et de formes. Tous les moyens sont bons pour poser la matière : larges brosses, couteau à palette, et même les doigts ; les outils

Joseph Le Tessier, **Le vieux moulin près de Noroy-sur-Ourcq**. Collection particulière.

Joseph Le Tessier, **Maisons à Noroy-sur-Ourcq**. Sanguine. Collection particulière.

triturent, écrasent, malaxent. "Il brasse les objets, les ciels et les champs avec un sentiment véritablement symphonique. Il magnifie l'accord." (Suzanne Michet) Le Tessier laisse parfois une part si minime à la réalité objective qu'il frôle souvent l'abstraction. Sa peinture est un puzzle d'émaux rutilants dont la puissance de l'effet annihile le sujet. Le peintre "à la palette illuminée" meurt en juillet 1949, à l'âge de 82 ans, laissant derrière lui plus de six cents tableaux et pas un centime… En 1952, trois ans après sa mort, une rétrospective de ses œuvres a lieu à Lyon. Dans une belle unanimité, les critiques louent le génie peu commun de Le Tessier. Francis Carco, Claude Roger-Marx, A.-H. Martinie, Joseph Jolinon, Jean-Jacques Lerrant, Suzanne Michet, Edouard Herriot signent les éloges. Le bouquet d'honneurs se fane vite. Malgré les efforts de sa fille Marthe, peintre-graveur entièrement dévouée à l'œuvre de son père, et ceux du couple Farizy, fidèles amis de la famille, Joseph Le Tessier est à son tour victime de notre regrettable tradi-

tion de l'oubli. Déplorant "l'inexplicable injustice dont ce très beau peintre fut victime", Francis Carco est convaincu que "son œuvre est de celles qui demeurent". Il suffit parfois d'un peu de lumière pour que réapparaissent des trésors engloutis…

Collections publiques

Musée des Beaux-Arts de Montréal, musée d'Art moderne de Troyes (donation Pierre Levy), musée de Marcigny (Saône-et-Loire, donation Farizy), musée des Beaux-Arts de Lyon, musée de la Chartreuse, Douai, musée de Soissons, musée du Luxembourg.

Bibliographie

Joseph Le Tessier, 1867-1949, textes de Francis Carco, Edouard Herriot, Barnett D. Conlan, Claude Roger-Marx, A.-H. Martinie, Joseph Jolinon, Jean-Jacques Lerrant, M. Suzanne Michet, Marius Mermillon.

L'artiste sur le motif en bord de Marne.

Il est certain que depuis des années je n'ai rien vu d'aussi beau que cette scène de Lhermitte… Lhermitte me préoccupe trop ce soir pour continuer à parler d'autre chose. Quand je songe à Millet ou Lhermitte, je trouve l'art moderne aussi puissant que l'œuvre de Michel-Ange ou Rembrandt.

Vincent Van Gogh, *Correspondance complète*, Paris 1960.

Léon Augustin Lhermitte (1844-1925)

Avec Léon Augustin Lhermitte, nous avons sans conteste le premier peintre de la Brie champenoise à la fin du XIXe siècle. Son œuvre est une somme prodigieuse où, mis à part les travaux effectués en Bretagne, à Londres, Paris, Cotterêts et Bourges, la vallée de la Marne représente la part essentielle. Si son territoire pictural se limite à la région de son village natal de Mont-Saint-Père, Lhermitte réussit, par l'importance, la diversité et la qualité de sa production artistique, à en faire une petite capitale de la vie rustique en Champagne. Témoin de son temps, il le fut plus que tout autre, et même si ses images du travail décrivent surtout la paysannerie, rappelons que démographiquement, elle est encore très largement dominante. Venue d'Angleterre, la révolution industrielle envahit la France mais, en cette fin de siècle, peu d'artistes – hormis pour ce qui est des peintres de la Marne quelques œuvres de Ferdinand Gueldry (*Les Mouleurs*), ainsi que les dessins, lithos et peintures des anarchistes Camille Pissarro et Luce –, accompagneront Zola dans l'exploration du monde ouvrier. Quand l'écrivain naturaliste décrit la noirceur d'un prolétariat en plein essor, Lhermitte chante la noblesse d'une classe paysanne à son déclin. Sujets et moyens d'expression diffèrent, mais la méthode est similaire…

Léon Augustin Lhermitte naît le 31 juillet 1844 à Mont-Saint-Père, village de bord de Marne situé dans le sud de l'Aisne, où résida également le peintre Jules Veyrassat (1828-93). Naturellement doué pour le dessin, une des principales occupations de l'enfance maladive de Lhermitte consiste à reproduire des œuvres tirées de livres ou de magazines : premier apprentissage du dessin pour ce fils d'instituteur… A 19 ans, il est inscrit à l'école impériale de dessin et suit les cours de Lecoq de Boisbaudran qui enseigne le dessin par la mémoire. Il y rencontre Jean-Charles Cazin. L'amitié partagée durera toute leur existence. Durant ses études,

Lhermitte se lie avec d'autres artistes parmi lesquels son compatriote Frédéric Henriet, alors secrétaire du comte de Nieuwerkeke. Ce dernier publie en 1866 son fameux ouvrage *Le Paysagiste aux champs*, illustré par les eaux-fortes de Corot, Daubigny, Lalanne et Lhermitte. Cette même année, l'artiste présente sa première peinture au Salon, *Nature morte*. Dès lors, partageant sa vie entre sa maison à Paris et sa propriété à Mont-Saint-Père, mis à part les interludes anglais de 1869 et 1871 où il se lie avec Alphonse Legros, l'artiste va gagner la célébrité et devenir un des peintres les plus en vue de la troisième République. Il obtient la consécration en 1882 avec le succès étourdissant de son tableau **La Paye des moissonneurs**, aujourd'hui au musée d'Orsay, médaille d'or, acheté par l'Etat le jour même de l'ouverture du Salon ! En 1888, Lhermitte illustre *La Vie Rustique* d'André Theuriet : les activités de la vie rurale et artisanale se déroulent dans les villages de Mont-Saint-Père, Chartèves et Fossoy.

A Fossoy, la ferme du Ru Chailly, située sur l'autre versant de la Marne, est un lieu mythique dans l'œuvre de Lhermitte. Ami des gérants, il y loge chaque été ; le Ru Chailly, avec sa basse-cour, ses paysans et ses bergers, ses troupeaux, ses champs cultivés et ses prairies alentour, lui servira de décor pour *La Paye des moissonneurs* comme pour bon nombre de scènes paysannes non viticoles. Notons aussi que les peintres de la Marne, Frédéric Henriet, Germain David-Nillet, unique élève de Lhermitte, Amédée Féau, Fernand Pinal, Pierre Ladureau viendront à leur tour planter leur chevalet devant les bâtiments imposants du Ru Chailly…

Dessinateur aimé de Van Gogh et de Huysmans, Lhermitte, déjà considéré comme un virtuose du fusain, aborde le pastel dès 1885, sur les conseils de Cazin. Par ce mode d'expression, l'artiste va fournir à la postérité la part la plus lumineuse, la plus novatrice de son œuvre. En février 1889, Camille Claudel sculpte la tête du second fils de Lhermitte, Charles, alors âgé de huit ans. En échange Lhermitte lui offre un pastel et les deux artistes, déjà liés géographiquement par le Tardenois, elle sur le plateau, lui dans la vallée, deviennent bons amis.

En 1892, Lhermitte s'attaque à une œuvre importante avec *La Mort et le bûcheron* d'après la fable du poète champenois Jean de La Fontaine. Son souci de réalisme est tel qu'il demande à Rodin de lui prêter un squelette pour figurer la Mort. Lhermitte inscrit son chef-d'œuvre dans la continuité de la série d'eaux-fortes réalisées par Alphonse Legros sur ce thème et de la peinture de Jean-Fran-

Léon Augustin Lhermitte, **Vendange à Mont-Saint-Père**, 1876. Collection particulière.

çois Millet, refusée au Salon de 1859 et exposée à Londres par Durand-Ruel en novembre 1872.

1895 : Camille Claudel réalise cette fois la tête de Léon Lhermitte, attestant ainsi de leurs relations continues à Paris. La renommée de Lhermitte s'étend maintenant à toute l'Europe et Diaghilev lui écrit de Saint-Petersbourg pour lui demander de participer, avec quelques autres (Degas, Cottet, Raffaelli, Cazin, Besnard, Menard, Aman-Jean…) à une importante exposition de "grand art" dans son pays…

En septembre 1918, Lhermitte apprend que sa propriété de Mont-Saint-Père a reçu sept ou huit obus et que toutes ses études ont été anéanties… Le général Mondésir, en poste à Mont-Saint-Père, récupère les tableaux éparpillés et les adresse au peintre. Après la guerre, la vie reprend son cours, avec ses joies et ses peines, mais la santé de l'artiste décline continuellement. En 1923, Lhermitte,

membre de l'Institut depuis 1905, est nommé président d'honneur de la Société nationale des beaux-arts avec Raymond Poincaré. Le peintre, à cette date, est très diminué. Il exécute quelques pastels au cours des deux dernières années et, à bout de forces, il s'éteint le 28 juillet 1925. Il repose dans son village natal, près de la Marne, entre vignes et champs de blé…

La **Vendange à Mont-Saint-Père**, fut exposée au Salon de 1876. Lhermitte se servira de cette peinture pour illustrer le chapitre consacré à *La Vendange* dans l'ouvrage de Theuriet, *La Vie rustique*, paru en 1888 : "Quelles délices pour le petit monde des enfants de s'éveiller dès l'aube, de se vêtir à la hâte et de partir avec le gros des vendangeurs et des vendangeuses ! Ces dernières ont été louées à la semaine pour la circonstance. Elles arrivent, en bandes, des villages voisins, vêtues de cotillons courts d'indienne, la camisole flottante, la tête coiffée du bagnolet. Chacune porte avec elle la charpagne d'osier, destinée à recevoir les raisins au fur et à mesure que la serpe les détachera du cep. Pendant huit ou quinze jours elles seront logées et nourries par le propriétaire et elles gagneront en outre vingt ou trente sous. C'est un maigre salaire, car, malgré ses apparences joyeuses et faciles, la besogne de la vendange est plus dure qu'on ne s'imagine.

(...) Bientôt toutes répètent en chœur le refrain très réaliste de ce chant, né dans un pays plus gouailleur que poétique :

Aller en vendange

Pour gagner dix sous

Coucher sur la paille,

Ramasser des poux, etc…"

Fidèle à son choix intransigeant de vérité, *La Vendange à Mont-Saint-Père* révèle parfaitement ce que Jacques Thuillier appelle "son principal souci de porter sur le monde un regard qui décrive sans tricher". L'option naturaliste du peintre consiste à rendre compte le plus fidèlement possible, et sans la recopier, de la réalité observée. Son regard n'est jamais clinique : Lhermitte admire ses paysans. En 1948, André Bazin dit de Visconti qu'il "regarde vivre les pauvres avec les yeux d'un peintre du Quattrocento. Il retrouve au cœur de leur misère et dans le moindre de leurs actes quotidiens ce rythme plastique, cette noblesse, ce sens inné du geste, cette élégance que le riche a perdu." L'hommage peut aussi s'adresser au peintre… Lhermitte témoigne ici d'une activité économique en plein développement dans cette partie de la vallée de la Marne. Sa faculté à mettre son action en

Léon Augustin Lhermitte, *La Marne à Chartèves*. Collection particulière.

mouvement est vraiment étonnante : il plie en deux la femme du premier plan, relève quelque peu la seconde et dresse franchement l'homme au panier d'osier ; ce dernier, personnage principal derrière lequel on reconnaît le modèle favori du peintre, Casimir Dehan, est un petit vigneron qui arrondissait ses fins de mois en posant pour Lhermitte. Car la viticulture était loin d'être à l'époque l'Eldorado financier qu'elle est devenue par la suite…

La Marne à Chartèves, premier novembre 1904, est une vue sur Chartèves, village voisin de Mont-Saint-Père où réside le peintre-graveur Amédée Féau. Réalisée au pastel, cette feuille illustre la modernité de Lhermitte. A la facture naturaliste de ses peintures, la révolte contre le conformisme pictural manifesté par ses amis impressionnistes trouve dans ses pastels une résonance particulière. Son apport à ce mode d'expression est considérable : Lhermitte concilie un traitement de la lumière par un jeu des couleurs proche des conceptions impressionnistes, avec un dessin incisif et d'une élégance rare, alchimie qui engendre un paysage fluvial d'une harmonie bouleversante.

Venu tard au pastel, il en devient vite l'un des maîtres incontestés. Parfois hâtivement classé parmi les peintres académiques, cette composition prouve s'il est besoin que Lhermitte connaissait les avancées picturales de son époque et qu'il en faisait un usage personnel. Son œuvre de pastelliste le place à proximité des princes de la technique, Manet, Redon, Degas…

La Moisson près de la Marne, nous propose un thème maintes fois repris par Lhermitte à qui la célébrité de *La Paye des moissonneurs* valut le surnom de

Léon Augustin Lhermitte, *La Paye des moissonneurs*. Musée d'Orsay, Paris.

Léon Augustin Lhermitte, **La Moisson près de la Marne**, 1910. Collection particulière.

"peintre des moissonneurs". Le pastel est daté de 1910, année au cours de laquelle Lhermitte participe à l'exposition au Cabinet des Estampes de Budapest avec Pissarro, Sisley, Gauguin, Lautrec, Steinlen, et à celle de New York, avec Corot, Daubigny, Delacroix. Tout Lhermitte est là : il est chez lui parmi les "anciens" comme parmi les "modernes". Il n'est pas Champenois pour rien : l'âme de La Fontaine plane sur son œuvre… Cette *Moisson près de la Marne* affiche les mêmes qualités que la feuille précédente, même si l'atmosphère y est plus proche de l'art poétique d'un Corot. Les collines de Mont-Saint-Père se profilent à l'horizon. Les femmes lient les gerbes, l'homme fauche, la Marne s'écoule sans bruit. Fin d'après-midi ; le silence est d'or. Le labeur contraste avec l'immuabilité du paysage. Laissons Theuriet compléter la scène : "(…) Le travail reprend lorsque la grosse chaleur est passée, et il se prolonge jusqu'à la tombée de la nuit. Alors, les

bandes de moissonneurs quittent les champs déjà à demi dépouillés et regagnent à pas alourdis, sous le ciel tout pailleté d'étoiles, le logis du cultivateur (…)"

Collections publiques

Musée d'Orsay, Paris : *La Paye des moissonneurs*.
Musée Jean de La Fontaine de Château-Thierry : *La Mort et le Bûcheron*.
Les œuvres de Lhermitte sont visibles dans les grands musées de France et de l'étranger.

Bibliographie

Monique Le Pelley Fonteny : *Léon Augustin Lhermitte, Catalogue raisonné*, préface de Jacques Thuillier, Ed. Cercle d'Art, Paris 1991.
Emile-René Ménard : *Notice sur la vie et les travaux de Léon Lhermitte*, lue pendant la séance du 4 juin 1927 à l'Institut de France, Firmin-Didot et Cie, Paris 1927.

" Ses tableaux avaient conquis tous les suffrages, son rêve allait se réaliser, il devenait quelqu'un. Mais ce travailleur était triste, ses tableaux avaient souvent pour sujet des scènes mélancoliques ; était-ce pressentiment de fin prochaine ? Etait-ce souvenir des enfants perdus ? "

Emile Hottot, architecte à Lagny, contemporain d'A. Lint.

Alphonse Lint
(1848-1900)

Sans les lumières de Pierre Eberhart, conservateur du musée Gatien-Bonnet de Lagny-sur-Marne, la biographie du peintre Alphonse Lint serait restée dans l'ombre. Il eut été dommage de ne de rien connaître de l'auteur d'un tableau très apprécié par le public du musée de Lagny.

Fils d'un dessinateur en dentelles, Alphonse Lint naît à Nancy le 9 avril 1848, entre la révolution de Février et la révolution ouvrière de Juin, dans un contexte politique et social très chargé : le *Manifeste du parti communiste* de Marx et Engels vient de paraître et Daumier expose *La République nourrit ses enfants et les instruit...* C'est dans un climat provincial plus apaisé que le jeune Alphonse poursuit ses études, dans cette ville de Nancy qui abritera par la suite l'enfance des peintres Jean Rémond et Paul-Emile Colin. Décidément, la Lorraine aura fourni à la Marne quelques-uns de ses plus beaux imagiers...

Alphonse Lint en sera, qui parfait son apprentissage et prend des cours de dessin dans sa ville natale. "Mais les difficultés qui surgissent dès l'entrée des carrières artistiques le firent obliquer vers le commerce. Quand il revint à la peinture, dont il avait d'ailleurs traîné la constante nostalgie, il comptait plus de quarante ans. Il se mit résolument au travail, avec la belle obstination du Lorrain. Il étudia chez Robert-Fleury, puis sous la direction de Jules Lefebvre. L'illustre professeur lui-même m'a dit son labeur, sa conscience, cette indulgente bonhomie qui lui gagnèrent, à l'atelier Julian, l'estime et l'affection de tous. En peu de temps, Alphonse Lint acquit une très honorable pratique. Il put exposer au Salon des Artistes français plusieurs tableaux de genre, adroitement composés, de couleur agréable, d'observation ingénieuse et juste. (...)" (Albert Thomas).

C'est la mort de ses enfants qui, après une période de profond désarroi, lui fait prendre cette décision irrévocable pour la peinture et décide de son installation définitive à Lagny en septembre 1892, au 6, boulevard de Laval, aujourd'hui le 11 du boulevard du Maréchal-Gallieni. Il lui reste huit années d'existence, huit années au cours desquelles il élabore courageusement une œuvre essentiellement constituée de portraits, natures mortes et scènes de genre. Ces dernières, surtout, obtiennent un beau succès au Salon des Artistes français. Les enfants des rues y sont fréquemment représentés, comme si Alphonse Lint avait voulu exorciser sa douleur...

Ainsi, **Les petits pêcheurs au pont de pierre à Lagny** met en scène un groupe de jeunes enfants qui s'activent le long des péniches sous le pont de Lagny. Lint affirme là son talent de dessinateur et de coloriste. Les jeux d'ombre et de lumières s'expriment librement ; le peintre a construit sa composition avec une parfaite maîtrise des plans et des perspectives. Les attitudes puériles sont particulièrement justes et naturelles. Nous ne pouvions, pour nos lecteurs, faire l'économie de cette pièce admirable où la Marne est source d'émerveillements, de jeux et de rires d'enfants.

Lint participe également aux Salons de Lagny de 1899, de 1900 et de 1902, année où sa veuve organise une rétrospective de son œuvre. Le peintre s'est complètement intégré à la vie locale. En novembre 1893, il enseigne le dessin de la figure et de l'ornement aux jeunes gens sortant de l'école et il est même élu vice-président du corps enseignant quatre ans plus tard. Hélas, le siècle nouveau lui refuse toute participation ; la maladie de cœur dont il souffre met prématurément fin à ses jours le 29 avril 1900, à Lagny. Il sera inhumé au cimetière du Père-Lachaise à Paris et tombera dans l'oubli. Depuis 1975, une rue de sa ville d'adoption porte son nom.

Bibliographie

Albert Thomas : *Nécrologie : Alphonse Lint* publication de l'Union artistique et littéraire du canton de Lagny, n° 3, 1900.
Pierre Eberhart : *Un peintre de Lagny, Alphonse Lint* (1848-1900), Le Courrier de Lagny, avril 1986.

Alphonse Lint, ***Les petits pêcheurs au pont de pierre***. Musée Gatien-Bonnet, Lagny-sur-Marne.

Parmi les adeptes de la peinture optique, Luce est sans doute le peintre qui a le plus échappé à la pensée symboliste ; c'est normal car il resta le moins intellectualisé. Son œuvre se place dans l'orbite du naturalisme. (...) Luce et son œuvre se situent dans ce puissant courant créateur, issu directement du peuple français, sans bourgeoisie intermédiaire, où dominent Pierre Joseph Proudhon, Emile Zola, Jules Vallès et Charles Péguy, et qui a si fortement contribué aux affranchissements sociaux.

Jean Sutter, *Maximilien Luce, dans Les Néo-impressionnistes, 1970.*

Maximilien Luce
(1858-1941)

Le nom de Maximilien Luce est indissociable du groupe de Lagny. Une solide amitié le lia toute sa vie avec les peintres néo-impressionnistes Charles Angrand et Léo Gausson. Luce, Gausson, Cavallo-Peduzzi : voici rassemblés les trois mousquetaires de la peinture optique à Lagny-sur-Marne. Camille Pissarro et son fils Lucien répondront souvent à l'invitation à rapprocher les tons purs sur la toile devant des paysages baignés par la Marne. La technique néo-impressionniste établie par Seurat était alors leur credo…

Maximilien Luce naît le 13 mars 1858 à Paris. Son enfance est marquée par la Commune de Paris et par la répression sanglante dont il est le témoin horrifié. S'ensuit avec le monde ouvrier et révolutionnaire, regroupé dans les mouvements anarchistes et socialistes, une solidarité qu'il manifeste avec ferveur, courage et dignité tout au long de sa vie. Trente-quatre ans après la Commune, il expose au Salon des Indépendants de 1905 une toile puissante évoquant une rue de Paris en 1871, où quatre fusillés gisent sur le sol. Luce n'oublia jamais la victoire sanguinaire d'Adolphe Thiers…

Excellent dessinateur que son père destine à la presse illustrée, il apprend la gravure sur bois chez Hildebrand ; parallèlement, il poursuit des études de peintre à l'académie Suisse et dans l'atelier de Carolus Duran. En novembre 1876, l'apprentissage du jeune xylographe est terminé : le voilà ouvrier qualifié. Il entre alors dans l'atelier d'Eugène Froment où, pendant dix ans, il gravera des planches pour *L'Illustration, Le Magasin pittoresque, Le Journal des voyages*, etc. C'est là qu'il rencontre le peintre de Lagny, Léo Gausson. Les deux hommes deviennent de grands amis et Luce arpente bientôt les bords de Marne en sa compagnie. Après un séjour à Londres en 1877, un autre en Bretagne pour cause de service militaire, il revient à Paris à la fin de l'année 1881 pour peindre chez Carolus Duran et gagner son pain en gravant chez Froment.

En 1885, Luce quitte l'atelier de Carolus Duran. Il ne se retourne pas : une lumière vient de naître qui l'attire irrésistiblement. Avec ses amis Gausson et Cavallo-Peduzzi, Luce s'émerveille du pointillisme découvert par Seurat. Les œuvres exécutées par les trois compagnons durant l'été 1885 attestent de leur adhésion à cette nouvelle technique ; celle-ci consiste à diviser les couleurs en leurs éléments constitutifs qui, juxtaposés en touches minuscules, se recomposent sur la rétine.

Le Pont de fer sur la Marne fait partie de la "série 500" du catalogue raisonné réalisé par Jean Boin-Luce. Toile de belles dimensions (50 x 61 cm), elle est datée de 1889, année particulièrement dense pour l'artiste. Il est maintenant à l'avant-garde du mouvement néo-impressionniste. Il les connaît tous : Signac, Angrand, Dubois-Pillet, Hayet, Lucien Pissarro, Cross, Petitjean, ainsi que les critiques Félix Fénéon et Jules Christophe. En février, il participe à l'exposition des XX à Bruxelles et accroche ses toiles près de Besnard, Cross, Gauguin, Pissarro, Monet, Seurat… Les impressionnistes de la première heure lui accordent leur amitié. Ainsi de Guillaumin et de Pissarro qui, suprême honneur, l'invite à séjourner dans sa maison d'Eragny-Bazincourt. Il côtoie aussi les nouveaux talents, et se lie avec un jeune peintre et architecte plein de promesses, Georges Tardif (1864-1933). L'amitié est une valeur qui parcourt toute l'existence de Luce. Il retrouve Gausson à Lagny-sur-Marne avec le même plaisir. L'atmosphère sereine du *Pont de fer sur la Marne* ne trompe pas : l'œuvre fut peinte dans la joie et la confiance. Le peintre domine parfaitement l'écriture néo-impressionniste, il use de toutes ses ressources avec l'aisance et l'originalité d'un grand créateur. La Marne qui s'écoule, un pont métallique, un muret où s'appuie un jeune pêcheur, un homme qui contemple la scène avec la même attention que le peintre, les maisons de Lagny, au loin… autant d'éléments que Luce décompose et enveloppe dans une féerie de lumière. Jean Sutter nous donne quelques indications sur sa technique : "Luce est sans doute le seul à avoir utilisé des fonds rouges, sur lesquels les tons verts complémentaires étaient simplement rapportés. On possède aussi de lui des esquisses, où, très tôt, sur fond blanc, il a séparé largement les tons. On peut aussi remarquer que parmi les adeptes de la peinture optique il est certainement celui qui a utilisé la plus grande variété de touches dans l'art de la "division", allant du point le plus serré à la mosaïque la plus large. L'utilisation des "passages" dans

Maximilien Luce, **Le Pont de fer sur la Marne**. Collection particulière.

son œuvre est aussi très précoce, sans que l'on puisse dire ce qu'il doit à Pissarro et à Dubois-Pillet sur ce point."

L'artiste, toujours, entremêle son œuvre et son engagement politique. Militant anarchiste, il collabore à *La Révolte, La Guerre sociale, La Voix du Peuple*, au *Père peinard* et aux *Temps nouveaux*, publie un recueil de dessins, *Les Gueules noires*, offre à la C.G.T. son chef-d'œuvre *L'Echafaudage*, et fait de la prison. Le peintre des rivières et des fleurs veut le bonheur pour tous. Son œuvre révèle la beauté des utopies humanitaires : dans l'Eden des paysages saturés de lumière, l'homme n'est plus objet exploité mais sujet d'une nature réconciliée. Jamais l'artiste ne déserte le terrain social, ses mines, ses ports, ses chantiers de construction, ses cheminées d'usine. Son génie pictural nourrit l'homme révolté. Maximilien Luce était un peintre qui donnait de la voix. La voix des sans voix.

Collections publiques

Le musée des Beaux-Arts de Rennes conserve une belle collection de fusains de l'artiste et le musée d'Orsay (Paris) détient plusieurs huiles.

Autres : musée d'Art moderne de Troyes, musée des Beaux-Arts de Rouen, musée de l'Annonciade de Saint-Tropez.

Bibliographie

Jean Bouin-Luce, D. Bazetoux : *Catalogue raisonné de l'œuvre peint,* 2 vol., Editions Sous le Vent et Villo, Paris, 1986.

Jean Bouin-Luce, Philippe Cazeau : *Supplément au catalogue raisonné* (en préparation), Domaine Saint-François-d'Assise, Editions J.B.L., 78170 La Celle-Saint-Cloud.

Jean Sutter : *Maximilien Luce*, dans *Les Néo-impressionnistes*, Bibliothèque des Arts, Editions Ides et calendes, 1970, Neuchâtel, Suisse.

Il n'y a rien qui soit plus loin de la déclamation qu'un paysage, et qu'un paysage d'Albert Marquet. Aussi, bizarrement, en font fi avec quelque facilité et les artistes du non-dire, à qui c'est trop qu'un coin de rue, un bout de mer, des arbres, et ceux à qui ce n'est pas assez, parce qu'ils sont les dramaturges d'une société, ou veulent l'être. A vrai dire, je ne sais si l'ambition du paysage se justifie à ces points de vue opposés : pour moi, il suffit que le paysage me touche. C'est, chez Marquet, par des moyens qui défient l'analyse (...).

Cette lumière, celle souvent d'un contre-jour, je regarde ici l'homme qui la capta, dans le portrait qu'il fit de lui-même en 1904. J'y retrouve, plus jeune, ce visage que je n'ai connu que déjà fixé par l'âge, ce regard, derrière le lorgnon, où l'œil droit s'ouvre grand, tandis que le gauche se réduit à une fente, comme si le peintre toujours mesurait devant lui, le pouce sur le crayon, la proportion des choses. On y lit cette rapidité calme à voir, à résumer ce que l'encre des dessins résume, l'immobilité, le mouvement, dans ces croquis où il y a du japonais, dit-on. Comme on donnera ses marines à Jongkind ou à Boudin, suivant l'humeur. Et qu'à tout bas parler, je voudrais, moi, ne donner qu'à la France.

Louis Aragon, *Ecrits sur l'art moderne*, 1953.

Albert Marquet (1875-1947)

Rien ne prédestinait le jeune Marquet à devenir un jour le maître incontesté des eaux et ciels d'Europe et d'Afrique du Nord. Né le 27 mars 1875 à Bordeaux, il y passe ses quinze premières années avant de gagner Paris où sa mère tiendra un petit commerce rue Monge. Il entre aussitôt à l'école des Arts décoratifs et y fait la connaissance d'Henri Matisse. Leur amitié fervente sera confortée par les années de lutte. En 1895, les deux compagnons rejoignent l'atelier de Gustave Moreau à l'Ecole des beaux-arts. A l'académie Ranson, ils boivent la parole apologétique de Paul Sérusier prêchant les théories d'Emile Bernard et de Paul Gauguin. Mais le cœur de Marquet penche déjà, définitivement, vers Corot… La découverte des impressionnistes chez Durand-Ruel fera des deux amis des fauves de la première heure. Dès 1897, à Arcueil et au Jardin du Luxembourg, Marquet et Matisse peignent des paysages en couleurs pures, premiers rugissements annonciateurs du fauvisme ; mais notre peintre est d'une nature modérée qui le tiendra éloigné des outrances à venir : Marquet affiche une indépendance dont il ne se départira jamais. Il expose au Salon des Indépendants en 1901, et de 1905 à 1908, il participe au Salon d'Automne avec des toiles au chromatisme nettement moins contrasté que celui des fauves. L'éblouissant *Quatorze juillet au Havre* (1906, musée de Bagnols-sur-Cèze) est aujourd'hui considéré comme le chef-d'œuvre de sa période fauve. Le peintre poursuit ses recherches et la prédominance des tons gris s'effectue en 1909. Réconcilié avec lui-même, via Corot et Manet, Marquet affirme désormais un style inimitable où le sens de la mesure, dans l'agencement des plans et le nuancement des couleurs, est source d'harmonie.

La Marne à La Varenne-Saint-Hilaire fut exécutée en 1913. A cette époque, la notoriété d'Albert Marquet est largement acquise. Pour Matisse, il est "notre Hokusai", et Dunoyer de Segonzac l'appelle "le Guardi des bords de la Seine". Si les vues de Paris restent le motif préféré de l'artiste, le paysagiste, à l'instar de ses prédécesseurs Corot ou Daubigny, voyage souvent et plus loin. "De Paris à Hambourg, de Naples à Oslo, de Marseille au Pirée, de Venise à Alger,

dans cent villes d'Europe et d'Afrique où se dressent des grues et des docks, fument des remorqueurs, s'allongent des quais et des rives, oscillent des mâts et naissent des reflets, partout où la splendeur de l'eau répond à la mobilité des ciels, Marquet, créateur tyrannique, impose le pathétique ou le charme de sa vision au point de la substituer à la nôtre." (Georges Besson). Dans *La Marne à La Varenne-Saint-Hilaire*, le dialogue entre ciel et rivière est d'une incroyable intensité. Une lumière impalpable enveloppe le paysage et en lie chacun des éléments. L'atmosphère ténue et fragile traduit les rapports éphémères de la lumière et de l'eau. Le sentiment de légèreté vaporeuse est tel que le paysage semble basculer tout entier dans une délicieuse apesanteur. Un homme pêche, un autre se penche sur la rivière, un troisième flâne sur un chemin de bordure : leurs mouvements paraissent suspendus pour l'éternité… La comparaison avec *Le Bac de La Varenne* exécuté par Camille Pissarro est édifiante. Chez ce dernier, l'atmosphère humide semble lourde et pesante. Marquet réduit le paysage à quelques éléments essentiels, souligne les lignes expressives, puise ses couleurs dans une gamme très réduite et parvient à rendre toute la délicatesse des jeux de lumière en bord de Marne. Le peintre manie les tons en véritable sorcier des valeurs. Effet poétique et ravissement esthétique nous envahissent sans rencontrer de résistance. La magie de Marquet opère immanquablement sur le spectateur ; et, mon Dieu, voilà une "tyrannie" bien douce au regard…

Collections publiques

Paris :

Musée national d'Art moderne (centre Georges Pompidou).

Musée d'Art moderne de la Ville de Paris

Musée d'Orsay.

Autres :

Musées des Beaux-Arts de Bordeaux, Grenoble, Bagnols-sur-Cèze, ainsi que dans la plupart des grands musées d'Art moderne du monde entier.

Bibliographie

G. Besson : *Marquet*, Crès, Paris, 1920.

M. Marquet : *Marquet*, Laffont, Paris, 1951.

F. Jourdain : *Marquet*, Cercle d'Art, Paris, 1959.

M. Sandoz : *Hommage à Marquet*, Bruker, Paris, 1963.

Albert Marquet, ***La Marne à La Varenne-Saint-Hilaire***, 1913. Musée d'Art moderne de la Ville de Paris.

Pour me donner quelques documents, il m'accompagne dans son atelier. (...) J'y admire des paysages de notre région, des églises familières, depuis la simple tour carrée de Luzancy jusqu'au clocher de Mareuil, mirant dans le canal de l'Ourcq sa silhouette plus tourmentée. Constatant que ces œuvres, datant parfois d'une quarantaine d'années, ont gardé toute leur fraîcheur, le maître s'en va fouiller dans sa réserve pour me montrer une étude faite en 1887 de son premier atelier. Et c'est avec une émotion qui se cache qu'il considère le cadre de sa jeunesse et de ses premiers travaux. (...) Comme je loue le précieux coloris, la vérité et la vie de ses ciels, il me confie : "C'est en allant à la pêche que j'ai appris à peindre des ciels : j'emportais toujours ma boîte de couleurs et comme je pêchais au gros, j'avais le temps de regarder et de peindre avant que le poisson morde !.."

Fernand Pinal, *Julien Massé*, conférence du 5 janvier 1949.

Jean Julien Massé (1856-1950)

L'œuvre de Jean Julien Massé peut être considérée comme l'ultime et somptueuse floraison de ce que Maurice Ribier appela "les semailles de Corot". Il naît à Meaux le 9 novembre 1856. Ses parents tiennent la quincaillerie de la rue du Marché. Comme beaucoup, ils espèrent pour le garçon l'avenir doré du notaire et l'imaginent volontiers "menton rasé, ventre rond" (Richepin).... Mais les études désespérément médiocres de Julien les contraignent à le placer comme apprenti dans une mercerie parisienne. En vain ; boutons et dentelles ne sont pas du goût de l'adolescent. La seule motivation qu'on lui connaisse alors, c'est le dessin. Mais le dessin, ça ne nourrit pas son homme ! En désespoir de cause, Julien Massé s'engage dans l'armée, en prend pour cinq ans et part pour l'Algérie. Durant trois années, il noircit des carnets et tente d'attraper la chaude lumière du bout de ses crayons. De retour à Amiens avec sa garnison, il prend ses premiers cours à l'Ecole des beaux-arts de la capitale picarde et se lie avec le sculpteur Albert Roze. Désormais, plus rien ni personne ne fera obstacle à sa quête artistique. A Paris, il suit les cours des Beaux-Arts et consolide son talent dans l'atelier de Boulanger. Présenté au peintre Alexandre Bouché, celui-ci l'accepte comme élève. Le sort en est jeté. Massé s'installe à Luzancy. Il devient dès lors l'héritier direct du merveilleux patrimoine artistique transmis par Corot à Bouché. Faisant preuve d'une volonté farouche, Massé ne tarde pas à recueillir de cet héritage le fruit le plus convoité des artistes : le style. **L'Allée Corot à Luzancy**, hommage à celui qui refusa comme lui de finir boutiquier, concentre tout le talent du peintre. Les empattements importants – voyez le mur de gauche gorgé de lumière – sont travaillés avec une finesse de touche inimitable et la palette, d'une grande fraîcheur, organise l'orchestration luxuriante d'une matinée printanière. Le lecteur fera profit d'une comparaison avec *Le Chemin des bois à Luzancy* de Corot (voir p. 56).

L'endroit est le même. Dans cette sonate des "Adieux", Corot conduit sa paysanne solitaire vers l'ombre de la forêt. Massé, lui, entoure la femme d'enfants : un dans ses bras, l'autre à la main. Ses personnages quittent la pénombre et marchent en plein soleil. Nous les voyons également de dos, mais se dirigeant vers le village, vers les hommes… Ce tableau, le peintre l'offre à un autre imagier de la vallée de la Marne, Fernand Pinal. Au dos, ce dernier écrit : "Le peintre Julien Massé, élève de Bouché de Luzancy, lui-même élève de Corot, est mort à Luzancy en 1950 à l'âge de 94 ans. J'avais fait sa connaissance lors d'une conférence que je faisais à Château-Thierry sur les artistes de la région. Il m'avait accordé sa sympathie. Parmi les très belles études offertes à mon choix, j'ai préféré celle-ci pour des raisons sentimentales.

La maison habitée par Julien Massé avait une sortie aboutissant à ce chemin, dans lequel Bouché avait fait connaissance de Corot qui descendait annuellement chez des amis dont la maison et le jardin donnaient sur ledit chemin.

La maison au fond du paysage est sur la grande rue de Luzancy que je suivais enfant pour aller à La Ferté-sous-Jouarre en diligence !"

Julien Massé est un boulimique : il pratique l'huile, le pastel, l'aquarelle, l'eau-forte et réalise une remarquable série de gravures sur le vieux Meaux. A la fin de la Première Guerre mondiale, il exécute pour les américains un ensemble de peintures témoignant de la dernière offensive de la Marne, lors de la conquête meurtrière par les "boys" de la cote 204 à Château-Thierry. Œuvres dramatiques, dont on retrouve le pendant poétique dans le poème *Hello* de Jean Rostand :

On se bat. Bois de Clérambaults !

Bords du Clignon ! Bourg de Bouresches !

Mon Dieu ! que tous ces noms sont beaux !

Et que leurs syllabes sont fraîches !

Et plus loin

L'Alouette a jeté ce cri

En passant près d'un capitaine

"Ce qui flambe à Château-Thierry

"C'est la maison de La Fontaine !"

Ces villages aux noms jolis furent le sujet inépuisable de l'art de Julien Massé. Le contact prolongé avec le pays briard lui a permis d'en pénétrer la beauté intime, la poésie secrète. Le peintre est enterré au cimetière de Luzancy, tout près de Bouché…

Jean Julien Massé,
L'Allée Corot à Luzancy.
Collection particulière.

Collections publiques

Mairie de La Ferté-sous-Jouarre
(peintures), musée Bossuet de Meaux
(eaux-fortes), musée des Beaux-Arts de
Reims, musée d'Amiens, musée d'Arras.
Un grand nombre d'œuvres se trouvent
dans des collections particulières aux
Etats-Unis.

Bibliographie

Fernand Pinal : *Conférence sur les artistes
de la région de Château-Thierry*, janvier
1949.
Maurice Ribier : *Les semailles de Corot*,
Imprimerie du Paroi, Ury.

" *J'ai arpenté les sentiers de cette merveilleuse campagne, cherché des champignons dans les bois de Crogis, avec lui, mettant mes pas dans ses pas, de cette allure lente et solide qui permet de tout voir et de bien voir, j'ai éprouvé le charme de cette terre où l'homme et la nature sont liés harmonieusement. Ici le temps n'existe plus, ces arbres, ce blé, ces jardins, ces maisons mêmes, j'ai la sensation que tout est là depuis le commencement et que rien n'a changé ni ne changera. Ce sentiment, Mémin l'a éprouvé et nous l'exprime en sa vision qui, au-delà des apparences, nous en fait sentir la permanence. (...)*
Et puis comme le paysan sait les soins qu'il doit apporter pour que son travail donne ses fruits, Mémin savait les vertus du travail et que rien ne se fait sans efforts, sans que l'artiste ne se soit donné entièrement, qu'il ne se soit forgé des outils, créé un métier, une technique qui correspondent à son expression sans, enfin et surtout, que l'œuvre qu'il entreprend ne soit, du premier dessin au tableau abouti, construite, charpentée et méditée comme un poème. Ce poème chez Mémin c'est du Virgile qui a parfois la noblesse du Poussin... c'est puissant, sensible et simple tout à la fois, c'est de la vraie peinture. "

Georges Cheyssial, peintre, membre de l'Institut, conservateur du musée Jean-Jacques Henner.

Augustin Mémin
(1910-1981)

Le releveur avait hâte de terminer sa tournée. Non pas que la Butte Montmartre soit spécialement fatigante pour ce robuste jeune homme, mais sa course contre la montre avait une raison précise, impérieuse, qui ne pouvait être différée : il devait ce soir terminer son tableau et avait juste deux heures devant lui avant que le soleil se couche. Notre releveur cycliste des P.T.T. devait encore rapporter à la poste du 18e, rue de Clignancourt, un grand nombre de lettres et colis avant d'enfourcher de nouveau son vélo, cette fois chargé de tout le barda du peintre. Pas le temps de se changer, le soleil n'attend pas ! Le voilà enfin sur le lieu choisi. Et l'adolescent essoufflé ouvre la boîte de peintures, sort palette et pinceaux, déplie fébrilement le chevalet et pose l'étude. Maintenant, sa vraie journée commence. La vie est belle ! Dès le lever, il ne pense qu'à ce moment. Peut-être bien qu'Utrillo passera par là, encore une fois. Augustin est fasciné par le personnage, mais il n'apprécie guère sa peinture. Sûr que lui doit pouvoir faire mieux ! Cette fois, Vogelweit sera content : la perspective est juste, le chromatisme révèle les tonalités rompues du soleil couchant, tout cela chante et respire ; mais il va encore dire que c'est un peu triste…

Nous sommes en 1926. Augustin Mémin a 16 ans et, déjà, il regroupe ses heures aux Postes, pour parfaire son apprentissage de peintre. Les travaux pratiques sont réalisés sur les trottoirs de Paris, et les conseils que lui prodigue l'excellent peintre Vogelweit donnent de l'épaisseur à son talent naturel. Il expose pour la première fois au Salon des P.T.T. en 1928. Sa modestie ne lui fera rejoindre les Artistes français qu'en 1936. Mémin y récoltera la médaille d'or en 1953. Entre 1936 et 1953, Augustin Mémin consolide les fondations de son œuvre. En 1937, il suit les cours du Museum d'histoire naturelle et s'inscrit à l'amphithéâtre de l'Ecole des beaux-arts pour se perfectionner dans l'art animalier. Il se lie avec Charles Fouqueray (1872-1956) qui le soutient et l'entoure de son amitié. Mobi-

lisé en 1939, il part à la guerre dans les Ardennes comme dessinateur-cartographe et rencontre le dessinateur Peynet. Fait prisonnier à Bains-les-Bains, il est envoyé en Allemagne au camp de Kustrin où il retrouve Cassou, Lucien Fournet, Despré, Max Agostini, Laverge… Sans perdre de temps, gagnés par la volonté communicative d'Augustin Mémin, les artistes fondent un atelier qui va fonctionner tant bien que mal durant les cinq années de captivité. C'est son ami Lucien Fontanarosa (1912-75) qui lui permet de poursuivre son activité de peintre dans ce milieu hostile et brutal. Fontanarosa n'aura de cesse de lui expédier livres, couleurs et matériel par le réseau des sacs de la Croix-Rouge. Magnifique solidarité de l'artiste "libre" envers un camarade détenu. Les nombreuses œuvres réalisées par Augustin Mémin pendant cette période de captivité, par-delà leur témoignage, sont d'une haute qualité artistique. Le dessin s'est émancipé de tout effort laborieux, les conditions d'existence précaires l'ont obligé à traduire l'essentiel par des notations picturales rapides, enlevées, d'une fraîcheur incomparable. A l'évidence, la peinture ouvre grand les fenêtres de sa liberté bâillonnée. La libération tumultueuse du camp par les Russes en 1945 va plonger le peintre dans la nouvelle épreuve d'un périple passant par la Pologne, la Lithuanie, la Russie, pour se terminer après des marches exténuantes à Odessa. Enfin, en août 1945, c'est le grand retour à Paris. Son objectif n'a pas changé : apprendre, toujours apprendre. "Je voudrais arriver à rendre la nature lorsqu'elle s'est parée de ses plus beaux tons sans rien en changer, mais c'est dur !", affirme-t-il… Il reprend son travail au jardin des plantes aux côtés de Reboussin et noue des relations amicales avec Corlin (1875-1970).

C'est en 1948 que le peintre découvre la vallée de la Marne. Ses amis Haering ont acheté une maison à Crogis, près de Château-Thierry, et lui ont réservé une pièce-atelier. Mémin est émerveillé par la région et le restera jusqu'à son dernier jour. Son œuvre peint sera principalement consacré à cette terre de Brie champenoise chantée par Couperin, La Fontaine, Corot, Lhermitte et Pinal.

Ses nombreux prix et bourses vont lui permettre de parcourir la Tunisie (1954), le Portugal et l'Espagne (1961 et 1966), la Syrie et le Liban (1968). Mais il revient toujours à son port d'attache, Crogis. Son talent, mais aussi sa bonté et sa droiture, vont faire de la maison de Crogis un lieu de convivialité légendaire ;

Augustin Mémin, **Le pont d'Azy-sur-Marne**. Gouache. Collection particulière.

Augustin Mémin, **Autoportrait**. Collection particulière.

des artistes de tous les coins de France viennent y trouver chaleur et beauté. Les peintres Lucien Fournet (1902-75) et Luc Lepetit (1904-81) habitent tout près. Rudy Mémin, fils du peintre, garde le souvenir ému de ces soirées où artistes et paysans du coin partageaient l'art et le pain, où résonna un jour la voix puissante d'Armand Mestral, l'ami d'Augustin… Une même admiration les envahissait quand Mémin acceptait de montrer ses toiles. Il révélait les aspects les plus simples de la nature : l'ordonnance monotone du vignoble, les collines frémissantes sous la neige, les villages pétrifiés par le givre, les bouquets de fleurs sauvages, les maisons briardes trapues et fardées de plâtre gros… Il chapardait tout ce qui lui semblait bon à croquer. "Quand Mémin répète ces mots : l'harmonie, la pâte, de quoi d'autre parle-t-il sinon de ces collines et de ces bois, de ces guérets, de ces maisons basses aux tuiles lourdes et de ces jardins envahis d'ombre humide, au creux de Crogis ?" Et parlant de la technique du peintre, Maurice Bruzeau poursuit : "La hantise de Mémin c'est de créer des contrastes en fonçant la couleur. Il construit au pinceau, prépare des jus pour les dessous qui mettront la pâte en valeur, étudie les réserves et enfin travaille finement, très finement au couteau. Contrairement aux apparences, les bouquets de Mémin sont entièrement réalisés au couteau et les objets "moulés" par l'outil : "Je travaille comme un tourneur, j'ai été jusqu'à employer de la terre de Crogis pour les paysages de labour…"

A ces toiles puissantes et nobles, sculptées par un orfèvre amoureux de son art, nous avons préféré vous montrer ce **Pont d'Azy-sur-Marne**, étude préparatoire réalisée à la gouache, premier jet avant le travail sur le lin. Nous y voyons une spontanéité, un jaillissement, en même temps qu'un précieux indicateur de la manière de l'artiste. Du village d'Azy, nous ne voyons qu'une habitation, à droite au premier plan. Au loin, au pied des collines, entre deux bouquets d'arbres, ce sont les maisons de Chézy-sur-Marne, charmante commune où villégiaturaient de nombreux artistes comme le graveur Emile Buland, le sculpteur Paul Landowski, les peintres Giulio Lapara et Emile Sabouraud. Le pinceau nerveux de Mémin trace un ciel nuageux, chargé d'humidité malgré ses trouées de lumière, dont l'harmonie des bleus et des gris nuancés imprègne le paysage de cette ineffable tristesse chère à l'artiste. Tristesse teintée d'une certaine sérénité que dégage l'organisation très pure de la composition. Dans un registre chromatique restreint, réduit aux verts et aux bruns, l'ar-

tiste échelonne ses plans et réussit à nous faire sentir, par cette fusion intime avec la nature, le silence inquiétant avant que la giboulée ne dégringole, le tressaillement de cette campagne qui s'abandonne, le frisson de la terre sous le dernier rayon de soleil… Une utilisation judicieuse des réserves suffit à montrer les faibles miroitements de lumière à la surface de l'eau.

La pauvreté du matériau utilisé – un petit bout de papier rapidement gouaché – exprime mieux que tout autre la science de la composition et la richesse intérieure d'Augustin Mémin : rien qu'une humble prière, simple fleur des champs, adressée par le peintre à ce petit bout de vallée de la Marne…

Collections publiques

Ville de Paris, musée de la France d'Outre-mer, musée de Soissons, musée de Denain. Décoration du bureau de poste de Beaugency.

Bibliographie

Augustin Mémin, plaquette éditée par les "Peintres en Champagne", D. Bigaré, C. Mescouli. Préface de G. Cheyssial, Châlons-sur-Marne, 1983.

Augustin Mémin,
dessin de captivité.

" *Un village de la France classique révéla ce breton à lui-même. Entre La Ferté-sous-Jouarre et Sainte-Aulde, au flanc du doux coteau escortant une boucle de la Marne, parmi les cultures et les vergers qui s'étalent en damiers, Chamigny égrène, le long des chemins infléchis, ses maisonnettes toutes brodées d'espaliers, toutes fleuries d'asters et de dahlias. (...). C'est surtout en peignant le village et ses grêles jardinets que Paul Meslé nous a donné la pleine mesure de son magnifique talent. Ces petites maisons basses, timides et clignotantes, il les a étudiées avec une attention et une tendresse ravies, mariant leurs architectures ingénues et puériles à la solennité des ciels. (...) S'il me fallait caractériser d'un trait Paul Meslé et son œuvre, je dirais volontiers qu'il est aux côtés du grand prosateur Léon Lhermitte.* "

Pol Neveu, de l'Académie Goncourt.

Joseph-Paul Meslé (1855-1927)

Joseph-Paul Meslé naît le 25 janvier 1855 à Saint-Servan, tout près de Saint-Malo, d'un père tonnelier et une mère couturière. Enfance heureuse au voisinage des ports de pêche où ses yeux d'enfant toujours émerveillé accompagnent le mouvement des bateaux et le gonflement de leurs voiles colorées. Le peintre s'en souviendra et les paysages côtiers de Bretagne ou de Normandie, certes mineurs dans sa production, n'en témoigneront pas moins d'une fidélité parfois nostalgique à ses premières années… Ses dons pour le dessin sont alors si évidents que le jeune garçon est dirigé sur l'Ecole des beaux-arts de Rennes. Sa vocation artistique se confirme : il sera peintre ! En 1875, Meslé embrasse les siens et part pour Paris. Il emporte avec lui une lettre de recommandations rédigée par J.-F. Millet : on ne pouvait rêver meilleur parrainage… Brillant élève aux Beaux-Arts de Paris, travailleur acharné et consciencieux, le jeune Breton se plie difficilement à la pédagogie de l'école et aux trépidations de la vie parisienne. Il retrouve pour quelque temps le pays natal, histoire de prendre des forces avant d'intégrer pour de bon l'atelier de Léon Bonnat aux Beaux-Arts de Paris. Bonnat le trouve "(...) un de ses meilleurs élèves, (...) travailleur, intelligent, animé du plus grand zèle." Années d'apprentissage, fécondes et studieuses, au cours desquelles l'artiste fait comme tant d'autres "son voyage d'Italie" et connaît l'éblouissement devant les œuvres de Giotto et des Vénitiens Tintoret, Véronèse, Le Titien… L'incontournable Salon, objet de tant de convoitises, lui ouvre ses portes en 1880. Meslé a 25 ans. Dix ans plus tard, il quitte les Artistes français pour rejoindre définitivement en 1892, derrière Rodin et Puvis de Chavannes, les scissionnistes de la Société nationale des beaux-arts.

Meslé s'installe à Reims dans les années 1881-82. Son amitié durable avec l'écrivain Pol Neveu lui ouvre bien des portes et l'artiste devient vite un portraitiste réputé dans les milieux aisés de la capitale champenoise. Les œuvres exposées durant les neuf années rémoises témoignent de son engouement pour les genres du portrait et des scènes d'intérieur.

En 1890, Meslé épouse Yacinthe Bremontier. Ils emménagent à Jaulgonne, petit bourg situé le long de la Marne, entre Dormans et Château-Thierry. A quelques kilomètres réside son confrère et compagnon de la "Nationale", le peintre des moissonneurs, Léon Lhermitte.

Peu après, le jeune couple suit de nouveau la rivière et pose ses valises en 1896, à Chamigny, village proche de La Ferté-sous-Jouarre. Le cours de la Marne et ses collines environnantes formeront désormais l'essentiel de la production du peintre. Plantant son chevalet partout dans cette région, le paysagiste accumule les portraits de son village et de la vallée. Très concerné par les mouvements picturaux de son temps, il entend le cri des fauves, expose avec les "néos" de Lagny dans leur Salon annuel, fréquente Lhermitte et les peintres de Luzancy, Bouché et Massé…

A Chamigny, l'artiste va prodiguer ses conseils à un jeune homme enthousiaste, violoniste accompli et fou de peinture : André Planson (1898-1981). Meslé connaît alors le succès et ses toiles se vendent bien, en France chez Georges Petit comme aux Etats-Unis. Son style, d'une largesse de touches voisine de celle de Monet, le fait souvent confondre avec ce dernier. Un paysage de Meslé est pourtant aisément identifiable. Ses peintures sont rarement animées de personnages. Seuls comptent vraiment la marche des nuages, la pente des coteaux, la simplicité des maisons briardes, le cours de la Marne. L'œuvre présentée, **Une Rue à Chamigny** le confirme : il aime chanter la nature, l'espace, la terre, les saisons… Les jeux d'atmosphère se développent dans une parfaite orchestration d'harmoniques. Répudiant la virtuosité comme le pittoresque, d'une sincérité absolue, les paysages de Meslé forment un bloc aussi homogène qu'une fugue de Bach. De Corot, il retient la primauté des formes et des valeurs ; la recherche obstinée de l'équilibre et de l'unité picturale le rapproche de Cézanne…

Le 20 juin 1927, Joseph-Paul Meslé meurt subitement. Avec lui s'éteint le chant d'un poète qu'on "aimait pour la sécurité de son cœur limpide, pour son ingénuité primesautière, pour ses mélancolies nonchalantes" (Pol Neveu)".

Joseph-Paul Meslé, **Une Rue à Chamigny**. Musée des Beaux-Arts, Reims.

La Marne, dans la région de Chamigny, compte plus d'un partisan. Meslé disparu, d'autres se lèvent. André Planson est déjà au travail. Et viendra l'heure d'Henri Hayden…

Collections publiques :

Mairie de Chamigny, musée des Beaux-Arts de Reims, musée de Rennes, musée de Saint-Malo, musée d'Art moderne de la Ville de Paris, musée Fabre de Montpellier, musée Briard de Jouarre.

Bibliographie :

Maurice Ribier : *Les Semailles de Corot,* Imprimerie du Paroi, Ury.
Guy Alidière : *Joseph-Paul Meslé, 1855-1927, Catalogue de l'exposition*, Chamigny, avril 1992.

C'est très beau la Grèce, Aman-Jean, mais tout cela ne vaut pas Beuvardes.

Etienne Moreau-Nélaton

Etienne Moreau-Nélaton (1859-1927)

La célébrité d'Etienne Moreau-Nélaton repose en grande partie sur la donation qu'il fit au Louvre d'une incomparable sélection d'œuvres des maîtres français du XIXᵉ siècle. C'est un fait historique incontournable : cet homme-là permit aux impressionnistes d'entrer officiellement au Louvre. L'événement était de taille. Mais on oublie souvent, malgré une récente rétrospective de ses œuvres au Grand Palais, que notre généreux donateur fut aussi un artiste qui donna au Tardenois des pages remarquables, dignes de figurer aux côtés des pastels de son ami Léon Lhermitte.

Rappelons déjà que, sans la passionnante monographie de l'artiste réalisée par Vincent Pomarède, nous n'étions pas en mesure de résumer l'histoire riche et singulière d'Etienne Moreau-Nélaton.

Il est né à Paris le 2 décembre 1859. Son père, Adolphe Moreau fils, à la fois haut-fonctionnaire au Conseil d'Etat, peintre dont la formation doit beaucoup à l'ami de la famille, Harpignies, historien de l'art ébloui par Delacroix, et… grand collectionneur. Sa mère, Camille Nélaton, peint scènes animalières et paysages sous l'influence d'Harpignies et de Troyon ; mais elle est aussi une céramiste originale et le public raffole de ses plats et vases magnifiquement décorés. C'est dans ce milieu intellectuel et artistique chaleureux que grandit le jeune Etienne. La résidence à Fère-en-Tardenois et l'appartement parisien sont des lieux très fréquentés par les artistes, amis des ses parents : Delacroix, Corot, Manet, Puvis de Chavannes, Carrière, Fantin-Latour, Monet, Sisley ! On devine qu'ils n'ont pas manqué de frapper l'imagination de l'enfant… Ses études le conduisent à l'Ecole normale supérieure. Une photographie des élus de la promotion de 1878 en troisième

année nous le montre en compagnie de Bergson et Jean Jaurès. Finalement, en 1881, sa passion pour l'art le fait définitivement renoncer au professorat. Il emporte avec lui une culture générale de très haut niveau, la maîtrise parfaite de la méthode et un intérêt renouvelé pour les disciplines historiques. Il en fera largement profit.

1883. Après les premiers balbutiements, Etienne Moreau-Nélaton reçoit l'enseignement attentif d'Harpignies. Ce dernier le rassure quand il doute ; parallèlement, sa mère ne cesse de l'encourager. Les leçons sont confortées par les cours pris aux Beaux-Arts dans l'atelier d'Albert Maignan. En septembre de la même année, il réalise pour la première fois une série de paysages à Fère-en-Tardenois et dans les villages voisins. Dorénavant, le paysage du Tardenois et les mœurs de sa population seront parmi ses principales sources d'inspiration. Une de ses aquarelles est retenue par le jury du Salon de 1884. Cette fois, nous y sommes.

Etienne Moreau-Nélaton, **Le Tour ou le modelage**. Collection particulière.

Etienne Moreau-Nélaton, **Le jeune amateur**. Musée des Beaux-Arts, Reims.

Moreau-Nélaton par Alexandre Legros. Gravure.

Mais il lui faut à présent faire sa place, tenir son rang, imposer sa peinture. Il s'y attelle courageusement et entame une double conquête : celle du public, et celle de la lumière qui va le rapprocher de ses amis impressionnistes. En 1889, l'Exposition universelle entraîne une scission de l'honorable Société des artistes français. Soucieux de plus de liberté dans sa peinture, Moreau-Nélaton rejoint les rénovateurs du nouveau Salon national des beaux-arts. De 1890 à 1896, il travaille à établir son langage pictural à travers les genres du paysage et de la scène religieuse. Années de bonheur familial – il est un mari comblé et père de trois enfants –, années fécondes où il déploie une formidable puissance de travail, voyage beaucoup et retrouve avec le même bonheur son domaine du Tardenois, entre Coincy-l'Abbaye et Beuvardes, se lie avec les grands artistes de son temps et fréquente ses collègues de bords de Marne, Léon Lhermitte à Mont-Saint-Père et Aman-Jean à Château-Thierry, aborde avec bonheur la gravure, la lithographie et l'affiche. Et soudain, tout bascule. Le 4 mai 1897, il perd le même jour sa femme et sa mère dans l'incendie du bazar de la Charité. Dès lors, ses trois enfants et son métier de peintre seront au centre de son existence. Il ne peint plus que des paysages et en expose une trentaine, mélangés à quelques scènes intimistes, chez Durand-Ruel, en 1902.

Le Tour ou le Modelage est une huile exécutée en 1907, l'année qui suit la fameuse donation de ses collections au musée du Louvre. A la liste paternelle où figuraient les grands noms de la peinture romantique (Delacroix, Géricault) et de l'école de Barbizon (Daubigny, Diaz, Dupré…), Moreau-Nélaton ajoute ses propres acquisitions, éblouissante suite de chefs-d'œuvre signés Corot, Daumier, Delacroix, Fantin-Latour, Legros, Puvis de Chavannes, Cazin, Monet, Pissarro, Sisley, Morisot, sans oublier les cinq Manet dont le célèbre *Déjeuner sur l'herbe*… Il collectionnait également les œuvres de ses proches amis, Aman-Jean, Carrière, Helleu, Lebourg, Blanche et Maurice Denis. On peut comprendre, face au génie écrasant de la plupart de ces peintres, combien il a été difficile pour Moreau-Nélaton de faire reconnaître son propre talent !

Le Tour ou le modelage, œuvre intimiste, révèle le style de l'artiste et témoigne d'un art auquel Moreau-Nélaton consacrait beaucoup de temps dans sa propriété du Tardenois : la céramique. Vincent Pomarède nous donne une idée de l'activité du peintre à cette époque : "Dès le mois de mars, il est de retour à la Tournelle où la photographie prise de lui, pour la première page des *Notes intimes* de Henriet, le montre près de son four de potier, témoignage de l'importance grandissante de cet art du feu. De ce mois à Pâques, il se consacre à trois activités principales : la céramique d'abord, ce qui lui permettra de montrer ses dernières réalisations au Salon national des beaux-arts ; ensuite quelques travaux plus rares et pour l'instant mal connus sur le plan pictural ; enfin la rédaction d'un article consacré aux crayons français du XVIe, période chère à son cœur et qui le voit ici publier dans *La gazette des Beaux-Arts* le premier jalon d'une étude qui va se poursuivre…"

Le Tour ou le modelage nous fait mesurer la progression du peintre, loin, très loin des premières œuvres naturalistes. Son écriture présente, selon nous, des similitudes avec celle du peintre allemand Max Lieberman. Ce dernier, subjugué à son tour par Manet et Degas, avait abandonné le réalisme de ses débuts et était parvenu à accentuer l'intensité lumineuse de ses toiles. Malgré le traitement impressionniste de la lumière enfin dominée, les deux artistes conserveront toujours le même penchant pour les colorations très sobres.

" La toile nous montre Etiennette, vue de dos penchée sur son vase qu'elle est en train de mettre en forme, installée dans l'atelier de la Tournelle face à une gigantesque verrière qui laisse passer une luminosité violente et devant une porte qui laisse entrevoir le paysage du jardin de la Tournelle. C'est surtout à l'étude de cette luminosité et des reflets innombrables et multicolores que s'intéresse Etienne Moreau-Nélaton qui tente, non plus une intégration, non plus le rendu instantané d'une scène à la manière d'un cliché photographique mais l'étude approfondie des phénomènes lumineux et des variations de la couleur en fonction de la lumière, démarche totalement impressionniste. Construite avec un sens aigu de la linéarité, cette toile, étudiée en macro-photographie, révèle une belle utilisation de la touche du pinceau, très virtuose et parfaitement maîtrisée à la manière d'un crayon qui lécherait et contournerait objets et personnages." (Vincent Pomarède).

L'activité de Moreau-Nélaton, dinosaurienne, s'étend maintenant au domaine de l'histoire de l'art. Corot, Delacroix, Millet, Jongkind, Manet sont l'objet d'études très poussées. Mais une seconde fois, la mort cogne à sa porte. L'offensive de 1918 anéantit sa maison, ruine son cher pays du Tardenois et lui prend son fils. Il délaisse alors la peinture et s'anéantit littéralement dans l'écriture, publie l'ouvrage sur *La Cathédrale de Reims* et celui qu'il consacre à son fils mort au combat, *L'Histoire d'une âme héroïque*. Héroïque, l'histoire d'Etienne Moreau-Nélaton le fut jusqu'à son dernier jour, le 25 avril 1927.

Collections publiques

Paris : Musée d'Orsay, musée du Louvre (cabinet des dessins).
Province : Musées de Château-Thierry, Reims, Roanne, Pau, Orléans, Grenoble.

Bibliographie

Vincent Pomarède : *Etienne Moreau-Nélaton*, ISBN, Imprimerie Darantière, Quétigny, 1988.
P. Ratouis de Limay : *Les Moreau. Etienne Moreau-Nélaton*, dans *Le Dessin*, n° 9, mars 1939.
Moreau-Nélaton nous laisse de nombreux ouvrages historiques et artistiques sur les XVIe et XIXe siècles français, ainsi que des livres illustrés, des livres pour enfants et des ouvrages familiaux. Le lecteur trouvera ci-dessous la liste de ses ouvrages d'histoire et d'érudition régionales :
Histoire de Fère-en-Tardenois, Paris, 1910.
Fleurs et bouquets, Paris, 1911.
Les Eglises de chez nous, (arrondissement de Château-Thierry), 3 volumes, Paris, 1914.
Soissons avant la guerre, Paris, 1915.
La Cathédrale de Reims, Paris, 1915.
Chez nous après les boches, Paris, 1919.

François-Alexandre Pernot, *Le Château de Chateauvillain*. Musée de Chaumont.

> *Le mot de romantique a été introduit nouvellement en Allemagne, pour désigner la poésie dont les chants des troubadours ont été l'origine, celle qui est née de la chevalerie et du christianisme... La littérature romantique est la seule qui soit susceptible encore d'être perfectionnée, parce qu'ayant ses racines dans notre propre sol... : elle exprime notre religion ; elle rappelle notre histoire ; son origine est ancienne, mais non antique."*

Mme de Staël, *De l'Allemagne.*

François-Alexandre
Pernot (1793-1965)

Le musée de Chaumont conserve une exceptionnelle réunion d'œuvres d'Alexandre Pernot. Il est natif de Wassy, bourgade traversée par la Blaise, rivière d'une belle longévité : partie de Gillancourt, elle arrose Blaisy, Juzennecourt, Lamothe-en-Blaisy (proche de Colombey-les-deux-Eglises), Blaise, Bouzancourt, Doulevant-le-Château, Wassy, Eclaron, Arrigny et finit sa course à Isle-sur-Marne où ses eaux vives viennent alimenter le cours de la Marne. C'est ici, dans ce lieu de fusion des eaux, que Mademoiselle Voland, depuis le château d'Isle-sur-Marne, alimentait quant à elle une formidable correspondance avec Diderot... Les nombreux châteaux qui parsèment la région ont certainement marqué l'imagination du jeune Alexandre Pernot ; sa formation artistique ne pouvait trouver meilleur enseignement que celui de Victor Bertin (1767-1842). Elève de Valenciennes et maître de Corot, Bertin est le peintre qui va orienter le "paysage historique" vers le romantisme. Dans son atelier, il forme une pépinière de paysagistes : pionniers de la peinture en plein air, ceux-là seront à l'origine de l'école de Barbizon. Pernot débute au Salon en 1819 avec trois tableaux : *Vue du pont et du château Saint-Maurice dans le Valais, Vue du château de Joinville*, tel qu'il était en 1840, et *Etude d'après nature*. Son talent sera récompensé par Charles X qui en fera le professeur de dessin de ses pages... "Ses envois jusqu'en 1863 – paysages souvent exécutés d'après nature – illustrent ses nombreux voyages en Ecosse, en Allemagne, en Hollande, en Belgique, en Suisse et en France. (...) Il a plus souvent travaillé à l'aquarelle et au dessin et ses toiles sont plus rares. Son goût marqué pour les ruines de châteaux forts et les architectures du Moyen Age, lui a fait délaisser l'Italie (qu'il ne connaîtra jamais) au profit des pays nordiques. L'intérêt dont ces derniers bénéficient est la conséquence directe du succès remporté alors par les romans de W. Scott et pour l'évocation desquels Pernot retrouve les décors en

Ecosse. Sous l'influence de ce mouvement "troubadour" sa manière incline à un certain romantisme notamment dans ses éclairages nocturnes." (Lydia Harambourg). On ne saurait mieux décrire *Le Château de Chaumont*, œuvre imprégnée du médiévalisme romantique qui faisait alors rage en Allemagne, en Angleterre et en Scandinavie. Alexandre Pernot participe à ce "retour au gothique", dont l'esthétisme affiche ses rêves nostalgiques dans d'extravagantes architectures médiévales ; regrets d'une époque où le Saint Empire, la chevalerie, les croisades prenaient l'allure d'une épopée dont l'honneur, l'héroïsme et la gloire étaient les principales caractéristiques. Victor Hugo rédige *Notre-Dame de Paris*, Louis II de Bavière fait surgir de terre les châteaux de ses rêves les plus fous, Wagner s'empare des légendes nordiques et Viollet-le-Duc conçoit à Pierrefonds une splendide réplique fidèle à l'original... La beauté grandiose et tragique du château de Chaumont aurait séduit Shakespeare : n'est-il pas le décor idéal pour la vengeance d'Hamlet ? "L'extrêmement grand" de l'architecture s'oppose à "l'extrêmement petit" du personnage au premier plan, soldat casqué portant costume rouge et qui semble contempler une minuscule tache blanche perchée sur la muraille opposée.

François-Alexandre Pernot, *Le Château de Chaumont*. Musée de Chaumont.

François-Alexandre Pernot, **Les Sources de la Marne**. Musée de Chaumont.

Il n'en fallait pas plus, dans ce paysage tout en contraste d'ombre et de lumière, pour suggérer la tragédie de Roméo et Juliette…

Les Sources de la Marne est une toile qui présente des qualités similaires à la précédente, auxquelles s'ajoute l'intérêt d'une thématique – la source des rivières – qui fut plus souvent traitée dans le genre allégorique (voir *La Source* d'Ingres au musée du Louvre) que dans celui du paysage. Par sa manière romantique plus narrative que visionnaire, Alexandre Pernot transfigure le site en un lieu où le fantastique et le grandiose lui donnent une allure irréelle. "C'est aux confins de la Bourgogne et de la Franche-Comté que la Marne prend sa source au pied du plateau de Langres, dans le fond d'un vallon pittoresque bordé d'abrupts rocheux sculptés de nombreuses cavités. La légende veut qu'en ces lieux, un patricien gallo-romain, Sabinus, se soit caché avec sa famille après les révoltes de 70 de notre ère." (Jean-Pierre Charpy). Vénérée en Gaule, la source était dans la Grèce antique l'objet d'un véritable culte auquel se rattachaient de nombreuses légendes dont quelques-unes figurent parmi les plus poétiques de la mythologie. Alexandre Pernot se réfère probablement au Moyen Age dont les romans de chevalerie peuplaient les sources de fées et leur attribuaient des origines miraculeuses. Pour notre part, nous y voyons "cet asile rafraîchi par une fontaine intarissable où sont enfermées des urnes et des amphores de pierre. Les abeilles y déposent leur miel et sur de grands métiers de roche, les nymphes tissent des toiles de pourpre d'un aspect admirable." (Homère, *L'Odyssée*)

Collections publiques

Musées d'Angers, Chartres, Chaumont, Dijon, Langres, Reims, Saint-Dizier, Tours, Troyes (musée des Beaux-Arts), Versailles, Wassy.

Bibliographie

De nombreux dessins de l'artiste ont été publiés dans des albums de voyage. Alexandre Pernot publie en 1825-28 les soixante planches des *Vues pittoresques de l'Ecosse*, dessinées d'après nature sur un texte d'A. Pichot et, en 1838-39, *Le Vieux-Paris*.
Journal d'un artiste peintre au temps des romantiques, présenté et annoté par Denis Cailleaux, Ed. Paris-Musées, musée de la Vie romantique, Paris, Exposition du 24 avril au 15 juillet 1990.
Bénédicte Garcin, Roland May : *Les peintres Haut-Marnais du XIXe et du début du XXe siècle dans les musées de Haute-Marne*, Editions C.D.D.P. 1982.
Lydia Harambourg : *Pernot Alexandre*, dans *Dictionnaire des peintres paysagistes français du XIXe siècle*. Editions Ides et Calendes, 1985.
Catalogue d'exposition : *Romanticismo : il nuovo sentimento della natura*. Electa, Milano, 1993.

Cela se passait sous la présidence de M. Jules Grévy. Henri Pille avait été invité à une réception à l'Elysée. Sous son habit à longs pans, il gardait l'aspect rustique qu'il affectionnait tant, et, silencieux, se promenait solitairement dans la salle de billard du président. Un ami lui annonça que le ministre de l'Agriculture désirait faire sa connaissance. – Moué ? dit-il, moué ? Vous voulez me présenter au ministre ! Bon Dieu, bon Dieu ! et qué qu'y m'veut, c't'homme ? Néanmoins, il se prêta de bonne grâce à la cérémonie, et, une fois présenté, s'adressant au ministre : – Alors, c'est vous, l'ministre ed l'Agriculture… ? Ah ! c'est vous ! Bonté divine ! Eh bien, m'sieur l'ministre, dites-moué donc comment vont les pommes de terre, à c'tte heure ?

Interloqué, l'honorable représentant du gouvernement s'efforça aussitôt de mettre la conversation sur un sujet plus général. Mais ce fut peine perdue : Pille avait son idée, et avec un entêtement vraiment caractéristique, il continua ses questions sur les petits pois, et sur les froments sans aucune pitié pour son interlocuteur qui maudissait in petto la déplorable curiosité qui l'avait poussé à se faire présenter l'artiste montmartrois.

Aurons-nous tort, si, à propos de ce trait, nous évoquons le souvenir du Bonhomme La Fontaine ?

Albert Savarus, *Le Magasin pittoresque*, 1897.

Henri Pille
(1844-1897)

Il est né à Essômes-sur-Marne le 6 janvier 1844. Il gagne Paris à l'âge de vingt ans, et son allure de paysan fait sensation dans l'atelier de Félix Barrias (1822-1907).

Dans le papier nécrologique réalisé au lendemain de la mort du peintre, Arsène Alexandre retrace pour les lecteurs du Figaro la vie d'Henri Pille ; un siècle plus tard, le savoureux portrait n'a rien perdu de sa saveur. Notre étonnement est grand, à la lecture de ce qui suit, de constater que Pille eut pour ami et unique élève, le peintre et concitoyen d'Essômes-sur-Marne, Albert Bligny, lequel arborait la distinction et l'élégance du chic anglais…

"(...) Parisien, cela va sans dire, il l'était seulement devenu, car il avait conservé de son village d'Essômes, dans l'Aisne, un terrible accent campagnard qui l'aurait fait difficilement prendre pour un indigène de La Villette ou de ce Montmartre qu'il a presque toujours habité.

"Avec sa figure chafouine et ravagée, sa tenue négligée au-delà du possible, cravate en corde, veston sur une chemise de couleur entrebâillée, snow-boots pendant l'été, pantalon trop court, cheveux ébouriffés sous un chapeau de forme inclassable, son allure traînante, sa petite taille voûtée, son regard de côté, il faisait plus d'une fois retourner les passants, dont l'étonnement s'augmentait lorsqu'ils remarquaient le ruban rouge tortillé autour de sa boutonnière. Lorsqu'il apparaissait au vernissage dans cette tenue, c'était toujours, chez les personnes tirées à quatre épingles qui, d'aventure, ne le connaissaient pas, une stupéfaction ; et il arriva que dans des maisons fashionables où il avait des amis et des admirateurs, lorsqu'il vint pour la première fois, des concierges trop zélés et trop peu physionomistes lui refusèrent l'entrée de leur cour.

"Ce n'était nullement pose ni rusticité de la part de ce très brave homme, mais insouciance et simplicité. (...)"

Et Arsène Alexandre de décrire les traits de caractère du paysan champenois : "... on ne tardait pas à remarquer que ce masque accidenté était plein de finesse, de bonhomie ; que les yeux étaient des plus malicieux, et que le falot personnage, avec son accent traînard de paysan madré, entrecoupant les phrases de hum ! de toussotements, de réticences, disait des choses toujours très judicieuses, pleines de bon sens et souvent de véritable esprit. C'était un esprit méditatif, tout nourri de Don Quichotte, de Molière, de Rabelais, qu'il avait copieusement et à diverses reprises illustrés de façon très pittoresque et très remarquable. De là le tour malin, caustique, sans malveillance, et de bonne race française, de son esprit et de son talent. (...)"

C'est effectivement par son œuvre d'illustrateur, que le "Père Pille", comme on l'appelait, est encore de nos jours un artiste apprécié des bibliophiles. Alfred de Musset, Charles Perrault, Scarron, Shakespeare bénéficièrent de ses eaux-fortes et dessins à la plume, tout comme les principaux périodiques illustrés de son temps, Le Courrier français, Le Rire, et bien sûr Le Chat noir qu'il illustra de ses pages humoristico-pittoresques. Rappelons qu'Henri Pille fut président de la Société des artistes illustrateurs. Figure légendaire de la bohème de Montmartre, Henri Pille, fier de ses racines paysannes, fit périodiquement le pèlerinage de sa Champagne natale.

Cette ***Messe à Pavant***, déposée par l'Etat au musée des Beaux-Arts de Reims en 1890, révèle son intérêt pour les mœurs des habitants de la vallée de la Marne. Henri Pille reprend ici un thème souvent traité par son contemporain Léon Lhermitte, qui réalisa en 1888 un merveilleux pastel dont la scène se passe dans l'église de Chartèves : *La Confirmation*. Si Henri Pille n'atteint pas au même envoûtement que le "peintre des moissonneurs", il fait preuve d'un réalisme remarquable, "non seulement par le pittoresque de l'arrangement, le naturel de la vie, mais aussi par une excellente exécution, à la fois sobre et savante." (A. Alexandre). D'une étonnante justesse, les attitudes des fidèles marquent un souci

Henri Pille, **La Messe à Pavant**. Musée des Beaux-Arts, Reims.

scrupuleux de vérité ; son dessin impeccable pourrait paraître quelque peu sévère si l'artiste ne se montrait excellent coloriste : comment ne pas partager le plaisir qu'il éprouve à faire chanter les étoffes chatoyantes des châles couvrant les épaules des paysannes ? Le hasard du classement alphabétique des peintres permet aux lecteurs de comparer comment le suivant, Fernand Pinal, peignit soixante ans plus tard cette même église, cette fois prise de l'extérieur, et dont le clocher couronné d'arbres en fleurs frémit sous la caresse du soleil printanier.

Mais écoutons encore la voix d'Henri Pille ; elle s'échappe d'une petite taverne de la rue Jacob où il avait coutume de se rendre. Son accent inimitable nous raconte une dernière anecdote, très peu respectueuse des peintres alors en vogue, et que nous avons la faiblesse de goûter fort : "Léonce Petit, qui avait encore plus d'accent que moué, disait qu'il fallait absolument connaître les opinions pôlitiques d'eun'personne pour faire d'elle un bon portrait. Et comme je lui disais qu'tout ça c'était de la frime : " Mais si, mais si, qu'i m'disait. Ainsi, quand j'dessine mes couchons dans mes scènes de campagne, il faut absolument que j'pense à eun'personne.

Quand j'veux faire un couchon gras, j'pense à Jundt ; quand j'veux faire un couchon maigre, j'pense à Feyen-Perrin."

Collections publiques

Les musées Jean de La Fontaine à Château-Thierry et Carnavalet à Paris conservent des œuvres de l'artiste.

Bibliographie

Marcus Osterwalder : *Dictionnaire des illustrateurs, 1800-1914*, France, 1983.
Frédéric Henriet : *Henri Pille*, Annales de la Société historique et archéologique de Château-Thierry, 1897.

Pinal peignant en bord de Marne à Charly, en 1905.

Ces départements bouleversés, ces villages meurtris qui n'ont tenté souvent que des virtuoses ou de plats barbouilleurs, M. Pinal les a regardés avec une tendresse désolée et compatissante. Il a mis à décrire leur mutilation de l'âme, et du souvenir dans son style. Il est dès lors devenu, par destination et réalisation, le peintre du terroir lamentable, des champs épiques, des monuments civils et religieux, des bourgades dévastées dont ses rêves gardaient la vision lointaine et l'enchantement.

Léon Bocquet, *Lettre de Paris,* août 1924.

Fernand Pinal
(1881-1958)

Si l'on devait décerner le label de "peintre de la Marne", le seul critère possible serait la part impartie par l'artiste aux paysages de la vallée. Alors, sans aucun doute, Fernand Pinal serait de ceux-là, qui consacra la majeure partie de son œuvre aux paysages de l'Ourcq et de la Marne.

Pinal naît en 1881 à Bruyères-et-Montbérault, village situé au cœur du département de l'Aisne, tout près de Laon. Son goût pour le dessin remonte à l'enfance où le grand-oncle de Beaurieux, le peintre amateur Sébastien Pinal, l'initie au maniement des crayons et pinceaux. L'enfant découvre les sites de la Marne et de l'Orxois au gré des mutations professionnelles du père. Le percepteur des impôts est nommé successivement à Gandelu, sur les rives du Clignon – Fernand Pinal y localisera plus tard "le paradis de son enfance" –, à Charly-sur-Marne, première station importante de la vallée viticole, à Meaux enfin, où Albert Pinal terminera sa carrière.

Empruntant la voie des facteur Cheval, douanier Rousseau ou autre gendarme Dubois-Pillet, Fernand Pinal, fils unique et de nature conciliante, conjuguera les souhaits paternels et les siens : il sera haut fonctionnaire et peintre-graveur. Sociétaire du Salon des Artistes français, de la Nationale des beaux-arts, du Salon d'Hiver, du Comité des aquafortistes français, de l'Association amicale de l'eau-forte, de la Société artistique de la gravure sur bois, de la Société du bois, président-fondateur de la Société des artistes laonnois, Pinal obtient de ces organisations artistiques les plus hautes distinctions. Il est aussi l'illustrateur de revues musicales et poétiques, ainsi que de romans dont *L'Amour et le bonheur* d'Henri Bordeaux. A cette prodigieuse activité créatrice s'ajoute une excellente pratique instrumentale. Violoniste et surtout violoncelliste, il se produit dans des ensembles de chambre ou des orchestres comme celui de Casadesus. Ce n'est pas tout : notre épicuriste est aussi conférencier, poète, comédien, critique d'art, restaurateur de tableaux, père de famille, herboriste, philatéliste, randonneur, pêcheur à la ligne et

fin gastronome !... Toutefois, la peinture et la gravure sont les grandes passions de sa vie. A Charly-sur-Marne, il se lie avec Eugène Buland (1852-1927) ; il est peut-être l'unique héritier de ce peintre réaliste qui lui prodigue ses conseils au cours des années 1898-1910. On retrouve l'artiste à Paris en compagnie du meilleur de ses amis, le peintre oranais Gustave Valérian (1879-1945). Pinal "fait son droit" ; parallèlement, il intègre quelque temps l'atelier de Jacques-Emile Blanche, qu'il quitte bien vite pour rejoindre celui d'Henri Martin (1860-1943), apôtre de la technique néo-impressionniste. Le nombre important de ses travaux d'atelier confirme sa témérité à trouver son propre langage pictural. L'analyse méthodique des œuvres de Monet, la fréquentation permanente des musées et les conseils du peintre Le Sidaner feront le reste : le style est là, certes redevable du réalisme de Buland et du divisionnisme d'Henri Martin, mais le brassage résolument personnel le fait alors classer par la critique aux côtés des luministes.

Le Pont du marché, Meaux date de 1913, année où Fernand Pinal fait la connaissance de Le Sidaner. La lumière intense qui baigne cette œuvre ne suffit pas à y voir un bel exercice de style impressionniste ; entre le ciel, plus proche de Boudin que de Monet, et la Marne où vibrent les couleurs complémentaires, Pinal dispose méticuleusement ses demeures, boutiques et personnages. En dépit du traitement différent appliqué à chaque élément, l'unité de la composition est incontestable. Eté 1913. Tout est calme. Un chariot de baladins traverse le pont. Des hommes se penchent sur l'eau comme pour profiter de sa fraîcheur. L'écho lointain des invectives lancées aux protestants par Bossuet depuis la cathédrale se perd dans la pesanteur d'un après-midi provincial. L'atmosphère paisible de cette scène, visible au musée Bossuet de Meaux, ne fait qu'accentuer le poids de l'orage qui gronde au lointain… Salué par les critiques, *Le Pont du marché, Meaux* sera présenté lors de la rétrospective "30 ans d'Art indépendant" qui s'est tenu en 1927 à Paris, au Grand Palais.

Avec **L'Eglise d'Essômes-sur-Marne** de 1919, peinture exposée à la mairie du village, nous sommes dans l'immédiat après-guerre. Pinal n'a pas connu le baptême du feu. Mobilisé le 1er août 1914, il est envoyé à Laon dans un régiment d'artillerie où il rencontre le musicographe Emile Vuillermoz. L'estime est réciproque, les deux homme seront amis. Mais sa petite taille et sa myopie importante le renvoient contre son gré à Paris, à la commission de contrôle téléphonique. Dès septembre 1914, après l'avancée extrême des armées allemandes et la première bataille de la Marne remportée par les troupes françaises, Pinal peint et grave à l'eau-forte le village ruiné de Barcy, près de Meaux, et son église éventrée. Toutes

Fernand Pinal, **Pont du marché, Meaux**, 1913. Musée Bossuet, Meaux,

Pinal avec sa fille dans la plaine de Meaux, août 1917.

les permissions sont consacrées à témoigner du pays dévasté. Le 1er juillet 1918, il écrit à sa femme : "Je n'ai jamais vu la campagne si belle. Entre Lagny et Meaux, la plaine est une merveille. Je ne sais si c'est la menace ennemie qui rend le pays si beau, mais je l'aime plus que jamais." *L'Eglise d'Essômes-sur-Marne* près de Château-Thierry, autrefois abbatiale Saint-Ferréol, fut bâtie aux XIIIe et XIVe siècles. Elle est un des fleurons gothiques, avec l'église de Mézy-Moulins, de la vallée de la Marne en Brie champenoise. La pâte brune dont Pinal recouvre le corps du monument est légèrement bleutée, comme s'il voulait arrêter le regard sur les veines saillantes d'un corps à l'agonie. Chœur béant sur le ciel d'hiver, ruines au premier plan, arbres maigres griffant les nuages… tout participe à la vision expressionniste du peintre. A l'heure où Montparnasse se déchaîne, Pinal fait un véritable chemin de croix parmi les paysages de l'Aisne martyrisée, et multiplie les témoignages qui le feront surnommer par la critique "le peintre des régions dévastées". Il travaille parfois dans des conditions hallucinantes : "L'église de Saint-Gengoulph, perchée au faîte d'un petit promontoire, n'était plus qu'un tas de pierres écroulées sur lesquelles gisait le coq du clocher, percé de balles. J'y ai peint toute une matinée, en avril 1920, blotti sous mon parasol, car il pleuvinait, pendant qu'une équipe de Bulgares faisait exploser des grenades alentour, et pour marquer plus tragiquement encore la journée, l'un d'eux était tué, je ne sais pour quelle raison, d'un coup de fusil, alors que je m'en retournais vers le camp, par un chemin de plaine, boueux et défoncé." La rue qui menait à l'église gothique de Saint-Gengoulph porte aujourd'hui le nom de Fernand-Pinal…

Notre-Dame de La Ferté-Milon date également de 1919. La technique utilisée par le peintre est la même. Sur une toile non préparée, à même le lin, il pose sur un dessin sommaire toute la gamme des coloris bruns. Pourtant, cette fois, la lumière vient caresser la ruelle, des femmes discutent autour d'un enfant : la paix est bien là. Pinal a une relation particulière avec La Ferté-Milon dont les eaux de l'Ourcq chuchotent sans cesse les vers de l'enfant du pays, Jean Racine. Le peintre conservera toujours la nostalgie d'un village voisin, Gandelu, capitale de la petite vallée du Clignon, affluent de l'Ourcq. Il y a vécu ses plus belles années d'enfance et les randonnées dominicales de l'âge adulte se terminent régulièrement au bord du Clignon… C'est à Gandelu aussi, que Pinal se lie avec le propriétaire du château, le poète Alexandre Mercereau, grand défenseur, avec Apollinaire, des cubistes, ami des peintres Gleize, Metzinger, de l'écrivain Stefan Zweig…

Au cours d'une conférence sur l'Orxois donnée à la Sorbonne en 1936, Pinal parle de La Ferté-Milon, de "son château dont la terrasse domine la rivière, ses vieilles rues en pente raide, ses églises, Notre-Dame et Saint-Nicolas… Aussi bien Corot, qui de même que Daubigny a beaucoup fréquenté la vallée de la Marne, est-il venu jusque là invité par son élève et admirateur Eugène Lavieille. (…) On avait si bien fêté l'arrivée de Corot, que, le lendemain, celui-ci dormait sur son pliant, dodelinant du corps, brusquement réveillé chaque fois que son nez butait contre la toile." Fernand Pinal exécute une belle série de toiles et de gravures à La Ferté-Milon. Il admire le site et son histoire. Jeanne d'Arc y est passée en 1429, Racine

Fernand Pinal, **L'Eglise d'Essômes-sur-Marne**, 1919. Mairie d'Essômes-sur-Marne.

Fernand Pinal, **Le Clocher de Pavant au printemps**, 1948. Collection particulière (Milan).

Fernand Pinal, **Notre-Dame de La Ferté-Milon**. Collection particulière.

y est né en 1639, La Fontaine s'y est marié en 1647, et Corot, Henriet, Lavieille, Pinal, Utrillo, Demeurisse, Jean Puy, y ont posé leur chevalet ; quant au château, démantelé sur ordre d'Henri IV, il dresse sa carcasse gigantesque au carrefour de l'Orxois, du Valois et du Soissonnais.

Pinal reste fidèle à cette bourgade qu'il fréquente jusqu'à sa mort qui survient le 12 octobre 1958 dans son atelier de Romeny-sur-Marne, à quelques pas de la rivière si souvent célébrée…

Collections publiques

Aisne : musée franco-américain de Blérancourt, musée de Laon, musée Jean-de-La Fontaine de Château-Thierry, mairie d'Essômes-sur-Marne, mairie de Romeny-sur-Marne, mairie de Charly-sur-Marne, mairie de Saint-Gengoulph.
Seine-et-Marne : musée Bossuet de Meaux, musée Gatien-Bonnet de Lagny-sur-Marne.
Autres : musée de Royan, Charente-Maritime, musée de la Ville de Paris.

Bibliographie

Fernand Pinal : *L'Orxois, un pays ignoré*. Avant-propos de Robert Mallet, notes et introduction de Noël Coret. Res Universis, 1992.
F. Beaujean : *Fernand Pinal, peintre et graveur, et le groupe de Charly*. Société historique et archéologique de Château-Thierry, octobre 1967.
Léon Bocquet : *Le Peintre des régions dévastées : M. Fernand Pinal*. La Rennaissance d'Occident, août 1924.
Catalogues d'expositions :
Fernand Lebert : Catalogue d'exposition, hôtel de ville de Meaux, 1929.
D. Brême, N. Coret, L. Le Cieux, M. Préaud : *Fernand Pinal, peintre graveur, 1881-1958*, Catalogue de la rétrospective organisée par le musée Bossuet de Meaux, Juillet-septembre 1994.

Camille Pissarro, **Autoportrait**, 1888.
Dessin à la plume.

> *Renoir a un grand succès au Salon. Je crois qu'il est lancé. Tant mieux !*
> *C'est si dur, la misère !*

Pissarro, *Lettre à Murer*, mai 1879.

Camille Pissarro (1830-1903)

Des quatre "voleurs de feu" – Monet, Pissarro, Renoir, Sisley – unis pour toujours par les combats dramatiques menés de front afin que triomphe le langage impressionniste, seul Pissarro établit des relations durables avec la Marne. Sujet d'un de ses deux tableaux au Salon de 1864, la rivière est encore présente à la fin de sa vie, quand Pissarro allait visiter l'ami Gausson à Lagny-sur-Marne… Né dans une île des Antilles, ses études parisiennes de 1842 à 1847 ne l'empêchent pas de revenir travailler comme commis dans la boutique de son père. Obéissant à sa vocation et refusant la fatalité de la quincaillerie paternelle – Julien Massé fera de même vingt ans plus tard… – Pissarro revient à Paris en 1855, cette fois pour y étudier la peinture. Il se rend aussitôt à l'Exposition universelle qui se tient cette année-là au palais de l'Industrie, jette un œil distrait aux Bouguereau, Cabanel, Flandrin et consorts, admire *Les Casseurs de pierres* de Courbet et tombe en arrêt devant *Le Souvenir de Marcoussis* de Corot. La rencontre a lieu peu après, dans l'atelier du maître, au 58, rue Paradis-Poissonnière. Les conseils de Corot vont droit au cœur du jeune Pissarro. Sans attendre, il délaisse les séances fastidieuses des académies privées et installe son chevalet dans le seul atelier qui vaille : la campagne ! Il se lie alors avec les paysagistes L. Piette, A. Chintreuil, Jean Desbrosses et découvre, au hasard d'un passage à l'académie suisse à Paris, un adolescent fou de peinture, Claude Monet. La première confrontation de Pissarro avec le public a lieu en 1859 où le Salon accepte son *Paysage à Montmorency*. La joie est de courte durée, le jury repousse ses envois de 1861 et 1863, année où se tient le fameux Salon des Refusés. Entouré de Manet, Whistler, Jongkind, Fantin-Latour, Cazin, Chintreuil, Lavieille, Cals, Vollon, Legros, Harpignies…, le peintre présente trois toiles plutôt bien reçues par la critique. Séduit par le *Déjeuner sur l'herbe* qui déchaîne la violence des conservateurs, Pissarro défend avec passion la facture novatrice de Manet.

1863 sera une bonne cuvée : marié depuis deux ans, Pissarro accueille dans la joie son premier fils Lucien et le jury du Salon retient ses deux paysages dont l'un s'intitule *Bords de la Marne*. Le catalogue mentionne que Pissarro est "élève d'Anton Melbye et de Corot".

Le **Bac à la Varenne Saint-Hilaire** est peint en 1864. Après Montmorency, l'artiste a posé ses pénates à la Varenne-Saint-Hilaire où il exécute de nombreux paysages de la région. Le bac, que l'on voit ici transportant chevaux, roulotte et personnages, va bientôt interrompre définitivement son activité : le pont de Chennevières sera construit l'année suivante et son ouverture au trafic en 1867 entraînera sa disparition. Cette peinture exprime la manière de Pissarro à cette époque. L'influence de Corot, notamment dans le traitement des personnages, est encore très visible. La pâte est large, épaisse. La domination de couleurs mornes et les contrastes vigoureux accentuent l'effet massif de la composition. "Le ciel bas et lourd pèse comme un couvercle" sur un paysage gorgé d'humidité, comme si Pissarro l'avait peint avec la terre molle des chemins détrempés…

L'idylle avec la rivière se poursuit et il présente au Salon de 1865 *Les Bords de la Marne à Chennevières*, aujourd'hui considéré comme l'un de ses chefs-d'œuvre. Au cours de l'hiver 1865-66, peu après l'ouragan provoqué par l'*Olympia*, Pissarro entre dans le cercle des amis de Manet. Vivant en banlieue près de la Marne, il les rejoint quand il le peut, dans un café de l'avenue de Clichy, le Guerbois. Aux habitués du lieu – Guillemet, Bazille, Cladel, Sylvestre –, le sculpteur Zacharie Astruc, les graveurs Bellot et Bracquemond, viendront se joindre Emile Zola, Fantin-Latour et bien d'autres. Degas, Renoir, Monet et Cézanne y feront de rares apparitions. La peinture claire est au centre de toutes les conversations…

En 1866, Pissarro s'installe à Pontoise et le paysage qu'il envoie au Salon est admis. Il s'agit des **Bords de la Marne en hiver**. Zola commente le tableau dans *L'Evénement* : "M. Pissarro est un inconnu dont personne ne parlera sans doute… Vous devez savoir que vous ne plaisez à personne et qu'on trouve votre tableau (Bords de Marne en hiver) trop nu, trop noir. Aussi pourquoi diable avez-vous l'insigne maladresse de peindre solidement et d'étudier franchement la nature ! Voyez donc : vous choisissez un temps d'hiver ; vous avez là un bout d'avenue, puis un coteau, au fond des champs vides jusqu'à l'horizon. Pas le moindre régal pour les yeux. Une peinture austère et grave, un souci extrême de la vérité et de la justesse, une volonté âpre et forte. Vous êtes un grand maladroit, monsieur – vous êtes un artiste que j'aime."

Parallèlement, toujours à propos des *Bords de la Marne en hiver*, Jean Rousseau écrit dans *L'Univers illustré* : "Rien de plus vulgaire que ce site et pourtant je vous défie de passer devant sans le remarquer. C'est qu'il devient original par l'énergie abrupte de l'exécution. Monsieur Pissarro emploie son talent robuste et exubérant à faire ressortir les vulgarités du monde contemporain." Si le talent de

Camille Pissarro, ***Bac à La Varenne Saint-Hilaire***, 1864. Musée d'Orsay, Paris.

Camille Pissarro, **Bords de la Marne en hiver**, 1866. Art Institute of Chicago (USA).

Camille Pissarro par son fils Lucien. Bibliothèque nationale de France.

de misère atroce et de deuils. Le 13 mai 1884, il écrit à Monet : "J'ai pu toucher quelques sous, si peu, de quoi vivre trois ou quatre jours… Je suis à la dernière limite ; j'en perds la tête !". Et au marchand Murer qui lui propose une vente à Rouen, le peintre anarchiste s'exclame : "(…) Non ! il est impossible qu'un art qui dérange tant de vieilles convictions réunisse l'assentiment, et à Rouen encore, patrie de Flaubert, qu'ils n'osent avouer !!... Non ! les bourgeois sont des bourgeois, des ongles des pieds aux cheveux de la tête !... Dites à Gauguin qu'après trente ans de peinture… je bats la dèche. Que les jeunes se le rappellent. C'est le lot, pas le gros !"

Vers la fin de l'année 1885, séduit par l'éclatante luminosité résultant des nouvelles méthodes de Seurat, il commence à peindre des toiles pointillistes qu'il présente à la 8e exposition impressionniste de 1886 aux côtés de ses nouveaux amis Seurat et Signac. Il se lie avec l'un des meilleurs amis de son fils Lucien, le peintre Léo Gausson, adepte virulent du divisionnisme. En 1888, Camille Pissarro lui rend visite à Lagny-sur-Marne. Lucien, l'aîné et le confident de Camille, y fera de longs séjours, multipliant toiles, études, crochetons, eaux-fortes. On peut imaginer quel joyeux trio formèrent alors Gausson, Cavallo-Peduzzi et Lucien Pissarro… Entre 1886 et 1888, Camille Pissarro ne fait voir que de la peinture divisionniste. Mais la rigidité de la technique, les restrictions des marchands et la moue des collectionneurs lui font abandonner le procédé. Pissarro retrouve son écriture vive et pigmentaire qui attirait maintenant un grand nombre d'amateurs. Fidèle en amitié, l'artiste reste lié jusqu'au bout avec Léo Gausson. Le catalogue de ses œuvres ne mentionne-t-il pas des huiles sur panneaux, en forme d'éventail et aux titres révélateurs, comme *Lagny, la Marne et le pont de fer* de 1890 ?

Il meurt le 13 novembre 1903, victime d'un abcès à la prostate, alors qu'il commence enfin à ressentir les bienfaits de la reconnaissance publique… Vingt et un ans après sa mort, le critique Tabarant termine ainsi son ouvrage sur Pissarro : "Il fut, somme toute, un grand classique, dans la plus noble acception du terme, c'est-à-dire un maître-ouvrier de la forme, parti de la tradition pour s'en aller vers des conquêtes nouvelles, et plus encore qu'à Corot, c'est à Poussin que l'on pense quand on étudie son immense œuvre pour en définir le caractère et en situer le sentiment."

Pissarro est reconnu, la Marne n'est pas à la fête, qui se retrouve classée parmi les "vulgarités du monde contemporain" !

Le peintre quitte Pontoise en 1869 et s'installe avec les siens à Louveciennes. Il prend alors ses distances avec la Marne qui, hélas, ne sera pas l'objet de l'évolution fulgurante de sa peinture vers la clarté du style impressionniste. Loin du Pissarro terne et sans éclat, ses toiles du Salon de 1870 vont déborder de lumière… Les années qui vont suivre seront terribles, avec leur lot de dénuement,

Collections publiques

En France, les musées d'Orsay (Paris), Douai, Le Havre, Dieppe, Bagnols-sur-Cèze et Reims exposent des œuvres de Pissarro. Le peintre est présenté dans les grands musées du monde entier.

Bibliographie

Ad. Tabarant : *Pissarro*, Rieder, Paris, 1924.

Charles Kunstler : *Pissarro*, Ed. Princesse, Milan, 1974.

Michel Riousset : *Les Environs de la Marne et leurs peintres*, Ed. Amatteis, 1986.

Ludovic Rodo Pissarro, Lionello Venturi : *Camille Pissarro, son art, son œuvre*. Ed. Paul Rosenberg, Paris, 1939, deux tomes. Supplément par John Rewald.

> *Il est facile de comprendre pourquoi les théories de Seurat et de Signac trouvèrent un écho chez Lucien. Il s'était longtemps efforcé de trouver une technique de son cru, mais, assailli par les incertitudes et l'inexpérience, il avait difficilement pu harmoniser son dessin et sa manière de peindre. La composition pouvait maintenant être plus soigneusement établie à l'avance ; l'astucieuse matière pour saisir le "moment" donnait une base plus scientifique au problème, et la dangereuse liberté se tempérait d'un contrôle et d'une prédétermination plus rassurante.*

Alan Fern, "Lucien Pissarro" dans *Les Néo-impressionnistes*, 1970.

Lucien Pissarro (1863-1944)

Premier enfant de Camille Pissarro, Lucien naît à Paris le 20 février 1863, dans une atmosphère familiale plutôt heureuse : le 15 mai, son père présente trois toiles au Salon des Refusés et s'attire enfin quelques critiques élogieuses. La grande misère n'a pas encore frappé à la porte. Quatre frères et une sœur viendront agrandir le cercle familial. Tous seront peintres, mais seul Lucien parviendra à une certaine notoriété internationale. Difficile, quand on est le fils d'un géant de la peinture, de trouver sa propre voie… Lucien Pissarro y parvient pourtant. Les années d'enfance se déclinent au gré des ancrages successifs de l'errance familiale : c'est Pontoise dès 1866, puis Louveciennes, puis à la fin de 1870, fuyant la guerre franco-prussienne, la Bretagne et Londres chez la demi-sœur de Camille. Au retour, en juin 1871, la famille pleure la dévastation de sa demeure et la destruction des peintures du père… Les Pissarro s'installent à Osny, tout près de Pontoise. Lucien grandit au milieu des siens, ne cessant de dessiner, s'abreuvant des peintures et propos des amis qui entourent son père : Antoine Chintreuil, Ludovic Piette, et ce jeune illuminé, Claude Monet.

Vers 1880, la situation familiale devenant critique, Lucien entre dans l'administration parisienne d'une firme anglaise de textiles. Il se fera réprimander pour le peu d'intérêt apporté à l'ouvrage. Par contre, il profite pleinement de la vie culturelle parisienne et fréquente assidûment galeries, musées, cafés-concerts et tous les lieux favorables aux rencontres artistiques. Afin d'obéir à une mère paniquée de voir son aîné prendre à son tour les routes incertaines et peu recommandables d'une vie de rapin, Lucien Pissarro gagne l'Angleterre en janvier 1883. On le retrouve employé au pair chez Stanley, Lucas, Weber & Cie, établissement spécialisé dans l'impression de la musique. Il s'en suivra entre Pissarro père et fils, un échange épistolaire particulièrement édifiant sur le contexte dans lequel les deux peintres évoluent. Pour finir, Lucien lâche son emploi et occupe tout son temps à peindre et à visiter les musées de Londres. "Tu es allé à la National Gallery… et tu as vu les Turner ?" "(…) Dessine beaucoup, toujours d'après nature, et quand faire se peut, regarde les primitifs", lui écrit son père…

En 1884, Lucien Pissarro rentre en France. Il emménage à Paris et gagne sa vie dans l'atelier de gravures de la maison Manzi. Il y apprend l'art d'imprimer, précieuse expérience dont il tirera plus tard un grand profit artistique. La tribu des Pissarro est alors installée à Eragny où Lucien les rejoint régulièrement. "Dans l'atelier où Pissarro accrochait ses propres toiles, travaillaient ses cinq fils : Lucien, son confident, Georges, dit "Manzana", Félix, dit "Titi", le plus doué de tous et qui devait mourir à vingt-trois ans, Ludovic-Rodolphe, dit "Rodo", et le benjamin, Paul-Emile (…). Un des délassements préférés des membres de l'école d'Eragny résidait dans la composition d'un journal satirique, Le Guignol, fondé en 1888 par Lucien, l'aîné des frères. Ses frères et lui-même collaboraient au Guignol. La couverture ? Un dessin, parfois une litho du père de famille. Chacun des fils couvrait les pages de caricatures. Ni censeur, bien sûr, ni censure ne venaient altérer la verve de ces journalistes bénévoles. Une seule règle : celle des Thélémites de Rabelais : "Fais ce que voudras." (…) Le Guignol était un journal comme on n'en avait jamais vu. Car il n'était pas imprimé. Il ne comprenait que des dessins originaux et ces originaux, on les collait sur des feuilles de papier, un papier épais, de couleur paille. Il paraissait une fois par mois. A la fin de l'année, Lucien Pissarro reliait les différents numéros. Manzana recouvrait l'ensemble tantôt de satin, tantôt d'indienne, tantôt d'une étoffe d'un bleu azur ornée d'un coq de couleurs vives. (…) Au mois de novembre 1890, Lucien, le fondateur et l'animateur du Guignol, quittait la France pour aller se fixer à Londres." (Charles Kunstler, *Pissarro*)

La **Vue du village de Gouvernes** date de 1888, année où l'artiste crée Le Guignol à Eragny.

A Paris où il possède un petit logement, Lucien Pissarro rencontre fréquemment les tenants de l'impressionnisme, Monet, Sisley, Renoir, Guillaumin, Mary Cassatt… Mais ses amis à lui sont les partisans de la nouvelle avant-garde : Hayet, van Rysselberghe, Léo Gausson, Félix Fénéon… Par Guillaumin, il fait la connaissance de Signac, et par Signac, de Seurat : nous sommes au cœur du néo-impressionnisme. Camille Pissarro en porte l'étendard pendant deux ans avant de le déposer définitivement. A l'inverse, le néo-impressionnisme est le procédé qui a permis à Lucien Pissarro de s'émanciper enfin de la tutelle artistique de son père : il y restera fidèle toute sa vie.

Dès 1886, il se lie avec Van Gogh qui vient tout juste de débarquer à Paris,

Lucien Pissarro, **Vue du village de Gouvernes**, 1888. Collection Josefowitz, Lausanne (Suisse).

participe à l'ultime exposition des impressionnistes et publie ses premières gravures sur bois. Celles-ci retiennent l'attention des critiques et Lucien expose désormais un mélange de gravures, aquarelles et peintures. Ses œuvres apparaissent au Salon des Indépendants à Paris, au club des Graveurs à Amsterdam, parmi les "XX" à Bruxelles… mais aussi dans les pages des journaux anarchistes où son père et lui manifestent leur solidarité avec les masses prolétaires.

La *Vue du village de Gouvernes* a été exécutée lors d'un séjour de l'artiste chez Léo Gausson, à Lagny-sur-Marne. Les deux pointillistes nourrissent une amitié profonde qui favorise les séances communes sur le motif, le plus souvent en bord de Marne. Avec Cavallo-Peduzzi et parfois Maximilien Luce, les discussions sur l'art de la "division" alimentent les soirées. Ce quatuor d'irréductibles partisans de la peinture optique est à l'apogée de son "allegro brio" ! Alan Fern, spécialiste de Lucien Pissarro, souligne les mérites de l'œuvre peint, mérites nettement perceptibles dans la *Vue de Gouvernes* : "Ses paysages peints tendent à avoir une blancheur crayeuse un peu sèche, due au mélange de blanc systématique (…), mais ils sont frais, la composition relève d'une vision directe et la matière de l'application des principes du néo-impressionnisme, auxquels Lucien resta fidèle pendant toute sa carrière."

Lucien Pissarro reprend la route de l'Angleterre en novembre 1890. Il se lie avec Sickert et il est, en 1911, l'un des fondateurs du groupe de Camden Town. Ambassadeur français du langage néo-impressionniste, il devient un peintre-graveur de grande notoriété, conseillant et orientant une pléiade d'artistes anglais succombant à leur tour aux sortilèges du poudroiement divisionniste… Citoyen anglais depuis 1916, il meurt à Dorset (Surrey), le 12 juillet 1944.

Collections publiques

Musée d'Orsay, Paris.
L'Ashmolean Museum de l'université d'Oxford possède un vaste échantillon de l'œuvre de Lucien Pissarro.

Bibliographie

La volumineuse correspondance entre Camille et Lucien Pissarro a été publiée en 1950.
W. S. Meadmore : *Lucien Pissarro*, Londres, Constable, 1962.
Alan Fern : *Lucien Pissarro*, Cambridge Press Books, 1962.
Alan Fern : *"Lucien Pissarro"*, dans *Les néo-impressionnistes*, Jean Sutter, Ed. Ides et Calendes, Lausanne, 1970.

André Planson et Pierre Mac Orlan.

« Il sait le langage des eaux et celui des bois et pour cette raison la Marne
fait des grâces devant lui et se complaît devant ses toiles »

Pierre Mac Orlan, *"André Planson"*, 1954.

André Planson (1898-1981)

Il est l'enfant chéri de la Marne, l'hirondelle de son éternel printemps, son Merlin l'Enchanteur et maître artificier, le violon solo d'une vaste mélopée où la rivière est souveraine d'un royaume féerique… La métaphore n'est pas innocente : violoniste remarquable, André Planson, après quelque hésitation, a finalement embrassé la carrière picturale. Mais il ne déserte pas la musique pour autant. Son œuvre est un dialogue permanent entre les deux arts. "Les deux chocs de mon enfance ont été le concerto en ré de Bach et au Louvre un Poussin", dira-t-il. Aquarelle, huile, crayons, fusains, pinceaux, poinçon… voilà pour l'archet. Il va vibrer sur tous les supports possibles : toiles, papiers, panneaux, surfaces murales… Les partitions évoquent la Bretagne, La Rochelle, la Provence, l'Italie, mais aussi les loisirs, la danse, le music-hall, le théâtre, le sport… Il en est une qui ne quitte pas le pupitre, et François Daulte ne s'y trompe pas : "André Planson n'est pas seulement le peintre de la danse et des coulisses de l'Opéra ou du music-hall, il est aussi et surtout le peintre de la Marne." La vallée de la Marne, de l'Ile-de-France jusqu'à la Champagne, en passant par le Meldois, la Brie et les bords du Morin, est le thème central d'une symphonie pastorale dont il est à la fois compositeur, chef d'orchestre et interprète. Pas un méandre, pas une courbe de la rivière qu'il ne connaisse. André Planson n'oublie jamais que la Marne est "une". Avec délectation, il la peuple de toute une mythologie fluviale et féminine ; naïades, nymphes et ondines, plus sensuelles les unes que les autres, affichent de jolies frimousses et allongent leurs rondeurs dénudées sur les rives de la rivière.

Chef-d'œuvre incontournable, **Le Beau Dimanche** est un hymne puissant et coloré qui concentre la manière et la philosophie du peintre. Une vue plongeante sur la rivière prise depuis une guinguette permet de réunir plusieurs spectacles. Au premier plan, accoudée à la table sous un parasol, une fille à la robe bleue, à la chevelure en fleurs, repose sur son gant un visage pensif où se lit la solitude, l'attente ou l'ennui… L'expression contraste avec l'activité intense qui règne alentour ; derrière la jolie solitaire, un homme aimerait certainement occuper la place vide, mais il est accompagné. A l'arrière-plan, sur fond de feuillage, un couple danse. L'accordéon chante, les verres se remplissent de champagne, les têtes tournent dans le joyeux brouhaha des plaisanteries dominicales. Quittons le bal populaire pour la joute sportive qui se déroule en contrebas : filant droit vers le pont, entre barques de pêche et canotiers, de longs skiffs barrés s'affrontent dans une course de vitesse. Sur la rive, défilent demeures aux teintes rouges, promeneurs du dimanche, pêcheurs et drapeau tricolore. La toile est largement brossée et Planson puise dans une gamme claire les tons capables de traduire la vigueur des sensations qui le submergent ; le traitement est d'une telle spontanéité que ce magicien réussit à nous faire croire à une totale liberté de facture. C'est d'ailleurs une des caractéristiques de sa peinture dont l'impulsion et la fraîcheur sont si nettement perceptibles qu'elles donnent parfois à la composition une allure d'esquisse. On aurait bien tort de s'y fier… André Planson organise les plans, équilibre les proportions, ajuste la perspective, élabore ses coloris et ne laisse rien au hasard. Il construit dans la liberté réfléchie. Ce Champenois est de la race des bâtisseurs de cathédrales. *Le beau dimanche* est daté de 1936. En juillet, d'importantes mesures sociales sont prises par le gouvernement et la nouvelle majorité du Front populaire, dont les congés payés. La démocratie politique est victorieusement préservée du fascisme qui gronde et menace. Bientôt, de sombres uniformes et de sinistres drapeaux vont obscurcir les beaux dimanches…

Retour à la fête avec **Le 14 Juillet à La Ferté**, peint sur place, depuis le quai aujourd'hui baptisé "quai André-Planson". Voilà encore une somptueuse page qu'on pourrait résumer par trois mots empruntés à cette grande pièce orchestrale du compositeur Henri Dutilleux : *Timbres, Espace, Mouvement.* "Timbres" pour les coloris qui rivalisent d'audace et d'intensité ; "Espace" pour la virtuosité du peintre à traiter l'expression multiforme de la vie dans un cadre aussi restreint : un

André Planson, **Le Beau Dimanche**, 1936. Collection particulière.

Planson dans son atelier à La Ferté-sous-Jouarre.

bout de pont, un peu de Marne et quelques maisons suffisent pour les évolutions humaines. Des éclairages subtils feront chanter les coloris éblouissants de la cité du bonheur… ; "Mouvement" pour l'affluence des attitudes humaines (l'homme pédale, pêche, navigue…) et des atmosphères et sensations qui se bousculent : "course, ville, drapeaux = fête, vitesse, bruit", ou "pêche, rivière = contemplation, silence", ou "canotage, rivière = effort, rythme, silence", ou encore "rivière, mai-

Le peintre dessinant la Marne depuis son domicile.

sons, arbres, ciel = immuabilité" : les combinaisons semblent infinies… Pour *Le 14 juillet à La Ferté*, André Planson allume sur la toile ses propres lampions et participe à la liesse populaire en exécutant cette œuvre dans la joie partagée.

La Marne à La Ferté exprime sensiblement les mêmes qualités. L'activité marinière est rarement absente de ses tableaux de bord de Marne. Les péniches habitées permettent de savants jeux de couleurs et servent de médiation entre l'homme et la nature enfin réconciliés. Les péniches naviguent devant **La Maison natale à La Ferté**, en réalité maison familiale située au 15, quai André-Planson. Depuis la fenêtre de son atelier installé à l'étage de cette grande bâtisse, à droite de la composition, en partie caché par les arbres, André Planson avait sous les yeux le spectacle de la Marne et ses animations sportives ou économiques. Parlant de ce tableau, Raymond Charmet situe exactement la place de Planson parmi les peintres de l'Ile-de-France : "Ici Planson est le successeur conscient du merveilleux Corot, dont il ne cesse de vanter "l'écriture si sûre". Parfois il montre des affinités avec le puissant terrien Segonzac, dont il se déclare très proche et aussi avec le vigoureux Derain (...). Entre ces peintres de l'Ile-de-France, Planson tient une place très particulière, définie par son rythme tumultueux et pressé, l'ardente rencontre des formes proliférantes, débordant les unes sur les autres, la musicalité vibrante de ses couleurs ivres de vie. Une toile comme *La Maison natale à La Ferté-sous-Jouarre* (1936) projette les rouges contre les bleus, les verts contre les jaunes, les blancs crémeux ou azurés contre les noirs, dans la joie d'un éblouissant jour d'été."

Le lecteur l'aura deviné : c'est dans la vallée de la Marne que le talent de Planson s'est épanoui. Né à La Ferté-sous-Jouarre, les eaux mouvementées de la Marne fascinent son regard d'enfant. Mais tout a vraiment commencé sur les bords de la rivière, du côté de Chamigny, quand le jeune violoniste reçoit du peintre Joseph-Paul Meslé ses premières leçons. Il conservera pour Meslé une affection réelle et durable. Mais le jeune indépendant prend rapidement le large et bâtit sa carrière de peintre avec discrétion et témérité. Il récolte tous les honneurs, est sollicité par les grands musées de France et de l'étranger, et il est reçu à l'Institut en 1960. Mais cela compte peu. Comme Jean de La Fontaine, Planson aime "le jeu, l'amour, les livres, la musique" et, par-dessus tout, l'amitié. "Qu'un ami véritable est une douce chose !" (La Fontaine, livre VIII, fable 11). Parmi ses nombreux amis d'où se détachent les peintres de la "réalité poétique", l'écrivain Mac Orlan est certainement le plus proche et son témoignage reste inégalé : "Quand je prends mon bâton et que, suivi de mon bouledogue, mais sans domestique, je suis le chemin qui mène à La Ferté-sous-Jouarre par le bois de Vanry, au détour d'un boqueteau, j'aperçois quelquefois la silhouette d'André Planson. Il porte sa boîte à l'épaule comme la portait Courbet. Rien n'est changé dans l'attitude d'un peintre qui pénètre dans la nature. Alors, tout naturellement, je lui dis : "Bonjour, Monsieur Planson." Le peintre pose sa boîte, flatte le bouledogue frétillant et d'un geste sobre de la main contourne le paysage. Le geste s'arrête au point que l'œil a choisi pour prendre la lumière qui éclairera sa toile et provoquera le jeu instinctif de la main et des couleurs. (...)"

Pour avoir vêtu la vallée de la Marne d'un costume de lumière et de joie… merci, Monsieur Planson !

André Planson, *14 Juillet à La Ferté*. Collection particulière.

André Planson, **La Maison natale à La Ferté-sous-Jouarre**, 1936. Collection particulière.

La Marne à La Ferté, 1954. Collection particulière.

Collections publiques

Paris : musée national d'Art moderne et musée de la Ville de Paris.
Province : Albi, Angers, Castres, Mulhouse, Nantes, Nevers, Poitiers, Saint-Brieuc, Sceaux…
Etranger : Alger, Genève, La Haye, Oran, Prague, Sao Paulo.

André Planson a également réalisé d'importantes décorations : lycée Janson de Sailly (1934), théâtre du Palais de Chaillot (1937), institut agronomique de France, lycée d'Enghien…
Un grand nombre d'œuvres de l'artiste seront prochainement visibles au musée André Planson de La Ferté-sous-Jouarre.

Bibliographie

Marie-Dominique Sabouraud-Planson : *Catalogue raisonné de l'œuvre d'André Planson* (en préparation).
Pierre Mac Orlan : *André Planson*, éd. Pierre Cailler, Genève, 1954.
Raymond Charmet : *Planson, la nature*, éd. Librex, Lausanne, 1970.

Roger Bouillot : *Les Peintres de la réalité poétique*, galerie J.-P. Joubert, 1987.
François Daulte : *L'Aquarelle française au XXᵉ siècle*, Bibliothèque des Arts, Paris, 1968.
Lydia Harambourg : *Dictionnaire des peintres de l'école de Paris, 1945-1965*, Bibliothèque des Arts.
Jean Perrin : *André Planson, peintre de Champagne et de Brie*, Société d'histoire et d'art de la Brie et du pays de Meaux, Meaux, 1976.
Parmi les ouvrages illustrés par André Planson, distinguons *Les Carnets de la Marne*, texte d'Armand Lanoux, publié en 1967, Bibliothèque des Arts.

Jusqu'à sa fin survenue le 20 septembre 1974 à l'âge de 93 ans, il conserva la foi dans son art et se consacra entièrement à lui. Ses relations amicales avec des peintres tels que Paul Signac, Maximilien Luce et Pierre Montézin de l'Institut, indiquent combien furent étroits ses rapports avec un milieu dont il recueillit l'estime et sa manière le rattacha en partie au néo-impressionnisme qui eut son heure de gloire.

Œuvres d'Emile Prodhon, rétrospective de l'Union des Beaux-Arts de Lagny, juin 1975.

Emile Prodhon peignant, vers 1900.

Emile Prodhon (1881-1974)

La visite du musée Gatien-Bonnet à Lagny-sur-Marne provoque immanquablement chez l'amateur la curiosité, parfois l'émerveillement devant des œuvres d'artistes souvent inconnus des livres d'art. Si les lumières du tandem Léo Gausson-Cavallo-Peduzzi brillent d'un éclat incomparable, il est des tableaux qui attirent notre attention : un peu déjà lors du premier passage, beaucoup ensuite quand on y revient, passionnément enfin, quand le regard ne peut s'en détacher. Ainsi, ces deux modestes petites huiles sur carton, **Autoportrait** et **Le Pont Maunoury à Lagny-sur-Marne**, 1936, anecdotiques au premier abord et prenant soudain une dimension artistique incontournable. Pour le visiteur, c'est le moment béni de la révélation. De suite, on veut tout savoir sur le peintre. Voyons la signature. Emile Prodhon, connais pas. Vite, le conservateur... Monsieur Eberhart, que savez-vous de cet artiste ?

"Emile Prodhon, né le 17 septembre 1881 à Paris X[e], est élève de l'école Germain-Pilon. Dès son adolescence, il montre un talent précoce, et ses premières œuvres annoncent déjà l'artiste exceptionnel. Parallèlement à la carrière d'artiste-peintre, il mène celle de dessinateur-créateur sur tissu. Et l'on reste émerveillé devant la perfection de ses maquettes. Spécialisé dans les fleurs, il a aussi produit des œuvres pointillées, souvenir de sa rencontre avec Paul Signac.

Sa personnalité, qui contraste avec une grande modestie, le fait remarquer parmi bien d'autres. Diplômé un des meilleurs ouvriers de France, titre qui lui était le plus cher, il était officier des Palmes académiques et chevalier de la Légion d'honneur. Comme Edouard Cortès, il a présidé aux destinées de l'Union des beaux-arts de Lagny. Emile Prodhon est décédé le 20 septembre 1974 à Thorigny-sur-Marne."

Œuvre pointillée, l'*Autoportrait* dénote la parfaite connaissance de l'auteur du procédé divisionniste mis au point par Seurat ; basé sur les théories scientifiques du contraste simultané des couleurs, ce procédé consiste à juxtaposer des points colorés pour obtenir à distance un effet lumineux. Les peintres de Lagny, Léo Gausson et Cavallo-Peduzzi ont été de ce petit noyau d'amis qui ont compris l'importance de cette découverte et l'ont intégré immédiatement à leur facture. Conspués par la critique, les compagnons de Seurat qu'on appellera désormais les néo-impressionnistes, ont été ardemment défendus par Félix Fénéon. A Lagny-sur-Marne, Gausson, Cavallo-Peduzzi, Luce et Lucien Pissarro apparaissent comme les apôtres du mouvement avant-gardiste et forment le groupe de Lagny. En digne héritier, Emile Prodhon nous fait entendre ici le dernier écho du chant magnifique de ses aînés "latiniaciens".

D'une toute autre facture, **Le Pont Maunoury à Lagny-sur-Marne**, 1936 est une œuvre largement brossée et d'une luminosité exceptionnelle. La matière est grasse et onctueuse ; Prodhon n'hésite pas à fractionner sa touche et à utiliser les couleurs complémentaires afin de traduire les vibrations des reflets du ciel et des habitations à la surface de l'eau. Traitée à la manière d'une esquisse, la liberté gestuelle que l'artiste apporte à cette peinture lui donne un élan et une fraîcheur délectables.

Emile Prodhon a intégré à son langage les apports du néo-impressionnisme mais également ceux du post-impressionnisme ; on y décèle en particulier l'influence de la peinture claire d'une autre grande figure de la vallée de la Marne du côté de Lagny, Henri Lebasque. Mais celui-ci a une autre histoire...

Bibliographie

Pierre Eberhart : *Artistes de Lagny et de la région, de 1926 à 1977*. Bulletin municipal de Lagny-sur-Marne, n° 31, mars 1978.

Emile Prodhon, **Le Pont Manoury à Lagny-sur-Marne**, 1936. Musée Gatien-Bonnet, Lagny-sur-Marne.

De l'atelier très clair qu'il avait fait ajouter, il suivait à chaque heure du jour les méandres nonchalants de la Marne. Il avait devant lui un ciel très vaste, quelques beaux arbres, de jolis villages blancs accrochés à flanc de coteau. Il séjournait volontiers dans cette retraite paisible, dès les premiers beaux jours, et s'y attardait en automne, fuyant de plus en plus Paris qui le fatiguait. Il y peignit une série d'œuvres d'un charme infini, dans une gamme claire, d'une distinction rare et qu'il a eu à peine l'occasion d'exposer. Rien ne me touche davantage dans tout l'œuvre de Rémond que ces dernières impressions.

Gaston Varenne, "Le Peintre Jean Rémond, 1872-1913",
Revue Lorraine illustrée, 1914.

Jean Rémond (1872-1913)

Considérons avec attention la vie trop brève, entièrement dédiée à l'art, du peintre Jean Rémond. Il naît à Nancy en 1872 au sein d'une famille lorraine. En 1883, son père rejoint la capitale pour y prendre ses fonctions de président de chambre à la Cour de Paris. Il meurt la même année, laissant derrière lui sa femme et ses deux fils. Le cadet, Jean, est âgé de onze ans. A l'éducation attentive et affectueuse d'une mère très cultivée, s'ajoute l'influence décisive de son tuteur, Emile Michel, paysagiste délicat et historien d'art réputé. Dès lors, la religion de son pupille est faite et Jean Rémond "entre en peinture". Les nombreux carnets de croquis de paysages pris dans les environs de Nancy attestent de la précocité du jeune artiste. En 1889, ses études terminées, une santé fragile le conduit en Orient. Onze mois durant, il parcourt l'Egypte, la Syrie et la Palestine, réalisant une prodigieuse quantité d'aquarelles trempées de lumière... De retour à Paris, il intègre pour trois ans l'atelier de Cormon. Le bon maître va l'aider à épanouir ses dons personnels.

1894 sera l'année de l'émancipation et Rémond "envoie" au Salon des Artistes français. Fidèle, il y exposera jusqu'à sa mort, en 1913. Sa trop courte existence lègue à la postérité des œuvres dont la qualité exceptionnelle confère à leur auteur une place certaine dans l'histoire du paysage français du début du XXᵉ siècle. Son œuvre est en majeure partie consacré à la Bretagne et à la Corrèze ; mais c'est dans la vallée de la Marne qu'il écrit son ultime et merveilleux chapitre. Vers 1910, après avoir séjourné à Mont-Saint-Père où il se lie avec le peintre Léon Lhermitte, Jean Rémond se fixe à Sainte-Aulde, sur un coteau dominant la vallée de Luzancy aux alentours de Montreuil-aux-Lions. Son émerveillement pour la vallée de la Marne va éblouir ses dernières productions. Placée sous l'autorité de Léon Lhermitte et de Léonce Bénédite, conservateur du musée du Luxembourg, l'exposition posthume à l'Ecole nationale des beaux-arts en mai 1914 présente des

peintures aux titres évocateurs : *La Neige à Sainte-Aulde, Nuit de mai - vallée de la Marne, Effet de nuit* (Chézy), *Pignons au crépuscule* (Chartèves), *Le Surmelin à Mézy-Moulins, Les Laveuses sur la Marne*... Le tableau **Femmes au bord de la Marne**, date des dernières années de l'artiste et révèle toute sa puissance. On peut situer cette scène bucolique du côté de Mézy-Moulins, face au village de Chartèves dont on aperçoit l'église au pied de la colline. Près de la rivière, deux paysannes discutent à l'ombre, une vache paît. Identifiable par de petits nuages de fumée, un train traverse le pont, au loin... Les jeux de lumière s'y donnent libre cours, la technique des petites touches de couleur pure, vives et spontanées, est utilisée dans un registre clair, proche des impressionnistes dont l'influence est nette. La grandeur classique de cette composition distille, imperceptiblement, un sentiment proche de la mélancolie. L'artiste se sait condamné ; la sensation de la mort prochaine épouse les feux de l'automne finissant...

Collection publique

Musée d'Orsay, Paris.

Bibliographie

Gaston Varenne : *Le Peintre Jean Rémond, 1872-1913*, Revue Lorraine illustrée, Nancy, 1914.
C. Roger Milès : *Préface à l'exposition d'œuvres de Jean Rémond*, galerie Georges Petit, 1910.

Jean Rémond, **Femmes au bord de la Marne**. Collection particulière.

Si Dagnaux égayait les séances de pose par ses chants, son voisin, Ernest Renoux, réjouissait mon oreille par son piano et affectionnait de jouer le ballet Sylvia et "La Vague" d'Olivier Métra. C'est "La Vague" qui devait nous rapprocher.

A travers la cloison, Dagnaux demandait à son voisin : "Joue-nous donc ta Vague, il y a ici une grande admiratrice de ta musique" (il jouait également du violon et pratiquait de plus la menuiserie comme un vrai professionnel). Après des mois passés à entendre "La Vague" à travers la cloison, un jour, Dagnaux me dit : "J'ai une commission à vous faire de la part du voisin. Voulez-vous poser pour lui ?"…

Souvenirs de Madame Ernest Renoux.

Ernest Renoux (1863-1932)

Parmi les post-impressionnistes qui ont posé leur chevalet sur les rives de la Marne au tournant du siècle, nous distinguons nettement la silhouette élégante d'un coloriste savoureux, le peintre Ernest Renoux.

Fils de vignerons, il naît le 5 mai 1863 à Romeny-sur-Marne, village fleuri situé aux confins de la Champagne vinicole, tout près de Charly-sur-Marne. Apprécié des peintres, Romeny abrite le talent d'André des Fontaines (né en 1869) et se prépare à accueillir les dernières années de Fernand Pinal. Disons-le tout de go : né et mort à Romeny, Ernest Renoux est surtout considéré comme un des grands peintres de Paris. Quittant vignes, mari et père, l'enfant et sa mère s'installent à Paris. Une scolarité d'excellent élève révèle des dons précoces pour le dessin. Entré de bonne heure à l'Ecole des beaux-arts, Renoux suit l'enseignement de Gérôme. Il affermit son métier et, dès l'âge de vingt-trois ans, il travaille dans son atelier de la rue Saint-Didier. Jusqu'en 1931, il sera un exposant fidèle aux Salons des Artistes français et de la Nationale des beaux-arts. En 1895, l'artiste épouse une jeune parisienne, Berthe Madelaine, modèle célèbre dans le Paris mondain et artistique, et dont la magnifique chevelure "blond vénitien" recouvrira souvent les toiles du peintre. Aux premières difficultés matérielles, sa mère lui offre un fond de commerce de couleurs et toiles fines : "A la Palette moderne". Mais l'art du commerce n'est pas son fort. "Renoux enlève le bec de cane et va peindre dans l'arrière-boutique, ou mieux encore, dans le magasin même, en prenant pour sujet… la vespasienne du trottoir d'en face, toile qu'il vendra à la princesse de Polignac ! (...)" (*Biographie du peintre* par son fils, Marcel Renoux). Renoux préfère subvenir à ses besoins en devenant le très proche collaborateur d'Alfred Roll, peintre officiel de la troisième République. Il n'est pas seulement alors le "nègre" de Roll, il collabore directement à l'exécution de compositions grandioses ; ses connaissances de la perspective, sa virtuosité à souligner les lignes essentielles des masses et architectures, en font un créateur à part entière. Parallèlement, Renoux construit une œuvre considérable, dans la joie et la

constance. Son exposition de 1916 chez Georges Bernheim est un succès encourageant : il vend douze toiles. D'autres vont suivre à Monte-Carlo, Douai et Paris, toujours… Bien sûr, les vues de la capitale constituent le corps de ses expositions ; mais Renoux y joint systématiquement des paysages de Romeny-sur-Marne qu'il continue de fréquenter régulièrement. En 1928, l'artiste est expulsé de son atelier. Il lui faut quitter ses voisins et amis, le sculpteur Tarnowsky, le peintre Dagnaux et le graveur en médailles Abel Lafleur. "Renoux si enjoué, blagueur à froid, pince-sans-rire incorrigible est désemparé, comme il l'a toujours été et le sera devant les difficultés de l'existence." (Marcel Renoux). Il se réfugie deux ans plus tard dans la maison familiale de Romeny où il fait construire un atelier, pieusement entretenu aujourd'hui par sa belle-fille. Renoux meurt à Romeny-sur-Marne le 9 juin 1932. Il est inhumé au cimetière du village.

Le Facteur dans les prés à Romeny-sur-Marne, vaste composition d'une poésie toute rimbaldienne, permet de cerner la manière de l'artiste. Le paysage est brossé finement, avec une couche picturale épaisse, sinueuse et soigneusement peignée dans le traitement des touffes de verdure, large et fragmentée pour la ligne médiane et l'horizon ; l'artiste parvient à l'effet de vibration sans céder à la tech-

L'artiste sur le motif à Romeny-sur-Marne.

Ernest Renoux, **Le Facteur dans les prés à Romeny-sur-Marne**. Collection particulière.

nique impressionniste de la division des touches. A l'évidence, le style de Renoux est plus proche de celui de Lépine que de Monet. Son habileté extrême à suggérer l'atmosphère, le rôle primordial donné à la lumière – voyez comme le facteur solitaire descend un chemin ombragé, entre deux éclaboussements de soleil –, l'utilisation mesurée des complémentaires, peuvent l'apparenter aux impressionnistes. Entre Romeny et la plâtrerie qu'on distingue sur la rive opposée, la Marne s'écoule, invisible. L'horizon est fermé par le faible arrondi d'une colline mauve. La vue plongeante nous invite à suivre la descente du facteur vers Romeny. Bientôt, il va disparaître dans la verdure. Et Renoux qui aimait la poésie ne peut s'empêcher de murmurer :

> Je m'en allais, les poings dans mes poches crevées ;
> Mon patelot aussi devenait idéal ;
> J'allais sous le ciel, Muse ! et j'étais son féal ;
> Oh ! là ! là ! que d'amours splendides j'ai rêvées ! (...) (Rimbaud)

Collections publiques

Musées de Bourg-en-Bresse et Orsay (Paris).

Bibliographie

Ernest Renoux, 1863-1932 : textes de Marcel Renoux, Mireille Boudriez. Préface de N. Coret. Imprimerie Harvich, Château-Thierry, 1996.

Sabouraud irradie la vie. Chez lui une vigueur dynamique mais contrôlée, chante la joie d'y voir, et se révèle dans la couleur et le traitement. Sabouraud est un poète viril et le sujet de ses toiles n'est pour lui que le prétexte à exprimer son extrême urgence de créer. Son impulsion créatrice cherche à rendre sa propre vision d'un monde personnel et poétique.

Henri Peyre *(Yale University)*

Emile **Sabouraud**
(1900-1996)

Le 6 avril 1996, disparaissait le peintre Emile Sabouraud. La Marne venait de perdre l'un de ses plus brillants troubadours. Son chant aura traversé le siècle sans jamais faiblir d'intensité. Source d'humanisme, la peinture, pour lui, relève aussi de l'éthique. Tout avenir, même pictural, ne peut se construire qu'en s'appuyant sur ses racines. Modes éphémères montées de toutes pièces, chapelles bien pensantes ou provocations savamment médiatisées ? Le peintre ne mange pas de ce pain là. "Finalement, j'ai voulu en peignant, réaffirmer la permanence de la tradition occidentale et particulièrement de la tradition française, si humaine et si évidente des origines jusqu'à nos jours, à travers les révolutions de l'évolution qu'il faut digérer. Cette tradition a toujours fait du tableau un carrefour harmonieux de formes, de couleurs et de substance, vu en deux dimensions, indissociables de la vie poétique liée à l'espace profond et à sa substance. Et j'évoque ici la parole de Tocqueville qui dit : "Quand le passé n'éclaire plus l'avenir, l'esprit marche dans les ténèbres." Cette parole m'avait frappé. (...)" Elle ne le lâchera plus ; ce credo a été l'étoile polaire qui lui permet de ne jamais chavirer durant sa traversée du XXe siècle. L'excellente biographie établie par Lydia Harambourg dans son ouvrage consacré aux peintres de l'école de Paris résume avec brio une vie remplie "à ras bords". Né d'un père sculpteur ami de Despiau et d'une mère musicienne, il est l'un des premiers élèves d'Othon Friez à l'Académie moderne, en 1918. Membre du groupe du Pré Saint-Gervais avec Kikoïne, Loutreuil, Krémègne, Caillard, Desnoyer et Dabit, il expose au Salon des Tuileries en 1924 et signe un contrat avec le marchand de Modigliani et Henry Hayden, Zborowsky. André Salmon préface la première exposition. Après un voyage en Espagne, il part pour l'Afrique du Nord et expose à Alger en 1935 et 1936. Au retour, il rejoint la galerie Bernier qui réunit des artistes comme Caillard, Limouse, Planson, Klein, Oudot, Terechovitch, Brianchon, Legueult, Cavaillès. Sabouraud exposera chez Bernier jusqu'à la mort de celui-ci, en 1967.

La **Vue de la Marne à Château-Thierry** date du début des années '50 ; Sabouraud est au firmament de son art. En 1952, il s'installe pour quelques années à Chézy-sur-Marne, village champenois où vivent de nombreux artistes. Parmi eux, le graveur Emile Buland (1857-1938), directeur de l'académie des beaux-arts, a longtemps goûté les charmes des maisons fleuries bercées par le gai babil du Dolloir, veinule poissonneuse de la Marne ; le peintre Laparra (1873-1920) y a longtemps séjourné ainsi que le sculpteur Paul Landowski (1875-1961) dont les descendants, aujourd'hui encore, coulent le bronze à Chézy… Sabouraud, dont l'appétit pictural est insatiable, dévore la contrée à pleines dents et brosse dans la vallée de la Marne, entre La Ferté-sous-Jouarre et Château-Thierry, plusieurs dizaines de tableaux où sa folle impétuosité se pare toujours d'une merveilleuse fraîcheur de coloris. Cette *Vue de la Marne à Château-Thierry* montre la rivière au moment où elle aborde sa courbe avant de traverser la ville. A droite, perché au sommet de sa bosse, le vieux château, coiffé de sa perruque forestière et les toits des maisons, à gauche, ferment l'horizon. Jaillissant d'un bouquet d'arbres, l'église Saint-Crépin, celle-là même où fut baptisé Jean de La Fontaine, tente de gagner le ciel ! La Marne agite dans ses flots le bleu du ciel, pour la grande joie des promeneurs blancs et roses. Pierre Cabanes dira les qualités de cette peinture du bonheur : "Volontaire, acharné de besogne, de poésie, de silence, toujours agité, en mouvement, flairant le drame ou l'intrus, mais peignant, enivré, exalté, d'éclatantes pages de lumière et de joie. Ses paysages zébrés de couleur, griffés de violence, hachurés en coup de fouet, ne figent pas l'instant ou l'endroit choisi dans une représentation immobile, ils en prolongent le frémissement et la vibration.

La sagesse de cet éternel inquiet est d'écouter ce que disent les choses et son bonheur est d'en peindre des tableaux, je veux dire des poèmes d'amour." La Marne a été la bienheureuse dédicataire des poèmes d'Emile Sabouraud ; quant à nous, nous nous contenterons d'en savourer l'éclatante beauté…

Emile Sabouraud, **Vue de la Marne à Château-Thierry**. Collection particulière.

Collections publiques

Musée d'Art moderne de Paris, musée de la Ville de Paris, musée de Roubaix, musée d'Amiens, musée de Grenoble, musée d'Albi, musée de Lyon, musée de Toulouse, musée de Marseille, musée de Tourcoing, musée d'Honfleur, musée de Nantes, musée d'Helsinki (Finlande), musée Tossa (Espagne), musée Sestri Levante (Italie). Ambassades de France en Hollande, Uruguay, Prétoria.

Bibliographie

Emile Sabouraud, autobiographie, Mame imprimeurs, Tours, Mars 1988.
Lydia Harambourg : *Dictionnaire des peintres de l'école de Paris, 1945-1965*, Bibliothèque des Arts.

> *Vrai, je ne vis que par les yeux ; je vais, du matin au soir, par les plaines et par les bois, par les rochers et par les ajoncs, cherchant les tons vrais, les nuances inobservées, tout ce que l'école, tout ce que l'appris, tout ce que l'éducation aveuglante et classique empêche de connaître et de pénétrer.*
>
> *Mes yeux ouverts, à la façon d'une bouche affamée, dévorent la terre et le ciel. Oui, j'ai la sensation nette et profonde de manger le monde avec mon regard, et de digérer les couleurs comme on digère les viandes et les fruits. (...)*

Maupassant, *La Vie d'un paysagiste.*

Frédéric Sauvignier (1873-1949)

Les témoignages de la vallée de la Marne par Frédéric Sauvignier sont vraiment irremplaçables. De 1919 à sa mort, c'est trente années de peinture dont la source d'inspiration sera principalement alimentée par la Marne et ses nombreux affluents : Surmelin, Petit Morin, Cubry, Tarnauds, etc. Les grandes étapes de sa carrière artistique nous ont été aimablement communiquées par son fils, le peintre Jean Sauvignier. C'est à la sortie de ses études au collège de Châlons-sur-Marne que Frédéric Sauvignier rejoint l'atelier parisien du peintre Armand Guéry (1850-1912), au 2, rue des Dames. Les premières années passées à l'ombre du maître champenois ont eu une influence décisive sur sa manière de peindre. Jean Sauvignier nous propose de suivre les premiers pas de son père dans l'apprentissage des techniques picturales à travers des extraits de lettres adressées par Armand Guéry aux parents de son élève, qu'il désigne familièrement par le petit nom de "Fritz" :

1891

7 février : "Il a pris sa première leçon mercredi et il est venu tous les jours bien régulièrement et de bonne heure. Il a fait en trois séances une étude parfaitement réussie…"

4 avril : "Il a fait jusqu'ici cinq copies de paysages et six natures mortes…"

7 mai : "Je pense que vous ne découragiez votre fils en le persuadant qu'il va devenir un peintre en quelques mois…"

9 septembre : "Nous avons fait un excellent séjour à Vienne-la-Ville et nous avons travaillé beaucoup…"

1892

5 février : "Lefebvre a fait recommencer à Fritz son premier dessin et le second était beaucoup mieux ; quant à Robert Fleury, il a vu le dessin de Fritz hier matin et il l'a trouvé bien…"

13 mai : "… et j'étais si content de le voir reçu au Salon, ce qui est d'autant plus beau qu'il est encore un enfant et que l'on a été très difficile cette année…" (La première toile présentée par Frédéric Sauvignier au Salon s'intitule *Avant la pluie. Vienne-la-Ville*, n° 1509 du catalogue)

1893

4 mars : "Vous m'avez mis Fritz entre les mains à ses débuts il y a trois ans, et, lorsque je commençais à le sortir de l'ornière, vous avez jugé à propos de le livrer à lui-même…" (Sauvignier envoie au Salon *Passavant, en Argonne*, n°1539 du catalogue)

1894

13 avril : "Il a cru qu'il pouvait se passer de mes avis, puisqu'il m'a écrit qu'il voulait voir ce qu'il pourrait faire tout seul, et bien le voilà, ce qu'il fait tout seul…"

Frédéric Sauvignier rencontre visiblement quelques difficultés à se dégager de l'emprise d'Armand Guéry. Ainsi, en cette année 1894, le jeune peintre profite encore de l'enseignement rigoureux de son professeur au cours d'un voyage en Suisse. Sauvignier a 21 ans. Son langage pictural prend forme et les succès du Salon lui donnent confiance. Il décide alors de préparer le professorat de dessin pour s'assurer autonomie financière et indépendance artistique. Il prépare assidûment le concours de l'Ecole nationale supérieure des beaux-arts de Paris et obtient des médailles dans les sections "anatomie" et "perspective".

En 1899, Frédéric Sauvignier est nommé au lycée de Chambéry. La photographie ci-dessous le montre en 1901 avec ses élèves dans la classe de dessin.

Frédéric Sauvignier, **Un Village**. Musée des Beaux-Arts, Reims.

Frédéric Sauvignier, **La Vallée de la Marne en amont d'Epernay**. Musée des Beaux-Arts, Reims.

Frédéric Sauvignier, **Le Petit Morin à Montmirail**. Musée des Beaux-Arts, Reims.

Sauvignier expose au Salon des Artistes français et dans les Salons régionaux, comme celui de la Société des beaux-arts de Lyon. L'influence de son maître se fait encore sentir et le jeune professeur lui envoie régulièrement des études peintes sur le motif qu'Armand Guéry lui retourne avec les critiques appropriées pour chacune d'elles. Enfin, il est nommé au lycée de Reims en 1914. Mobilisé dans la territoriale, il gagne la Russie en février 1917, avec la mission du commandant Berger (aviation). Un périple pour le moins aventureux : il part du Havre, monte vers le Grand Nord en passant entre l'Irlande et le Royaume-Uni pour éviter les sous-marins allemands, débarque à Mourmansk et traverse la Russie pour se rendre à Kiev. Mais la révolution d'Octobre interrompt la mission et l'artiste revient en France par ses propres moyens en février 1918. Tout rentre dans l'ordre après l'Armistice et Sauvignier reprend ses cours au lycée de Reims et à l'Ecole régionale des beaux-arts. Il envoie aux Salons parisiens dans les sections de peinture, architecture et lithographie, fait partie de la commission du musée de Reims, est connu pour être un redoutable joueur d'échecs et... un peintre passionné dont le chevalet hante en permanence la vallée de la Marne, sur une ligne Reims-Eper-

nay-Montmirail. Armand Guéry disparu, Sauvignier va libérer toute la poétique de son langage post-impressionniste où s'affirme une prédilection pour les cours d'eau. Pièce maîtresse dans l'œuvre peint de l'artiste, **La Vallée de la Marne en amont d'Epernay** révèle son talent de pleinairiste. Peignant des paysages dont la facture légère et fluide enveloppe des constructions solidement établies, Sauvignier saisit les variations de la lumière, la particularité des atmosphères correspondant aux heures et aux saisons. Les moyettes ensoleillées envahissent un premier plan dont la pente s'incline doucement vers la Marne. Ce tournant de la rivière dégage une fraîcheur si attirante qu'elle nous donne l'envie irrésistible d'une baignade prise à la dérobée. La Montagne de Reims ferme l'horizon dans un magnifique accord de bleus nuancés.

Le Petit Morin à Montmirail arrive des marais de Saint-Gond et rejoindra la Marne à La Ferté-sous-Jouarre après un dernier clin d'œil aux peintres de Saint-Cyr-sur-Morin. Le catalogue du Salon des Artistes français de 1938 mentionne sous le n° 1374 une peinture de Sauvignier, *Le Petit Morin, Montmirail* (Marne). Est-ce notre tableau ? Le cadre serré de la composition ne laisse entrevoir qu'un court fragment du Petit Morin, aussi fougueux qu'un torrent. Paysage champêtre d'où ne perce aucun écho des combats sanglants que livrèrent ici les grognards de Napoléon pour remporter la victoire contre l'armée prussienne. Combien de terrifiants secrets gémissent encore au fond des rivières...

Il semblait opportun d'offrir cette vue d'**Un Village** typique de la vallée de la Marne exécutée par Sauvignier. "Les maisons anciennes sont enduites d'un plâtre gros traditionnel qui leur donne des couleurs crépusculaires d'une étonnante fraîcheur. Le plâtre gros, un mélange de plâtre et de chaux grasse, est teinté de brique ou de sable. Jadis, les plâtriers étaient les maîtres d'œuvre des constructions, disposaient sur place du sable, de la pierre meulière ou du gypse. De fait, chaque village possédait sa teinte qui lui était singulière, sa manière et ses moulures dues au savoir-faire du plâtrier local qui mettait en œuvre ses secrets de fabrication, aussi bien pour le lavoir que pour la gentilhommière..." (Yves-Marie Lucot, *Vallée de la Marne*, Casterman, Le Guide). On distingue en effet une exceptionnelle unité de tons entre les coloris des habitations massives de ce *Village* et ceux du paysage alentour...

Ayant certainement souffert de la part trop imposante prise par Armand Guéry dans sa formation artistique, Sauvignier encourage son fils Jean à dessiner et peindre mais refuse de le guider précisément dans son art : "Il voit juste, il se débrouillera bien tout seul", disait-il.

L'œuvre de Frédéric Sauvignier possède l'équilibre, la souplesse, l'esthétique, l'intelligence du roseau de La Fontaine. Elle ne cherche pas à gagner le ciel mais est de celles qui demeurent quand d'autres sont déracinées aussitôt célébrées. Alors, respirons le grand air de la vallée et accrochons gaillardement nos semelles aux basques de Frédéric Sauvignier, sur les chemins grimpants de la Brie champenoise...

Collections publiques

Musée des Beaux-Arts, Reims.

Mon cher Tardif,

Excuse-moi de ne pas être allé te voir avant de partir mais j'avais un tas de courses à faire et comme j'avais promis à Gausson pour lundi, je ne pouvais rater. Toujours la veine, je viens à Lagny pour faire une étude de soleil et depuis que je suis arrivé je n'ai que du temps gris. Enfin j'espère comme je resterai 3 semaines que d'ici là j'aurai le temps désiré. Si tu peux venir tâche de le faire, préviens-moi au moins un jour d'avance. (...) Je compte donc sur ta prochaine visite et te serre la main, Gausson aussi. Bien des choses à ta mère et à ta sœur. Bonjour à Antoine ainsi qu'aux camarades. Luce chez Gausson, rue Saint-Paul à Lagny.

(Lettre de Luce à Tardif)

Georges Tardif (1864-1933)

L'œuvre de Georges Tardif, artiste méconnu du grand public, est d'une telle qualité qu'il nous semble nécessaire d'y regarder de plus près.

Il naît à Paris le 16 février 1864. Ses dispositions pour les mathématiques et le dessin l'orientent vers l'architecture dont il fera sa profession. A peine sorti de l'adolescence, Tardif fréquente l'académie Suisse où il sympathise avec Maximilien Luce. Une longue amitié suivra, comme en témoigne ce *Portrait de Tardif* par Luce réalisé autour de 1890. Parallèlement à la section architecture de l'Ecole nationale supérieure des beaux-arts, Tardif suit les cours du peintre Gérôme. Aux Arts décoratifs, il se lie avec Jules Antoine qui deviendra le critique célèbre et redouté de la revue "Art et Critique". Luce lui fait connaître Léo Gausson, le néo-impressionniste de Lagny et Paterne Berrichon, artiste qui épousera Isabelle Rimbaud, la sœur du poète. A l'amitié partagée avec Gausson et Paterne Berrichon, s'ajoute celle du grand peintre novateur, lui aussi habitant de Lagny, Cavallo-Peduzzi. Dès lors, on ne s'étonne pas de reconnaître Tardif là où se bouscule l'élite intellectuelle de l'époque, en compagnie des poètes Paul Verlaine, Albert Samain, Emile Verhaeren, François Coppée, du graveur Frédéric Jacque, des peintres Louis Hayet, Henri Ibels, Hippolyte Petitjean, Augustin Grass-Mick, des "néos" de Lagny-sur-Marne, de Paul Signac et du dessinateur-humoriste Henri de Saint-Halary, dit "de Sta", dans les soirées très animées du cabaret Le Chat Noir, au pied de la butte Montmartre, dont la façade est décorée par le peintre et caricaturiste Henri Pille (1844-97), figure incontournable de la bohème montmartroise et originaire d'Essômes-sur-Marne...

Au fil des années, avec passion et humilité, encouragé par la fidèle et chaleureuse amitié de Gausson, Tardif va élaborer une œuvre qui ne sera interrompue que par sa mort, en 1933. Exclusivement constitué d'aquarelles, gouaches et pastels,

l'art lumineux de Georges Tardif a été redécouvert par les amateurs lors de la superbe rétrospective que lui consacrait le musée de Montmartre en janvier-mars 1990.

C'est aux alentours de 1900, que Tardif choisit désormais de passer une partie de ses vacances dans cette vallée du Grand-Morin très prisée par les artistes. *Le Moulin de Lassault* est situé sur cet affluent de la Marne, entre Villiers-sur-Morin et Couilly-Pont-aux-Dames. L'aquarelle a été le mode d'expression favori de Tardif. En virtuose de cette technique, l'artiste les traite tout en eau, directement, sans revenir sur la touche posée. Celle-ci est typique de ses compositions de bords de rivière. Il plante son chevalet sur la berge, conçoit un premier plan d'eau

Georges Tardif, *Le Moulin de Lassault*. Aquarelle. Collection particulière.

Georges Tardif, ***La Péniche sur la Marne***. Pastel. Collection particulière.

sur toute la largeur de la feuille, créant ainsi une vaste perspective qui porte le regard vers l'horizon. La trouée lumineuse, formée par le reflet blanc ocré de l'eau et par le moulin très ensoleillé, éclaire la composition. Des bouquets d'arbres encadrent le plan médian et d'autres, au loin, bouclent l'horizon dans un méandre de la rivière. Les frondaisons de tonalité bleutée sont caractéristiques de la période 1900 où Tardif abandonne les couleurs vives de ses débuts. La douce harmonie des paysages d'Ile-de-France nous est ainsi révélée dans une grande simplicité de moyens…

La Péniche sur la Marne, œuvre non datée, montre à quel point Tardif usait pour le pastel d'une technique personnelle, différente de celle d'un Manet, d'un Degas ou d'un Redon, grands praticiens de cette forme d'art. C'est pourtant dans ce mode d'expression qu'il se rapproche le plus de la conception impressionniste. Tel semble être le cas pour ce pastel, probablement exécuté au cours d'une visite chez l'ami Gausson à Lagny. Dans cette composition, la proue fortement ensoleillée de la péniche permet à l'artiste d'obtenir sur la Marne un jeu d'ombre et de lumière, d'un éclat incomparable. Sur la rive opposée, à l'arrière-plan, quelques barques et maisons isolées ferment l'horizon. L'intensité lumineuse est obtenue à l'aide de touches juxtaposées en tons dégradés qui se fondent optiquement. Le reflet orangé de la péniche dans l'eau et le bleu de la rivière s'exaltent mutuellement, selon la loi des complémentaires. La reprise en valeur atténuée de ces deux couleurs sur le ciel et le toit des maisons établit l'unité de l'œuvre.

Usant seulement de deux complémentaires et de leurs nuances, Tardif applique à sa manière les théories scientifiques de la division des couleurs et transforme une vue tranquille de bord de Marne en une composition hardie, d'une exceptionnelle luminosité.

Collections publiques

Musée de Montmartre.
Musée Gatien-Bonnet de
Lagny-sur-Marne.

Bibliographie

Micheline Hanotelle, Gaston Diehl :
*Catalogue de la rétrospective Georges Tardif
au musée Montmartre de Paris, du 9 au 4
mars 1990.*

Peur : le mot s'impose dès qu'on parle de lui. Peur des hommes, peur de la vie, peur des coups, peur du cabanon, peur de l'enfer. Il n'aura vécu qu'en tremblant. Son unique apaisement, il l'a connu par ses pinceaux. Utrillo, ce n'est pas un être : c'est une œuvre. Son existence entière tient dans le cadre étroit de ses tableaux. "

Roland Dorgelès, *Apparition d'Utrillo*, Galerie Charpentier, 1959.

Maurice Utrillo (1883-1955)

Vous dites ? Utrillo dans la vallée de la Marne ? Beaucoup seront étonnés de le trouver là, parmi nos imagiers. Son immense popularité, Utrillo la doit à ses rues, places et monuments de Paris. Francis Carco a relaté la "légende" d'Utrillo, sa jeunesse à Montmartre parmi les peintres maudits, géniaux et imbibés d'alcool, les Modigliani, Soutine…

C'est en 1902, sur le conseil d'un médecin, que Suzanne Valadon l'oblige à peindre, avec l'espoir que son fils trouvera dans la peinture un dérivatif à la boisson. Désormais, Utrillo ne cessera de peindre, et de boire… Il peint à Montmagny, Pierrefitte, la Butte-Pinson, à Montmartre et sur les quais de la Seine. En 1905, ses peintures suscitent l'intérêt du marchand de tableaux Clovis Sagot et du critique Tabarant, l'ami de Pissarro. "La Butte pour Calvaire, ce malheureux a souffert plus que tous les peintres maudits. Plus que Van Gogh et Modigliani, ces autres Montmartrois, et plus que Gauguin l'exilé. Eux, pour se soutenir, avaient la fierté de leur génie, la certitude d'être admirés plus tard ; lui n'y songeait pas. Ses camarades de là-haut, de Picasso à Van Dongen, de Derain à Dufy, avaient tous l'ambition d'accrocher leurs toiles dans de vraies galeries, comme chez Clovis Sagot ou, faute de mieux, dans la vitrine poussiéreuse de la petite "mère Weil" ; lui se contentait d'étaler les siennes sur le trottoir, à l'éventaire de Jacobi, l'ancien garçon boucher, ou de Soulier, l'ancien lutteur." (Roland Dorgelès)

Les années 1905-15 constituent la seconde étape de la production d'Utrillo. Il évolue vers un chromatisme clair que la critique intitulera "la période blanche". Colle, sable et plâtre entrent dans ses couleurs. Dès 1910, sa réputation est faite. Elie Faure, Mirbeau, les Kapferer, Paul Gallimard, Francis Jourdain et l'acteur Dorival viennent admirer ses œuvres chez le marchand de tableaux Libaude. L'artiste rencontre son fidèle ami, Maximilien Gauthier : "Ma première vision de Maurice Utrillo remonte à 1912. Je me trouvais au "Lapin Agile" sous l'acacia de

Frédé et quelqu'un me montra un malheureux qui gisait, ivre mort, dans le ruisseau. On me dit : "C'est un merveilleux peintre, c'est le fils de Suzanne Valadon". " Il partage sa vie entre le "Casse-Croûte" de M. Gay et le cabaret de la "Belle Gabrielle". Le reste du temps, il peint, souvent sur cartes postales.

En 1912, il participe pour la deuxième fois au Salon d'Automne, effectue son premier séjour en maison de santé, à Sannois, voyage en Corse, en Bretagne et figure dans une exposition de groupe à la galerie Drouet. "Un jour, pourtant, ayant bu un coup de trop, il a eu l'audace d'exposer chez Druet, mais il n'a pas franchi la porte. Brandissant ses toiles à l'entrée sous le nez des visiteurs du vernissage, il criait d'une voix cassée : "A cent sous, je les laisse ! Moins cher qu'à l'intérieur !" Comme il était dépenaillé et vendait à bas prix, on ne lui a rien acheté…" (Roland Dorgelès)

1913 est l'année de l'exposition particulière de ses œuvres chez Eugène Blot, rue Richepance à Paris. Il fait également une entrée très remarquée au Salon des Indépendants.

Le *Château de la Ferté-Milon* est exécuté vers 1914. Quelques doutes subsistant sur l'authenticité du passage de l'artiste à la Ferté-Milon – a-t-il peint ces vues d'après cartes postales ?... –, nous avons interrogé le musée Maurice Utrillo, à Sannois, afin de vérifier sa présence dans la vallée de l'Ourcq. La réponse a été catégorique : Utrillo est bien venu dans la région afin d'y retrouver sa mère, Suzanne Valadon qui demeurait à proximité du régiment où son mari, le peintre André Utter, avait été affecté avant le début de la guerre. Pour preuve, Utrillo a peint aux environs de La Ferté-Milon des habitations isolées, ignorées des cartes postales de l'époque. Sur cette toile, le peintre nous suggère plus le château qu'il ne le décrit réellement. Seul, le donjon carré qui se trouve à l'extrémité de la gigantesque forteresse démantelée sur ordre d'Henri IV, surplombe les habitations ; depuis sa terrasse, on domine la rivière et la vallée de l'Ourcq, la petite ville et ses vieilles rues en pente raide, ses églises Notre-Dame et Saint-Nicolas. La grande beauté du site a inspiré beaucoup de peintres – Corot, Lavieille, Henriet, Le Tessier, Pinal, Puy... – dont le musée Jean Racine de La Ferté-Milon présente un bel échantillon. A l'aide de teintes claires avec lesquelles il atteint une infinie variété de blancs, Utrillo y exprime sa vision structurée d'une réalité muette et fortement évocatrice. En fait, s'il nous montre constamment des maisons colorées et

Maurice Utrillo, **Le Château de La Ferté-Milon**. Musée Maurice Utrillo, Sannois.

Maurice Utrillo, **L'Eglise de Fère-en-Tardenois**. Musée Maurice Utrillo, Sannois.

L'église en 1919, photographie
de Fernand Pinal.

silencieuses, c'est pour mieux nous parler de leurs habitants. On a fait de lui le plus grand portraitiste des faubourgs misérables. On se trompe. Utrillo nous parle de l'homme. Uniquement. De l'homme égaré dans une solitude éperdue, définitive. Derrière des façades fraîches ou lépreuses, Utrillo projette une humanité triste et peureuse, qu'elle soit de la banlieue de Paris ou, comme ici, de La Ferté-Milon. La rue déserte est flanquée de part et d'autre de maisons aux murs plâtreux qui s'alignent dans une redoutable monotonie et fuient, rectilignes, jusqu'au fond de la toile. Qui, mieux que lui, nous révèle le cadre où se déroule la vie des petites gens et nous en dit le terrible ennui provincial ?

C'est à l'ombre de ***L'Eglise de Fère-en-Tardenois*** qu'est née Camille Claudel. L'église Saint-Macre, élevée au XVIᵉ siècle, n'échappe pas à l'hécatombe de la Grande Guerre. Sur une photographie prise en 1919 par le peintre Fernand Pinal, on l'aperçoit qui trône au milieu de ses décombres. Elle a été restaurée dans les années qui ont suivi sa mutilation et, aujourd'hui, on vient de loin pour entendre les sonorités somptueuses de son orgue neuf réalisé par le facteur luxem-

bourgeois, Georges Westenfelder. Utrillo la dessine méticuleusement, dans l'entourage familier des arbres dépouillés et des passants. La chaussée grisâtre disparaît entre la façade blanche du premier plan et la devanture rose bonbon au pied de l'église... Maisons anonymes aux volets ouverts, becs de gaz, trottoirs et caniveaux, église dressée dans un ciel tourmenté, tous les ingrédients du lyrisme si particulier de Maurice Utrillo sont rassemblés...

Dès la fin de la guerre, la notoriété de l'artiste va s'étendre par-delà les frontières. Sa légende aussi. Le chemin de croix de l'artiste maudit l'emporte souvent sur l'intérêt de son œuvre. Peut-être bien que ses peintures expriment une image de la vie qui perturbe nos illusions. Une vie fatalement privée de liberté, une vie sans autre alternative que de la subir. La sienne, Utrillo a eu tant de mal à la supporter ! Même le grand ciel étoilé du Tardenois n'a pu consoler le peintre, ivre d'alcool et d'effroi...

Collections publiques

Musée Maurice Utrillo, place du Général-Leclerc, Sannois.
Le musée de l'Orangerie (Paris) et le musée des Beaux-Arts de Lyon conservent une belle collection de tableaux d'Utrillo.
Autres : musée d'Orsay (Paris), musée des Beaux-Arts de Rennes, musée des Augustins de Toulouse, musée de Brou à Bourg-en-Bresse, musée de l'Annonciade à Saint-Tropez...

Bibliographie

Paul Pétrides : *L'Œuvre complet de Maurice Utrillo*, 5 Vol., Paris, 1959 à 1974.
Jean Fabris : *Maurice Utrillo, sa vie, son œuvre*, Frédéric Birr, Paris, 1982.
Francis Carco : *La Légende et la vie d'Utrillo*, Paris, 1928.

Vincent Van Gogh, **Autoportrait au chapeau de paille**. Institute of Art, Detroit (USA).

Dans la vie vagabonde de Van Gogh, ce séjour à Paris a été le moment de la conquête de la maturité. Tout – les expériences du peintre, la maîtrise si vite atteinte dans l'expression de ses sentiments – montre que c'est là que s'est formé l'artiste tel que nous le connaissons. Vincent peintre est né à Paris. (...) A Paris, en quelques mois, il a tiré de son propre fond un style qui fera à jamais corps avec lui. Il a enjambé allégrement les repères que d'autres, enfin rencontrés, avaient posés.

Raoul Ergmann, *Van Gogh à Paris*, 1988.

Vincent Van Gogh
(1853-1890)

On a beau disséquer livres et monographies sur l'artiste, il faut bien se rendre à l'évidence : Van Gogh n'a jamais peint la Marne. Son affection pour les lieux de convivialité populaire, cafés et guinguettes, nous laisse cependant une consolation de taille : **Le Restaurant de La Sirène à Joinville-Le-Pont**, visible au musée d'Orsay, témoigne que le peintre a bien traîné ses guêtres le long de notre rivière. Le tableau a été réalisé en 1887. Van Gogh est à Paris depuis mars 1886. Il y restera moins de deux ans, peignant deux cents tableaux où l'influence de l'impressionnisme, avant d'être dépassée, éclaircit sa palette. Il habite chez son frère Théo, sur la butte Montmartre, 54, rue Lepic, au 3e étage. La fenêtre de sa chambre-atelier donne sur les toits de Paris. Il ne tarde pas à les peindre, ainsi que les jardins de Montmartre. Il entame l'extraordinaire série des autoportraits grâce auxquels nous suivons précisément l'évolution fulgurante de son langage.

1887... Paris est en pleine effervescence culturelle. Après un séjour écourté à la villa Medicis à Rome, Claude Debussy s'installe définitivement à Paris, mène une vie de bohème, fréquente les légendaires "mardis" de la rue de Rome chez Mallarmé et compose les *Ariettes oubliées* d'après Verlaine. Verlaine, hospitalisé à Broussais, travaille à son recueil *Amour* et reçoit la visite de Germain-Nouveau qui lui apporte pipe et tabac. Rimbaud est au Caire, épuisé par les marches pénibles qu'il lui faut accomplir pour écouler fusils et cartouches. Son chemin croise pourtant celui de Van Gogh : en 1874, Rimbaud et Germain-Nouveau sont inscrits au British Museum de Londres. Van Gogh travaille dans la capitale anglaise depuis juin 1873. Le hasard aurait été bien inspiré de réunir ces trois visionnaires... Mais revenons à 1887 où Satie compose les *Sarabandes* dont notre siècle vantera l'harmonie et le "tachisme" révolutionnaire tandis que Fauré achève son *Requiem*. Le 16 mai 1887, Charles Cros adresse une note à l'académie des Sciences, *Contribution aux procédés de photographie céleste*, et publie onze

pièces nouvelles dans "Le Chat Noir". Le 20 août, Jules Laforgue meurt. Zola, qui a publié *L'Œuvre* l'année précédente, observe sous ses lorgnons l'agitation provoquée par la parution de *La Terre*. Une nature morte de Van Gogh fait apparaître l'ouvrage d'Anatole France publié en 1885, *Le Livre de mon ami*. Le peintre des Pays-Bas multiplie les rencontres. Il tombe sous le charme de Paul Gauguin, écoute attentivement les explications de Camille Pissarro et noue des relations très amicales avec le père Tanguy. Ancien communard, le père Tanguy lui sert plusieurs fois de sujet d'étude. Il tient rue Clauzel un modeste magasin de couleurs et expose dans sa devanture des artistes rejetés par le circuit officiel du commerce d'art. Cézanne en sera un fidèle locataire... Vincent rencontre là Paul Signac (1863-1935) et Emile Bernard (1868-1941) qui devient un ami intime. Il se rend fréquemment chez ce dernier, sur les bords de la Seine, à Asnières.

Est-ce au cours d'une visite à Emile Bernard qu'il gagne Joinville-Le-Pont pour y peindre *Le Restaurant de La Sirène* ? Les drapeaux indiquent que c'est jour de fête. "Il est vrai qu'il est maintenant impossible de reconnaître l'endroit, et que l'immeuble du fond a sans doute été surélevé d'un étage pour la perspective. Néanmoins, cette terrasse en bois à laquelle s'agrippent des rosiers à fleurs rouges, est bien caractéristique des guinguettes de cette époque, avec leurs salons, bals et cabinets pour les sociétés." (M. Riousset)

Van Gogh exalte les couleurs au maximum et transcende un endroit banal, somme toute, de la banlieue parisienne. L'influence de l'estampe japonaise et celle du divisionnisme se combinent pour irradier la composition de lumière. La fougue impérieuse de la matière chromatique s'exprime par de nerveux et brefs coups de pinceau, verticaux, horizontaux, inclinés, croisés, composant une treille multicolore et harmonieuse. Espace et formes sont suggérés par les touches virevoltantes dont la vibration construit la représentation du sujet. Architecture frémissante, la guinguette s'embrase comme un buisson ardent ; un immense feu follet recouvre le paysage, en fait scintiller tous les éléments. L'expression exacerbée du peintre contraste avec le calme des clients attablés et des passants indifférents. C'est alors que l'émotion nous étreint : le site ruisselant de lumière porte la brûlure permanente d'un peintre torturé par une affolante quête d'humanité.

Après sa toute première exposition chez un restaurateur en compagnie d'Anquetin, Bernard et Koning, puis une seconde au cabaret Le Tambourin où Lautrec les rejoint, Van Gogh part pour Arles le 20 février 1888. Il revient une dernière fois à Paris le 17 mai 1890 et s'installe à Auvers-sur-Oise quatre jours plus tard. Le 27 juillet, il se tire une balle dans la poitrine. Il meurt dans les bras de Théo, le 29 juillet 1890, à 1 h 30 du matin.

Vincent Van Gogh, **Le Restaurant de La Sirène à Joinville-Le-Pont**, 1887. Musée d'Orsay.

Collections publiques

En France : musée d'Orsay, musée des Beaux-Arts de Lille, musée des Beaux-Arts de Lyon.

La plupart des œuvres de Van Gogh se trouvent aux Pays-Bas, au Rijksmuseum Kröller-Muller (Otterloo), à Amsterdam au Rijksmuseum et au Stedelijk museum, à Rotterdam au musée Boymans-Van Beuningen.

Bibliographie

Raoul Ergmann, président des Amis du Louvre : *Van Gogh à Paris*, dans *Connaissance des Arts*, février 1988. Préface de Françoise Cachin.

J. Leymarie : *Van Gogh*, éd. Skira, Genève, 1977.

B. Zurcher : *Van Gogh : vie et œuvre*, éd. Nathan, Paris, 1985.

J.-F. Barielle : *La Vie et l'œuvre de Vincent Van Gogh*, 1984, préface de René Huyghe.

Lettres de Vincent Van Gogh à son frère Théo, éd. Grasset, 1986.

Crédits photographiques

Couverture : Archives Hanotelle.
Rabat gauche : Musée Villa Médicis, St Maur des Fossés.
Quatrième de couverture : Musée franco-américain, Blérancourt.
Rabat 2 : Photo du Musée des Beaux-Arts de la ville de Reims.
Page 3 : Photo du Musée des Beaux-Arts de la ville de Reims.
Page 8 : DR.
Page 9 : DR.
Page 12 et 13 : Bibliothèque nationale de France.
Page 14 : Musée municipal, Epernay.
Page 15 : (droite) Musée d'Epernay. (gauche) Bibliothèque municipale, Epernay.
Page 16 : (haut) Bibliothèque nationale de France.
Page 17 et 18 : Bibliothèque nationale de France.
Page 20 à 23 : Musées de Châlons-en-Champagne. Photo Hervé Maillot.
Page 24 : Achives Francis Bligny.
Page 25 : Musée Jean-de-La Fontaine, Château-Thierry. Photo P. Pitrou.

Page 26 : Archives Louise Bocquet.
Page 27 : Photo du Musée des Beaux-Arts de la ville de Reims.
Page 28 : Archives Dapsens.
Page 29 : Photo du Musée des Beaux-Arts de la ville de Reims.
Page 30 : Bibliothèque nationale de France.
Page 31 : Musée de l'évêché, Limoges.
Page 33 : Musée municipal, Carcassonne.
Page 34 : Musée Jean-de-La Fontaine, Château-Thierry. Photo P. Pitrou.
Page 36 : Bibliothèque nationale de France.
Page 37 : Photo RMN.
Page 39 et 40 : Musée Gatien-Bonnet, Lagny-sur-Marne. Photo P. Pitrou.
Page 41 : DR.
Page 42 : Bibliothèque nationale de France.
Page 43 : Bridgeman-Giraudon.
Page 44 : Fotokhronika Tass.
Page 45 : DR.
Page 46, 47, 48, 49 : Musée Villa Médicis, Saint-Maur-des-Fossés.
Page 50, 51, 52 : Musée Gatien-Bonnet, Lagny-sur-Marne. Photo P. Pitrou.
Page 53 : DR.
Page 54 : Archives Diana Lecron.
Page 55 : (haut) Archives Galerie Varine-Gincourt. (bas) Archives Diana Lecron.
Page 56 : Bibliothèque nationale de France.
Page 57 : DR.
Page 58 : Photo Etude Tajan.
Page 59 : Collection du musée Ohara.
Page 60 : Collection Oskar Reinhart.
Page 62 : Archives Musée Gatien-Bonnet, Lagny-sur-Marne.
Page 63 : Hotel de ville de Lagny-sur-Marne.
Page 64 et 65 : Archives Jeanne Demeurisse.
Page 66 : Archives Michel Kellerman.
Page 67 : Musée d'Art moderne, Troyes. Photo D. Le Nevé.
Page 68 : DR.
Page 69 : Musée du Petit Palais, Genève.
Page 70 et 71 : Archives Thomas Dufresne.
Page 72 : (haut) DR. (bas) Spadem 1996 Archives Galerie Fanny Guillon Laffaille.
Page 73 : DR.
Page 74 : Lauros-Giraudon.
Page 75 : DR.
Page 76 : Galerie Varine-Gincourt.
Page 77 : Musée d'Art moderne, Troyes. Photo D. Le Nevé.
Page 78 : DR.
Page 79 : Archives Micheline Hanotelle.
Page 80 : Musée Gatien-Bonnet, Lagny-sur-Marne. Photo P. Pitrou.

Remerciements

Nous tenons à remercier les conservateurs des musées qui nous ont aidé dans notre recherche de documents et informations :

Marianne Blaiset-Deldon (banque de données Joconde, direction des musées de France)

Bernadette Boustany (musée Villa Médicis, Saint-Maur-des-Fossés)

Gisèle Caumont, documentaliste (musée de l'Ile de France, Sceaux)

Philippe Chabert (musée d'Art moderne, Troyes)

Jean-Pierre Charpy (musée municipal, Epernay)

Pierre Eberhart (musée Gatien Bonnet, Lagny-sur-Marne)

Monsieur Fujita (Ohara Museum of Art, Japon)

Laurence Le Cieux (musée Bossuet, Meaux)

Vincent Pomarède (musée du Louvre)

Jean-Pierre Ravaux (musées Municipaux, Châlons-en-Champagne)

Chantal Rouquet (musée des Beaux-Arts, Troyes)

Marie-Agnès Sonriez (musée de Chaumont)

Notre gratitude s'étend aussi à toutes les personnes, collectionneurs, auteurs de catalogues raisonnés ou descendants d'artistes, que nous avons sollicitées et qui nous ont généreusement apporté leur concours :

Pierre Alibert, Denise Bazetoux, Francis Bligny, Louise Bocquet, Jean Boin-Luce, Dominique Brême, Bernard Caron, Geneviève Claisse, Anne et Jeanne Demeurisse, Martin Dieterle, Thomas Dufresne, Madame Gérard Dupont, Ella Ermakov, Monsieur Farizy, Micheline Hanotelle, Josette Hayden, Michel Kellermann, Michel Lasne, Perrine Le Blan, Diana Lecron, Monique Le Pelley Fonteny, Jean-Pierre Lepetit, Yves-Marie Lucot, Xavier de Massary, Rudy Mémin, Jacqueline de Noé-Pinal, Charles Poulain, Pierre Pitrou, Philippe Rémond, Anne-Marie Renoux, Jean-Marc Robbé, Claude Royer, Marie-Dominique Sabouraud-Planson, André Schoeller, Jean Sauvignier, l'étude Tajan, Dragonnette de Varine-Bohan, Dina Vierny.

Bibliographie générale

Yves-Marie Lucot : *Vallée de la Marne. Au pays de La Fontaine*, Casterman, Le Guide, 1995.

Michel Riousset : *Les Environs de la Marne et leurs peintres, de Vincennes à Neuilly-sur-Marne*, Editions Amatteis, 1986.

Bénédicte Garcin, Roland May : *Les Peintres haut-marnais du XIXe siècle et du début du XXe siècle dans les musées de Haute-Marne*, Imprimé au C.D.D.P. de Haute-Marne.

Maurice Ribier : *Les Semailles de Corot*, Imprimerie du Paroi, Recloses, Ury.

Jean Sutter : *Les Néo-impressionnistes*, Editions Ides et Calendes, Neuchâtel, 1970.

Lydia Harambourg : *Dictionnaire des peintres paysagistes français au XIXe siècle*, Editions Ides et Calendes, Neuchâtel, 1985.

Gérald Schurr : *Les Petits Maîtres de la peinture, 1820-1920*, Editions de l'Amateur, 1989.

Edouard Joseph : *Dictionnaire biographique des artistes contemporains, 1910-1930*, Librairie Grund, 1934.

Léonce Bénédite : *La Peinture au XIXe siècle*, Ernest Flammarion Editeur, Paris.

Les Muses, Encyclopédie des arts, introduction de Marcel Brion, Grange Batelière, Paris, 1970.

Copyright © 1996
Imprimé en Italie par Grafiche-Corra, Verone.
ISBN : 2-203-7201-2
Dépôt legal : octobre 1996; D.1996/0053/714.

SIMIC · NEW **R**ENAISSANCE GALLERIES INC.
REGAL · EUROPEAN and SHOWCASE GALLERIES

P.O. Box 5687
Carmel, CA 93921

On San Carlos and 6th
(831) 624-7522
www.simic.com

Robert Antral, *Louis et Pierre-Michel* Barb

Bouché, *Jean-Eugène* Buland, *Eugène* Car

Cézanne, *Pierre-Antoine* Cluzeau, *Paul-E*

Camille Corot, *Edouard* Cortès, *Lucien* Dem

Charles Dufresne, *Raoul* Dufy, *André* Du

Gleizes, *René* Gouast, *Ferdinand-Joseph* Gu

Henri Hayden, *Auguste* Herbin, *Louis-Asto*

Fresnaye, *Eugène* Lavieille, *Henri* Lebas

Lépine, *Joseph* Le Tessier, *Léon* Lherm

Marquet, *Jean-Julien* Massé, *Augustin* Mé

Nélaton, *Alexandre* Pernot, *Henri* Pille, *Ferr*

André Planson, *Emile* Prodhon, *Jean* Ré

Frédéric Sauvignier, *Georges* Tardif, *Mauri*